REMEMBERING PYARELAL
MAHATMA GANDHI'S SECRETARY AND BIOGRAPHER

REMEMBERING PYARELAL

MAHATMA GANDHI'S SECRETARY AND BIOGRAPHER

EDITED AND COMPILED
BY
D. C. JHA

Author of
MAHATMA GANDHI THE CONGRESS AND THE PARTITION OF INDIA'

KNOWLEDGE WORLD

KW Publishers Pvt Ltd
New Delhi

2011 FPBA BEST PUBLISHERS AWARD (ENGLISH)

KNOWLEDGE WORLD

KW Publishers Pvt Ltd
4676/21, First Floor, Ansari Road, Daryaganj, New Delhi 110002
knowledgeworld@vsnl.net ✆ +91.11.23263498/43528107

www.kwpub.com

All rights reserved. No part of this book may be reproduced or transmitted in any form or by any means, electronic or mechanical, including photocopying, recording or by any information storage and retrieval system, without permission in writing.

First Published		ISBN	978-81-87458-29-6
Second Edition 2014		ISBN	978-93-83649-08-2

© 2014, DC Jha

BOOKS BY PYARELAL

Title	Year of Publication
1. The Epic Fast	1932
2. Status of Indian Princes	1941
3. A Pilgrimage for Peace	1950
4. A Nation Builder at Work	1952
5. Gandhian Techniques in the Modern World	1953
6. Mahatma Gandhi—The Last Phase–Part I	1956
7. Mahatma Gandhi—The Last Phase–Part II	1956
8. The Santiniketan Pilgrimage	1958
9. Thoreau, Tolstoy and Gandhiji	1958
10. Towards New Horizons	1959
11. Mahatma Gandhi—The Early Phase	1965
12. Thrown to the Wolves—Abdul Ghaffar	1966
13. Mahatma Gandhi—The Discovery of Satyagraha: On the Threshold	1980
14. More Human than the Humans	1984
15. Mahatma Gandhi—The Birth of Satyagraha: From Petitioning to Passive Resistance	1986
16. Going to Wipe Their Tears	2002

MULTI-VOLUME BIOGRAPHY OF MAHATMA GANDHI

Title	Volume No.	Author	Year of Publication
Mahatma Gandhi —The Early Phase	I	Pyarelal	1965
Mahatma Gandhi. —The Discovery of Satyagraha: On the Threshold	II	Pyarelal	1980
Mahatma Gandhi —The Birth of Satyagraha: From Petitioning to Passive Resistance	III	Pyarelal	1986
Mahatma Gandhi —Satyagraha at Work	IV	Sushila Nayar	1989
Mahatma Gandhi —India Awakened	V	Sushila Nayar	1994
Mahatma Gandhi —Salt Satyagraha: The Watershed	VI	Sushila Nayar	1995
Mahatma Gandhi —Preparing for Swaraj	VII	Sushila Nayar	1996
Mahatma Gandhi —Final Fight for Freedom	VIII	Sushila Nayar	1997
Mahatma Gandhi —The Last Phase–Part I	IX	Pyarelal	1956
Mahatma Gandhi —The Last Phase–Part II	X	Pyarelal	1956

Pyarelal: 1901-1982

*Dedicated to
Dr. Sushila Nayar
in fulfilment of her wishes*

CONTENTS

Foreword for First Edition by
Director, National Gandhi Museum — xiii

Preface for Second Edition by D. C. Jha — xvii

Introduction by Gopalkrishna Gandhi — xxx

I. Tributes — 1

II. श्रद्धांजलियां — 113

III. "पत्ता टूटा डाल से":
प्यारेलालजी की संक्षिप्त जीवनी
डा. सुशीला नैयर के शब्दों में — 185

IV. Appendix
Remembering Dr. Sushila Nayar — 249

FOREWORD

Mahatma Gandhi had touched upon lives of a variety of people. Influenced by his ideas and principles, many became his followers, associates, admirers, friends, co-workers and some even chose to stay with him throughout for providing him personal assistance, leaving aside their own career and future prospects. Those who decided so had to leave their families, relatives, near and dear ones to dedicate themselves for Gandhi's work which was in fact nothing else but service for the country. Gandhiji had nothing like his personal or private. His life was open and see-through for everyone. So his personal staff had rather more public responsibility than catering to his personal needs. Among those significant ones who provided him personal assistance for quite a long period were his personal secretaries, Mahadev Desai and Pyarelal. Being Gandhiji's secretary was a matter of great honour and responsibility, but at the same time it required high degree of intellect, austerity, discipline and readiness to work against odds. Gandhiji was aware of the reality that all such qualities may not be found readymade in any one person. So when he saw some of these qualities in Mahadev Desai he immediately offered him a position of personal secretary. Mahadev Desai was then 25 years old and had some working experience before he joined Gandhiji. Pyarelal joined Gandhiji rather early at the age of 19-20 leaving his post-graduation halfway. Initially trained under the guidance of Mahadev Desai who was then heading Gandhiji's secretariat, Pyarelal learnt the unconventional way of serving his master who was at the helm of India's struggle for freedom. After sudden death of Mahadev Desai in 1942, sole responsibility of Gandhiji's secretariat fell on him. He not only rendered exemplary service to his master but remained throughout under the grandeur of his master even after his death.

Both Mahadev Desai and Pyarelal not only complemented Gandhiji's aura but also provided the future generations with comprehensive documentation of Gandhian ideology which is considered to be the prominent source material on "Gandhiana" today. Generations to come will know Gandhi better through their vast range of written work and will feel astounded how they could manage to bring out so much of treasure of Gandhi despite having been engrossed under tremendous workload of various kinds.

It is an irony that in spite of their voluminous writings on Gandhi and India's freedom struggle there is hardly much literature available that can give an insight into their own personal lives, their familial sufferings and the overcomes. This vacuum has been filled to some extent through publication of the Biography of Mahadev Desai by his son Narayanbhai. Yet nothing of that sort could be brought out on Pyarelal while he lived even longer than Mahadev Desai; even after Gandhiji's assassination and had also authored perhaps the most authentic biographical record of Mahatma Gandhi after his death. Strictly disciplined in Gandhian cult, Pyarelal concentrated exclusively on his work, though simultaneously witnessing the erosion of Gandhian values outside. He was 48 years old at the time of Gandhiji's assassination. He had spent his entire youth in serving Gandhiji and doing rigorous written interpretation of his ideas, so was hardly interested in making any change in his profession. Unlike others, he neither could be lured by active politics nor did he join the band of constructive workers openly. He rather preferred to remain focused on his project of publication of *Last Phase* and

Early Phase and *The Discovery of Satyagraha: On the Threshold* of his biographical writing on Gandhi. It was the labour of love for him which grew more intense despite each financial constraint he faced.

Pyarelal died in the year 1982. His sister, Dr. Sushila Nayar, who had been Gandhiji's personal Doctor and later served as Health Minister with three successive Prime Ministers of free India, too died in 2001 with an unfulfilled wish to publish at least one biographical memoir of her revered brother. She had obtained some tributary writings from persons who had remained close to Pyarelal throughout his life so that she could take out a commemorative volume on Pyarelal.

Shri D. C. Jha who had the privilege of working with both Pyarelal and Dr. Sushila Nayar for quite long time in the past, did tremendous labour in tracing out these tributary articles. He put them all together in the form of a memorial volume for publication. He also offered his personal tribute to the Nayars, the brother and the sister, whom he had so lovingly served in various capacities. When Shri Jha brought the manuscript to the notice of National Gandhi Museum, it was immediately agreed upon to bring out this material in the form of a memorial volume.

The text of this volume is divided broadly under two sections on the basis of articles in English and in Hindi. In the English section, there are 26 entries of tributes whereas Hindi section contains 22 entries, all from the pen of eminent persons of Gandhian era. A biographical writing on Pyarelal contributed by his sister Dr. Sushila Nayar, at the end of Hindi section, is one of the rarest biographical materials available on Pyarelal which contains some untold bits of his life before and after his association with Gandhiji.

Introductory article by Gopalkrishna Gandhi has additional value which strengthens the cause of publication of this volume.

National Gandhi Museum in furtherance of its objective has decided for publication of the present memorial volume. We hope this volume will fill the gap to some extent and will provide scope for initiatives of this kind to unleash some of still not known facts related to Gandhi and the second generation Gandhians.

Sangita Mallik
Director,
National Gandhi Museum

February 15, 2011

PREFACE

Mahatma Gandhi's lifelong Secretary Pyarelal passed away more than thirty years ago in October 1982. One of the leading newspapers of India, in its editorial obituary, recorded the event as "passing away of Gandhi's Boswell."

As a tribute to her brother Dr. Sushila Nayar approached and obtained, during 1983, reminiscences of Pyarelal from a number of his friends and colleagues with the intention of getting the collection published as a memorial volume. Dr. Nayar herself contributed a comprehensive and scintillating pen-picture of the life of her brother as part of the planned memorial volume. The memorial volume, however, remained unpublished not only during Dr. Nayar's lifetime, who survived her brother by 18 years, but also for another decade after her passing away in early 2001.

Information obtained on the subject from the Pyarelal Foundation, created by Dr. Sushila Nayar for the completion of the unfinished volumes of Mahatma's biography due to the passing away of her brother, brought to light the efforts that Dr. Nayar had been making to get the memorial volume published, when her own health began to deteriorate at a rapid pace. She tried to take the help of Dr. Hari Dev Sharma, the then Deputy Director of Nehru Memorial Museum and Library, a long-standing friend and a member of the Pyarelal Foundation. However before Dr. Sharma could take effective steps for publication of the memorial volume, he unfortunately passed away in August 2000.

After passing away of Dr. Sushila Nayar in early 2001, Pyarelal Foundation, under the chairmanship of Dr. Tarlok Singh, a former Secretary of the Planning Commission, continued the efforts to get the memorial volume published. However by early 2005 the Pyarelal Foundation had to abandon the idea of doing so; and before he passed away in December 2005, Dr. Tarlok Singh put on record that the Foundation was neither in a position to meet the expenses nor to put in the required efforts to get the reminiscences published. By the time I offered to take over both the responsibilites, the Foundation had already passed on the documents, in the shape of photocopies of the typed sheets, along with Dr. Nayar's own pen-picture of her brother, to Nehru Memorial Museum and Library for safe custody; the originals of the reminiscences received by Dr. Nayar had remained in her custody till her passing away, and later these could not be retrieved from her residence by the Pyarelal Foundation.

The unutilised funds of Pyarelal Foundation were passed on to the two institutions that were created and sponsored by Dr. Sushila Nayar, namely Harijan Siksha Sammiti in Delhi, and Kasturba Health Society which established Mahatma Gandhi Institute of Medical Science in Sevagram. The Harijan Siksha Samiti was advised to utilise the fund for developing a long-term plan for upliftment of Harijan women and girls of Delhi and Kasturba Health Society was advised to utilise the fund to commomorate Dr. Sushila Nayar's services to the nation. The Society made efforts to utilise the fund to get a biography of Dr. Sushila Nayar compiled and published. However it did not succeed in its efforts to do so.

* * *

I had worked with Pyarelal for almost eight years in writing and publication of the two volumes of *Mahatma Gandhi—The Last Phase* and one volume of *The Early Phase.* I subsequently worked with Dr. Sushila Nayar for almost another decade, initially as her Secretary when she was Health Minister in the Cabinets of the first three Prime Ministers of India, and later as her Project Administrator when she was engaged in establishing Mahatma Gandhi Institute of Medical Sciences at Sevagram.

I maintained contact with both of them till their last days. After the passing away of her brother, Dr. Nayar contacted me to decipher her brother's handwritten manuscript recording his love for animals, which was later published as a booklet, *More Human than the Humans.* Subsequently Dr. Nayar did me the great favour of writing a comrehensive "Introduction" for my book, *Mahatma Gandhi—The Congress and the Partition of India*, which came out in 1995 and the third expanded edition of which appeared last year.

With my long and intimate association with both the brother and the sister, I felt that I owed it to them to renew the efforts I made earlier, to bring into the public domain the collection of tributes to her brother, in their memory and in fulfillment of her wishes.

In pursuance of this idea I contacted the nearest family members of the distinguished brother and sister to convey my intentions to them. In reply I was informed that they had passed on the collection to a family friend many years earlier with a view to its publication but the friend may not have been able to spare time from his busy schedule to get the collection published. When I contacted the friend in question, he expressed his surprise that he had ever received the collection from anyone to facilitate its publication.

The Nehru Memorial Museum and Library graciously offered to make available a photocopy set of the photocopy set that it had received from Pyarelal Foundation, which itself was a photocopy set of typed copy of the originals received by Dr. Sushila Nayar. They also supported the view that the collection deserved to be published. I am grateful to Dr. Bhasyam Kasturi of the Nehru Memorial Museum and Library for the help he extended for the success of this endeavour.

The photocopy set I received from Nehru Memorial Museum and Library was a photocopy made out of third generation photocopies of typed set which it had received from Pyarelal Foundation. Many pages of these photocopy pages were difficult—some pages impossible—to decipher. Photocopy machines were not as sophisticated in the 1980s and early 1990s as in later years. Nehru Museum had also not received copies of some of the contributions although the names of the contributors appeared in the list that accompanied the photopcopy set sent by Pyarelal Foundation. Many of the copies did not indicate the date or the place from where it came.

Mahatma Gandhi's grandson and my friend Gopalkrishna Gandhi encouraged me and extended moral support to my endeavour of bringing the collection of reminiscences into public domain. Another good and long-standing friend, I. P. Anand, who had been a senior colleague from the days when more than three decades ago we put our efforts to successfully raise the status of the Institute of Engineering & Technology at Patiala to University level, generously offered to extend help and support to get the memorial volume published and promoted. I. P. Anand had himself played a significant role in the freedom struggle and has recently published his very informative memoirs.

I am indebted to both Gopalkrishna Gandhi and I. P. Anand in more ways than one for making it possible for me to put this volume in the hands of all those who may wish to know what kind of a person Pyarelal was, who not only served the Mahatma for twenty-eight years as his devoted Secretary but spent another thirty-five years, till his last days, in writing and in making available to the nation the monumental biography of the Mahatma: Early Phase, the Last Phase and the Middle Phase depicting how Barrister Gandhi became Mahatma Gandhi and about whom Vinoba, one of the Mahatma's most learned and widely respected colleagues and followers, had recorded as follows: "Pyarelalji has done a great service to the world. His monumental biography of Mahatma Gandhi will rank as a classic for which world will always remember him."

New Delhi **D. C. Jha**
January 2014

INTRODUCTION
A Most Ignored Man of Our Times

Pyarelal was born in the first year of the last century. His age went with the year. He was 82 when he died on October 27, 1982. Pyarelal was 19 when he joined the Mahatma to become a member of his secretarial staff then headed by Mahadev Desai. He was 31 when, white-capped and black-whiskered, he accompanied Gandhi's small team to the 1931 Round Table Conference in London, keeping meticulous time for his Chief through a series of appointments with persons as diverse as Charlie Chaplin and Leonard Woolf, a task not rendered any easier by the crowds of friendly East Enders mobbing Gandhiji with "owd' you do, Mr. Gandye" and "glad to see you, Mr. Gandye" or by the children who had never seen as diverting a sight as this group of strangely attired people and who, therefore, followed the visitors around.

Mahadev Desai died suddenly at the Aga Khan's Palace in 1942 where he had been jailed with Gandhiji. Mahadev Desai had been Gandhiji's Secretary and right-hand man for three decades, training others, and Pyarelal in particular, in all aspects of Gandhiji's austere but rigorously thorough secretariat. Gandhiji took the burning torch to light Mahadev Desai's pyre at the Palace grounds himself, Mirabehn records, and set the fire ablaze. Metaphorically, it can be said that Gandhiji thereafter handed the torch over to Pyarelal, the obvious choice as Mahadev's successor. The British Government itself took the initiative and sent Pyarelal (who was not in the same gaol at the time) to help Gandhiji with all the paperwork. If Mahadev was regarded as something of an eldest son to Gandhiji, Pyarelal shared 1900 as the year of birth with Devadas, Gandhiji's youngest son. Partly because of his relative youth and partly because of some of his endearing idiosyncrasies, Pyarelal came to be regarded by Gandhiji's associates with what Mirabehn in her autobiography has described as "affectionate indulgence." Pyarelal's devotion to his work was so total as to make him almost impervious to all external influence, other than that of Gandhiji himself. He would sit ramrod straight, generally on the floor, taking down in fast long hand every significant conversation of Gandhiji, type it, index it and after Gandhiji had corrected the script, file it away within thick covers of handmade ashram stationery. Or, he would take notes on the day's events in so far as they converged on the Still Centre of Gandhiji's life, leaving out no detail howsoever trite or irrelevant. There he would be (his cap and whiskers had by now been given up) the very image of devoted application.

The assassination must, one imagines, have left 48-year-old Pyarelal dazed. He was no longer young enough to take on new interests. He had been dyed in the wool, so to say, and was incapable of taking on any other hue. Unlike others in his circle like Devadas Gandhi or Mirabehn, Pyarelal had few other interests or aptitudes. Diversification was impossible. Nor was Pyarelal so old as to call it a day and retire, hurt by history, into the anonymity of an ashram. Pyarelal must have asked himself as the flames went up at Rajghat on that bitter January in 1948 what his next task was to be. And it is not unlikely that he felt all was over for him, all dark. One imagines that the lines from Cardinal Newman's hymn that he had heard sung over the years for Gandhiji, sustained him in that moment of loneliness:

I do not ask to seek the distant scene;
One step enough for me.

To Pyarelal, the one step that needed to be taken without the slightest delay was the lodgement of the Gandhi papers which were dispersed in a number of places. Pyarelal had been left the task of centralising and housing the files upon thick files of all those closely written notes and correspondence, newspaper clippings, diaries. This enforced involvement in the physical problem of archival maintenance, I believe, saved Pyarelal from emotional breakdown in 1948.

To quote Mirabehn again, Pyarelal continued to be "dreamy and often forgetful of his surroundings." This was the external manifestation of a continuing internal preoccupation—Gandhiji and Gandhiana.

Lest it be concluded by readers who did not know Pyarelal personally that the man was a stem Calvinist, it should be said that if Gandhiji's stoicism had permeated Pyarelal's consciousness, Pyarelal owned, along with his papers, an intangible but almost inexhaustible fund of Gandhi episodes which he narrated with gusto to the delight of his small but intimately knit family. But at the end of such narrations which were invariably peopled by personalities long since departed, one was left with a feeling of sadness. Pyarelal's humour was the product of anecdotes, his jokes were period jokes. He himself in the 1970s and 1980s, was something of a period piece: authentic, untouched by later influences. His authenticity made him sought after, in a manner of speaking. Sir Richard Attenborough for instance was the latest consulter in a long and distinguished series begun, probably, by Louis Fischer in the 1940's. Pyarelal was their most reliable if not the most brilliant source material, a mine which had to be dug deep and patiently but which was indisputably rich. Pyarelal was never the fast paperback-spinner's stuff, nor the Sunday columnist's. But while he enjoyed in a select society this reputation for authenticity and solidity, there was a touch of the loner about him. He had been bypassed in a world that was acquiring other interests, other priorities. He had been pigeon-holed, categorised, as a Gandhi writer.

Those whom office or circumstance obliged to evaluate the pace of Pyarelal's biographical work felt the time he was taking to complete the volumes to be excessive. Pyarelal had brought out volumes dealing with the very early and the very last phases of Gandhiji's life. The latter work was the fruit of archival collections during Gandhiji's life-time, the former of painstaking research through correspondence and interviews, after 1948. Pyarelal was to bridge the two ends of his published work, and given another couple of years, would have completed the task. Others engaged in similar exercises, such as those in charge of the excellent *Collected Works of Mahatma Gandhi* series raced ahead, partly because of better institutional support and partly because they were more conscious of a time frame.

One reason for the tortoise pace progress of his work was that unlike the straightforward collection and printing of documents, the creation of a biographical narrative based on collected data is a time-consuming affair. With Pyarelal, it called for even more than usual rigorous work. It could have been asked: "Should he waste months to try to find out from virtually inaccessible sources the horse power and tonnage of the SS *Courland* which took Gandhiji to South Africa in 1896?" And yet it is with details such as these that the fabric of an intricate narrative is woven.

It is fortunate that such impatience on the part of others did not deflect Pyarelal from his microscopic enquiries. Flashes of intuitive appreciation will continue to be received by Gandhiji. But could any one other than Pyarelal have given us the small print of Gandhiji's life on which the captions of history stand? One wishes Pyarelal had more and better-equipped associates. Perhaps they could have helped him cover more ground. But above all one wishes Pyarelal had more time. We assumed Pyarelal would always be there, a tireless machine unaffected by the universal law of entropy, ever-collecting, ever recording more and yet more data, filling every niche and cleft in the unfinished murals of Gandhian history with deep mined and well-polished minerals of research. Time overtook Pyarelal in 1982 at last, freezing his career at that milestone. Will his work stop there too or will some individual organisation try to complete the unwritten volumes into which his Gandhi Papers must conflux?

Gopalkrishna Gandhi, a former administrator and Governor; youngest son of Devadas and Lakshmi Devadas Gandhi. This article appeared in *The Hindustan Times* of April 17, 1983.

I
TRIBUTES

TRIBUTES

		Page
1.	Indira Gandhi	5
2.	Gulzari Lal Nanda	6
3.	Horace Alexander	8
4.	Dennis Dalton	10
5.	Sadiq Ali	16
6.	G. Ramachandran	19
7.	Apa Pant	22
8.	T. N. Jagadisan	28
9.	Lakshmi Menon	33
10.	Rukmini Devi Arundale	36
11.	Manmohan Choudhuri	39
12.	Vishwaranjan Sen	41
13.	Jehangir Patel	46
14.	Achyut Patwardhan	48
15.	Dr. Sita Kapadia	54
16.	Taralika Sen (Didimoni)	58
17.	Leela Damodara Menon	61

18.	Mahesh Dutta Misra	63
19.	K. C. Kanda	67
20.	Aruna Das Gupta (Gouri)	71
21.	Ema M. Hoch	75
22.	Nirbhai Singh Soin	84
23.	Renuka Ray	86
24.	R. J. Soman	91
25.	P. C. Nanavaty	98
26.	D. C. Jha	102

1
INDIRA GANDHI

I knew Pyarelalji from my earliest days. His whole life was one of devotion to Gandhiji. A most meticulous person, his gift of analysis and articulation enabled him to present the philosophy and ideas of Gandhiji in a persuasive manner.

Rajaji once described Mahadev Desai as the "Spare Body" of Gandhiji. The same could be said of Pyarelalji. I have glanced through the monumental series of his biographies of Bapu. He was not able to complete them. It is hard to imagine anyone else completing these books with same grand grasp and attention to minute detail.

New Delhi
April 30, 1983

Indira Gandhi, Prime Minister of India, 1966-1977, 1981-1984.

2

GULZARI LAL NANDA

A very close link with the Gandhi era has snapped. This was my first thought when I learnt that Pyarelal was no more among us.

When Gandhiji was snatched away from our midst soon after the achievement of freedom, the Gandhian way came to an almost abrupt end. Being the architect of that freedom Gandhiji's name and what he stood for, however, remained in the minds and hearts of many people. Pyarelalji lived on, as the repository of Gandhian ideology and authentic source of precise knowledge about the utterances and activities of Mahatmaji, and various events connected with his life.

A kind of a bond between Pyarelal and myself developed after my entry into the non-cooperation movement in April, 1921. My last meeting with him was about a year before his death. I had made a request to him on telephone that I was keen to spend some time with him to discuss certain aspects of Gandhiji's teachings, specially his concept of Trusteeship. The ideal of trusteeship has a strong attraction for me as the kernel of the revolutionary economic ideas which Gandhiji has bequeathed to us. I was trying to work out for myself the implications, in practical terms, of this major ingredient in Gandhiji's economic thought, for building up a new social order. While truth and non-violence and the supreme value he attached to purity of means are essential elements in the way of life, which Gandhiji sought to establish, their practical expression could be provided only by the acceptance and adoption of trusteeship as the basis of the country's economic life.

I made an appointment with Pyarelalji to meet him at his place of work; the first floor of a building in Connaught Circus. As was our wont, whenever we came together, we indulged in a hearty exchange of thoughts about the current situation, and what it meant in relation to Gandhiji's ideas and expectations. He passed on to me a brochure, covering 44 pages, which was his inaugural address for a conference in connection with Gandhiji's Birth Centenary. A portion of it covered the theme of trusteeship. I have preserved this booklet as a cherished possession. It embodies Pyarelalji's views and analysis on a large variety of topics.

I can recall many occasions, when we met in the earlier days at the Sabarmati Ashram, Sevagram and other places.

I carry a vivid recollection of his genial personality, and conversation, which was often spiced with gentle humour.

We were together in the Dhulia jail in the year 1932. That period stands out sharply in my mind. I had to go through long months of illness in that prison, and had to remain in the Jail hospital. During the most troublesome part of this confinement, Pyarelalji was brought in to stay in the ward and look after me. How can I forget the loving care I received from him during those days.

Gulzari Lal Nanda was a Minister in the Cabinets of Jawaharlal Nehru and Lal Bahadur Shastri.

3

HORACE ALEXANDER

I first met dear Pyarelal when he accompained Gandhiji to London for the Round Table Conference in the autumn of 1931. We quickly became friends, and I saw him often during those weeks. One incident I happen to recall which illustrates his total devotion to Gandhiji.

A document which had been circulated to members of the Conference was needed by the Mahatma, but it could not be found. Agatha Harrison, who at that time was helping to type one of C. F. Andrew's books, offered to help in the search. After perhaps another half an hour's vain search, Agatha said: "Pyarelal, cannot you explain to Mr. Gandhi that the document seems to be lost?" "Oh no," replied Pyarelal. "Bapu would never accept that kind of excuse." So the search continued and in due course the lost document was found.

Since my return to the West, Pyarelal has kindly written to me from time to time, telling me how his great work of Gandhiji's biography was getting on, and also commenting on the general situation in India. In sorting old papers, I came upon one of these letters a few days ago, and I think two brief quotations may serve to illustrate his mind and his attitude. His letter was written in February 1965. He had just finished the volume covering Gandhiji's early life in both India and South Africa. After explaining some of his difficulties in presenting a clear picture of events in South Aftrica, he concludes with words quoted from some famous writer: "What is writ is writ, would it were better." Of the situation in India he wrote, "I do not at all like the look of things here or the turn the situation is taking. Bapu had anticipated this and made a terrible prediction which you will find recorded in Volume II of *The Last Phase* ... The apathy of the general masses and the short-sighted comments of ... the privileged whether among the rulers or the ruled are frightening. I only pray God will show us the way and give us the courage and strength to acquit ourselves in a worthy manner when the hour of test comes."

His prophetic voice continued to warn and advise and to remind those who would listen that Gandhiji's principles provided the country with the means to achieve true greatness.

Horace Alexander came in contact with Mahatma Gandhi during Gandhiji's visit to England in 1931. He was stationed with the Friends Ambulance Unit in Calcutta during the Second World War. He had authored several books on India, the last book, *Consider India—An Essay in Values,* was published in 1961.

4

DENNIS DALTON

Pyarelal and I first met in October 1966. I had come to New Delhi on research leave from my position as a lecturer at the School of Oriental and African Studies, University of London. The research that I had done there for my Ph.D. dissertation dealt largely with Gandhiji's political throught, and I had found Pyarelal's writings on Gandhiji invaluable, especially *Mahatma Gandhi, The Last Phase.* I had written to him in advance from London, outlining the scope of my proposed work on Gandhiji and he had replied to encourage me to see him as soon as I arrived in Delhi. I walked into his office that October morning and he immediately greeted me with a spontaneous warmth that I had not expected. Much less did I expect that from that first moment of our meeting I would find an extraordinary friend and mentor that never after that, despite our physical separation of thousands of miles, stepped outside of my deepest thoughts and emotions. In this sense, Pyarelal became what I do not hesitate to call my *guru*.

Pyarelal would laugh at my calling him that; perhaps he would even demur because Gandhiji was not happy with the idea of a *guru*. Nor is it fashionable or generally acceptable to think in element in the concept of the *guru* that first precisely what Pyarelal came to mean to me. This element is described best by Karl Potter who wrote in his book, *Presuppositions of India's Philosophies,* that in traditional Indian thought and practice, "the relationship of the student to his *guru*, an especially intimate one, requires that teacher not only to have mastered the variety of subject matter included in the "curriculum" but also, and more important, to have such insight and superior awareness—coupled with the ability to carry out the decisions that insight dictates—as to be always cognizant of his pupil's innermost needs as well as master of the exactly appropriate ways of satisfying them." As a teacher of almost 20 years, I can say that this kind of relationship between students and mentor is not attempted any more, perhaps with good reasons and justification. Yet as one who has himself benefited from the experience, I can affirm that when it works, as I believe it did between Pyarelal and myself, it is a priceless gift that serves not only to affirm a friendship, but to enlarge and deepen it.

In retrospect, it seems certain that when I went to India in 1966 I was looking for a *guru*. I recall visiting one renowned Royist in Calcutta, a figure of literary and philosphical distinction, and speaking with him as a *chela* might, he soon responded in a wise and aloof manner, that he was not interested in making any more disciples, he was quite busy enough with those he had. As I view now my sixteeen years' relationship with Pyarelal, I can appreciate why the Bengali scholar resisted my advances. Pyarelal sacrificed an immense amount of time and energy, trying to meet my innumerable requests, and it would be difficult to imagine exactly what he may have received in return, apart from letter after letter imploring him to clarify a precise historical moment in Gandhiji's life or to evaluate another of my experiments with truth. At best, it must have been a trying and tedious task for him.

From listening to many people discuss their relationships with Gandhiji, it is clear to me that he gained their affection by showing personal concern for them and often for their families as well. When I was in Delhi, I contracted hepatitis and was confined to bed for three months, while my wife and two children did their best to help me recover. During this difficult time, Pyarelal not only became a regular visitor but showed the kind of personal concern for my family that one rarely encounters. After this experience, it was no surprise that when my family and I returned again to India in 1975, Pyarelal was there at the airport with a fully developed scheme of where and how we were to live in Delhi during my six months research leave. This time, however, in order to accommodate the growing needs of our family, he enlisted the help and able cooperation of his sister, Sushila, and arranged for us all to reside with her. Indeed, we were each eventually adopted by every member of Sushila's household with a spirit of selfless love and service that transcends any concept of hospitality anywhere in the world.

One of my American friends, a scholar of Gandhi's life and thought, responded recently to my expression of grief over Pyarelal's death. He had known Pyarelal even longer than I and also felt close to him. Yet he said that he could feel now no remorse because of the long life of accomplishment and fulfilment that Pyarelal had led. Few of us can even hope to achieve so much. I hope that soon I will be able to view it this way, and to overcome the terrible sense of loss and sorrow that now seemed unacceptable.

The dozens of letters that I have from him, always carefully typed and scrupulously corrected on foolscap paper, became the stuff of our friendship. The range of subjects that he managed to cover is uncanny. One would expect ongoing advice on diet, because that of course was one of Gandhiji's favourite topics, but most astonishing now, after re-reading them with years' perspective, is the way that he balanced discussions of literature (his enduring love) or philosophy with personal advice and intimate words of support. For example, the worst crisis of my life came with my father's long struggle with cancer and agonising death. I talked about it with Pyarelal in 1975 and found his perspectives on death consoling. I then wrote to him, and when the moment of my father's death came, I found that he was one of the very few that could express my grief so openly and frankly because he did not turn away but confronted my pain directly. He wrote to me in his characterstic way, philosophising about death and sorrow on the one hand, and then urging practical method for coping with it through my work and family. Above all, there was his concern: unfailing, genuine, and even over years and miles of separation, intensely loving ... That was his gift.

I feel that because his letters are such a treasure that I should share at least a sample from one of them but it is extremly difficult to select a part that represents his meaning and affection. My wife has suggested that I should include his recipes to her because they have become the pride of our vegetarian diet ever since he and Sharron baked together in Delhi a loaf of bread from the recipe that he had used in Gandhiji's *ashram* at Sevagram. Our chiidren have asked me to include his comments on essays that they wrote and sent to him for advice. As I read these comments now, I can only think, "It is no wonder that Pyarelal never finished *The Early Phase* with all the demands that our family alone placed on him."

Yet, I think it best to include something that is more representative of what he usually tried to convey, relating to the meaning of *Satyagraha*. I will choose some lines from a very long letter that he wrote in response to my appeal, as usual, for clarification about the theory and practice of civil disobedience. My request was more urgent than usual because I was about to participate in an anti-war civil disobedience demonstration that seemed to me to have an ugly quality of dogmatic arrogance on both sides. I asked Pyarelal, at much greater length than any *guru* should have to endure, how does one know how to practise the real thing. He responded:

"It is very difficult to give you advice from a distance. In the abstract the advice given this way may be faultless, but if followed uncritically it may mislead. From its very nature, in Satyagraha, the Satyagrahi is often prevented from seeing beyond the next step in advance. The same pattern of conduct cannot, therefore, be repeated. What may be right in terms of Satyagraha in the case of one person under a certain set of circumstances, may not be correct in the case of another person at a different stage of his development or stage of his spiritual evolution. Imitation does not make for Satyagraha; it will lack inwardness. No set pattern of any unvarying code of conduct can therefore be prescribed. A Satyagrahi, therefore—and this is the principle that you must observe—does not plan each action in advance; rather he plans his life by sustained correct practice of the principles of truth and non-violence so that in a crisis he will respond correctly. What one must always keep in mind about Ahimsa is that it is the law of our being. It is always at work, it may be eclipsed, but it is never extinguished or abolished. It holds even when both sides in a conflict resort to violence. But recognition of the law and its intelligent application gives us power.

"In respect to truth, remember that in Ahimsa one does not necessarily progress from error to truth, but from truth to truth. At different planes of our striving are revealed to us different facets of truth, all of which may be valid and mutually complementary even when they seem to be contradictory. This calls for patience, tolerance, breadth of outlook and charity on the part of the Satyagrahi. To be able to see in the opponent's conduct the truth of his being and to sympathise with it gives to the Satyagrahi the power to understand and convert him. Sympathy does not mean agreement or a suspension of the critical faculty. Sympathy and understanding give us the power to love the opponent even when we disagree with and are critical of him.

"I will repeat what I have told you often, that Satyagraha is a living principle; it cannot be embodied in a rigid formula. I wish that you were near me. I could then explain the whole thing to you in greater depth, and through our exchanges we could probe it in consonance with your needs and responses. Yet, I know that even that would be inadequate. For, in the last analysis, Satyagraha cannot be taught by word of mouth but only by personal example."

Prof. Dennis Dalton had been Professor at Bernard College, Columbia University, New York, NY. He is the author of the book, *Mahatma Gandhi, Nonviolent Power in Action*, published in 1993.

5
SADIQ ALI

When Gandhiji was suddenly removed from the earthly scene by an assassin's bullet, we all looked to Pyarelalji to give us a whole wealth of material which he alone possessed or could possess about the Father of the Nation. There was any amount of published material about Gandhiji and yet the hunger to know more and more about him was almost insatiable in India and other parts of the world.

Gandhiji was a unique man, unique in many ways. As a man of action he dominated the Indian scene for several decades, but he was also extraordinarily rich in thought. There was something new in every interview he gave, every letter he wrote, every conversation he held, especially in the midst of a crisis. Pyarelal was the principal custodian of all this valuable material at the time of Gandhiji's death. He was himself acutely conscious of the responsibility he owed to mankind.

After independence most of us who were associated with the country's struggle for freedom moved into new realms of thought and action. We had new desires and new ambitions. But all this did not touch Pyarelal. He was so absorbed and immersed in Gandhiji that he felt no inclination for any new sphere of activity. We all welcomed it. What he could do by this concentration on the Mahatma would be vastly more valuable for the nation than any new work he could take up. The outcome was that we had the two volumes of *The Last Phase* from his pen and then *The Early Phase* followed by *The Discovery of Satyagraha*. We took it for granted that the world would have from him more and more works on the same lines till all the material he had or could collect was exhausted. But we did not reckon with his age or with fate.

One unfortunate morning we learnt that Pyarelal was no more. This was a painful loss for his close friends and associates but it was a tragedy for the country. I do not know how much the intellectual of India was sensitive to this tragedy.

That Pyarelal could remain with Gandhiji from the day he joined his secretariat till the day of his martyrdom is enough testimony of the faith Gandhiji placed in him and the latter's capacity to stand all the ordeals he must have gone through. Gandhiji was a hard taskmaster. Pyarelal survived all the ordeals because he ardently believed in Gandhiji and his message and was ready for any sacrifice or hardship.

When India was celebrating her independence, Gandhiji was in a sorrowful mood. He wondered whether the country was handling independence in the right way and producing the right results. Pyarelal seldom sought publicity but he did give expression to his own sense of disillusionment from time to time. With all the progress the country had made he thought it right to ask from time to time what change freedom has brought to the lowliest villager and how much new capacity he has developed to improve his lot and how much equality and participation he has achieved in the processes of democracy.

There were two parallel efforts going on in the country after independence to preserve the thought and writings of Gandhiji. One was the *Collected Works of Mahatma Gandhi* which the Government of India wisely took up and the other was that Pyarelal had taken upon himself. The fruits of the latter's hard and difficult work are before us, but what he intended to achieve was much more. The world of thought is to this extent the loser.

The world is deeply indebted to Pyarelal for the great contribution he has made in preserving, protecting and elucidating Gandhiji's thoughts.

It is hardly necessary to recall that as a freedom fighter he had his own silent selfless contribution to make. His qualities of immense patience and self-effacement and an outlook on life free from all narrow biases are worthy of emulation.

Sadiq Ali was Chairman of the National Gandhi Memorial Trust.

6

G. RAMACHANDRAN

Pyarelalji was one of the most remarkable persons I have ever known. Curiously, his personality stands etched unmistakably against a background full of other renowned persons who have cut a deep mark in the history of our time. There was the glamorous and brilliant Mahadev Desai. There was the keenly intellectual Acharya Kripalani. There was then Rajkumari Amrit Kaur who was so very close to Gandhiji and who acted so often as his Ambassador. Who can also forget the redoubtable Sucheta Behn in this picture? There was of course Sushila Nayar, Gandhiji's physician and chronicler. At higher levels there were Rajaji, Rajen Babu and Pandit Nehru.

I see with my mind's eye the humble figure of Pyarelalji holding his place in this galaxy of persons who were around Gandhiji. What is his place among them? Perhaps he was too humble and reserved to claim any place. He was however a very deep person. He did not spread himself out to create a flutter of recognition. He never sought recognition. He literally shunned it. And yet no one could ignore him. He was a thinker, writer and student of affairs with Gandhiji at the centre.

Mahadev Desai stole the show all the time without intending it. Pyarelal every time avoided the show. He dived deep into his subject and those who dive deep are seldom noticed. But diving deep he discovered Gandhian truths at their roots. He was a profound interpreter of Gandhian ideas and the Gandhian way. He never showed any sign of his profundity unless you scratched him. And when you did, he would astonish you by what he could reveal about Gandhiji. You could not understand his personality and mind by running round him. You would have to walk with him a long way almost silently. And this is what I once did when we lived together in the Satyagraha Ashram in Sabarmati long long ago.

Pyarelalji was going away to Lahore on some mission. From the Ashram to the Sabarmati Railway Station he did not hire a Tonga. He had with him a suitcase and a bedding. I offered to walk with him to the station. He suspected I wanted to do so to carry either his suitcase or his bedding. You see I too had some sort of a reputation in such matters! He therefore did not encourage me to come with him. But when I insisted he put down a condition. With a slight smile he said to me "On one condition, that you do not insist also on carrying my bedding or suitcase." We then chaffed each other in a friendly way and got on to the dusty road to the railway station.

We talked about Gurudev Tagore and Gandhiji. He was a man of literature and a keen student of Tagore. He said something like this. "People want to compare Gurudev and Bapuji. They are incomparable. You cannot compare the Himalayas and the Indian Ocean. You cannot compare the Banian tree and the Coconut tree. Why do people want to compare great men? They are great on their own and not in any comparison. You know the old story how a poet wanted to compare the Lotus and the Rose. Did they get anywhere?" I stopped him gently and asked who was the Himalayas and who the Indian Ocean? His answer was again characteristic, "That depends on you and not on them. Even here the error of comparison in deciding greatness creeps in."

He referred to Acharya Kripalani's views and Kaka Saheb

Kalelkar's views in this connection. I wanted to probe deeper into his mind and therefore asked, "In your own view who is the Himalayas and who is the Indian Ocean." He would not let me catch him even at this point. He said again, "You know the Himalayas was once under the ocean and it must have been the Indian Ocean. So what prevents any one from interchanging the mountain and the ocean as it suits his mind?"

He had a peculiar rasping laughter and he indulged in it on this occasion for quite a few seconds. He was of course Mahatma Gandhi's man. But equally he loved and admired Gurudev Tagore. There is only one little thing to mention here. At some stage in our walk I quietly relieved him of his bedding. He hardly noticed it. It was only at the railway station he asked innocently, "When did you snatch away my bedding?" I joined in the joke by saying "I too do not know!"

Pyarelalji was not however simply a dreamer. He possessed high courage and a strong will. He was by the side of Gandhiji in his heroic pilgrimage of pain and suffering in Noakhali. Again and again, he faced death in Noakhali without flinching. He became a man of action when his Master gave the call. He will however remain in our memory for the great volumes he wrote on Gandhiji. These volumes will reveal the Master as perhaps no other books ever written on him. May India never forget this noble thinker, writer and interpreter who gave his life to Gandhiji without any reservation.

March 19, 1983

G. Ramachandran was Secretary of the National Gandhi Memorial Trust.

7

APA PANT

He was so unobtrusive but one knew that he was all the time there. He not only recorded historic events as they were happening but he was also an essential part of the process that was producing them.

During the ten-year period, 1938-47, when I had the privilege of being with the Mahatma often, Mahadev Desai used to be away elsewhere and Pyarelal was the one-man "Secretariat" of that dynamic Silent Centre around which in great agitation and turmoil a New India was bursting to be born.

It was often that after a thrilling and inspiring, but exhaustive, session with the Mahatma I sat a while with Pyarelal to compare notes and hear from him what his response was to the "advice" that was pouring out of that Great Mind.

The "advice" was being given to Raja Bhawanrao Pant Pratinidhi of a mini-scale State (population 75,000) of *Aundh*, Maharashtra. The Raja wanted to give up his kingdom to the people of the State. Maurice Frydman and Pandit Satawalekar, who were advising the Raja at that time (1937-38) had brought me to Wardha to seek the guidance of the Mahatma so that this voluntary renunciation of power could bring the maximum benefit to the people of the *Aundh* villages.

As the Mahatma developed his ideas about "Gram-Ram rajya," village democracies, I felt that the Raja himself should be there to make the final decision about the form of the new Gram-Rajya constitution for *Aundh*. When the Mahatma that afternoon said to me, "Apa, bring your father here. I invite him to Sevagram. We will settle the matter of what is best for the people of *Aundh* between us," I was greatly agitated.

Pyarelal and I sat late that night in his small room exploring the possible political consequences for the Raja, a "British protected person," and head of a "treaty State" visiting Gandhiji. Would the British "like" it? Would they allow it? What would the Mahatma do if they refused permission for him to visit Wardha?

I asked Pyarelal whether the Mahatma would then take up the matter and publicise it through the *Harijan*? Would he fast?

I do not remember whether we arrived at any definite conclusion that night, but his scintillating, affectionate, clear thinking helped me a great deal. The Raja duly arrived in Wardha and consulted the Mahatma for one week. Sardar Patel, Rajendra Babu, Kaka Kalelkar, Jairamdas Daulatram were all there at that time. The Raja met them too.

The record of these discussions between the Mahatma and the Raja was meticulously kept by Pyarelal. We often referred to it later when small and big "problems" arose as the experiment in village democracy was put into practice.

What was the true content of village democracies? Was it a mere decentralisation of authority? Did "final" authority still remain with the "Centre," be it *Aundh* (The Raja) or Delhi (a Prime Minister or President)? When the Raja at one stage, as the experiment gathered momentum and the people started to feel "the glow of power," hesitated to agree with what they wanted to do, this question of where the ultimate power lay, with the people or the Raja, became important and urgent.

Pyarelal felt that as the "Keeper of their Conscience," according to the Constitution, the Raja, at a crucial time, must exert his "final" authority. That was how the Raja felt too.

The Mahatma, however, advised that the son of the Raja who was running the experiment should go on a "purificatory" fast!! Maurice Frydman was specially sent to *Aundh* with this message. The son hesitated to start on such a venture. In a letter he explained his hesitation to the Mahatma.

Later it was learnt that Pyarelal had fully understood the predicament of a loyal son. It is not known whether he spoke to the Mahatma but on his next visit to Sevagram the whole episode was forgotten and the *Aundh* experiment moved ahead smoothly.

The village democracy should be run like a well-disciplined family with all its members doing their duty efficiently and competently. There must be "caring and sharing," not "competition and conflict." The Raja is the head of this family but cannot, must not, feel that he has any "authority" over his family, except a "moral" one. That was how the Mahatma was always unfolding his ideas of Ram Rajya. For him it was always duty first, and rights afterwards.

Once the Mahatma was reading his morning mail and an important looking document received all his ebullient attention. As he passed the paper on to Pyarelal the Mahatma noticed that I was sitting in a corner of the room and asked him to give me the paper to read.

It was a declaration of human rights drafted by Betrand Russell, Einstein and about a score of eminent thinkers, scientists, writers of the world. They all requested that the Mahatma should be the first to sign this declaration of human rights.

As I read the paper I was thrilled at the prospect of the Mahatma signing at the top of this list of such eminent men and women of the world.

With a twinkle in his eyes the Mahatma asked me what I thought of it. I blurted out impatiently, "Of course, Bapu, you must sign it; it sounds so superb"!!!

He looked gravely at me and said, "If it was a declaration of 'Duties of Man' I would be the first to sign it. Rights before duties would lead to conflict and chaos."

As one remembers those days in the early forties, forty years ago, the wisdom and far-sightedness of the Mahatma comes to the mind as it watches the confusion, the misery and helplessness all around.

In those discussions with Pyarelal and Sushila, with Kaka Kalelkar and Aryanayakam, with Shankarrao Deo and Anna Sahasrabudhe and many others, ten years before the Indian independence, we were striving to realise the great dream of the Mahatma of dismantling central authority to create village democracies.

Can a society subsist and function without a single system of authority, without centralising power?

The Mahatma had said "Apa, centralisation of power is dangerous. It kills the individual. Keep the small *Aundh* villages 'independent' units of administration, of production of goods and services. Make them self-sufficient. Independence is self-reliance—*Swavalamban*."

Today with all this mad and criminal struggle for power all around us, with this waste on pomp and glamour, those days at Sevagram when we sat with Pyarelal to interpret the Mahatma's ideas come to the mind and are still so refreshing.

Obviously this present "Model" of a centralised, bureaucratised, power-profit-consumer oriented society is not working. It is breaking down all over the place. Unemployment, pollution, waste of much needed resources on armies and armaments (700 billion dollars a year!!!), total disorientation of man, the individual, are causing stress and strain that brings conflicts, wars, concentration camps, disillusionment and despair to all the nation-states and the people of this world.

The model of which *Aundh* was a small laboratory experiment in Social, Cultural and Economic self-reliance and Independence; of sharing and caring; of motivations that put duty on society; clean, efficient work and harmony above the selfish, power-profit oriented behaviour that is stimulating all of us, has perhaps a relevance today.

May be what that simple, lovable, utterly human individual, Pyarelal, spoke of to a few of us in interpreting the Mahatma 42 years ago in Sevagram is creating a slow, scattered, but sure response today. Individuals are disgusted with all centralised systems of Government, and the inefficiency, the uncertainty, the corruption, and above all the slave-mentality that is experienced everywhere. Control over the individual by the State is becoming total through its organisations, including the police, Secret Services, the banking system, employment opportunities, education, communication systems such as TV, radio, newspapers. The individual does not exist except as a cypher, a number; he is faceless, with no sense of belonging or companionship. He is lost, totally disoriented.

The Mahatma advised the Raja in 1938 that the "state" should have no authority over the individual. The individual must sustain the harmony and equilibrium of the society, the villager by doing his "duty," *Dharma*, efficiently and spontaneously. No fear of authority, no compulsion. Intelligent, spontaneous performance of one's duty. In such a civilised society man, the individual, can live fully.

It was, in those historic days, a great privilege to sit and exchange such ideas with Pyarelal. Through his monumental work the wisdom of the Mahatma is available to us today.

To his memory many who are today seriously concerned about the fate of mankind will turn for illumination of the Mahatma's thoughts.

Apa Pant was India's Ambassador to Kenya and Indonesia.

8

T. N. JAGADISAN

My first meeting with Pyarelalji was during my first with Mahatma Gandhi on February 8, 1945 at Sevagram. I had gone to Sevagram that day with Dr. R. C. Cochrane, the renowned leprologist, to meet Gandhiji and ask for help from the newly founded Kasturba Gandhi National Memorial Trust for establishing a leprosy centre. As Gandhiji was then observing silence during daytime, he listened to us with the utmost sympathy, as if we were the only two persons in the world who mattered to him. Then he wrote on a piece of paper, one side of which had already been written upon:

"You have preached to the converted. My interest in the leper problem is as old as my residence in South Africa. I take it that you have seen the institution here.[1] I would like you to send a detailed plan with expenditure, to go to the Board. No thanks needed."

I was beside myself with wonderment and joy. When Bapu dismissed us most gently and kindly, I was lost in an unearthly reverie and came away leaving my diary behind. Pyarelalji came running after me not only with the diary, but also with the sheet of paper on which Gandhiji wrote his message to us. It was most thoughtful of Pyarelalji to have brought it. I recall even now his radiant face and his saying to me with an understanding smile, "I brought it because I know you will treasure it." Indeed, that precious little note is one of my few cherished treasures. Of course, Pyarelal sat by Gandhiji, silently, during our interview with Bapu.

---

[1] Maharogi Seva Mandai, Dattapur.

Indeed, he has been the silent and unobtrusive private secretary to Gandhiji, assisting him at all his interviews with the big and the small, the great and the obscure. His meticulous records of these interviews form precious historical and biographical material.

It was a precious opportunity to know the Maharogi Seva Mandai, Dattapur and members of its intimate family—Pyarelalji, Dr. Sushila Nayar, Rajkumari Amrit Kaur and Agatha Harrison, among others. It was then that I learnt to admire the self-effacing and absorbing devotion of Pyarelalji to his Master, his unwavering labours, squatting down and working at his small but over-burdened desk, and his unperturbed calm and infinite patience in dealing with many visitors, some of them with clamorous importunity. It was also amazing that in the midst of all this engrossing work and noisy distractions, he had an ear for the gentle whispers of Gandhiji summoning him from the adjoining room to which we swiftly went to be with Bapu. I often sat by Pyarelal silently watching him at work. But he found time now and again to talk to me and to befriend me. I remember he asked me to procure some books of Guy de Maupassant and Anatole France. We talked about books, ancient and modern, and I had a glimpse of the wide range and depth of his scholarship.

After my first meeting with Pyarelalji, I had begun to correspond with him and soon won his friendship. My next meeting with Pyarelal was during Gandhiji's stay in Madras for over a fortnight in connection with the Silver Jubilee of the Dakshin Bharat Hindi Prachar Sabha. Bapu had asked me to meet him daily and, to use his own words, "to be near and around me, though I may not even see you on some days."

My next meeting with Pyarelal was in Birla House, New Delhi, in the forenoon of January 31, 1948, the next day after the assasination of Mahatma Gandhi. He was there in the room where Gandhiji's body lay, where the Gandhi family and other inmates were there, with sorrow-stricken faces and eyes glistening with tears. The chanting of the Bhajans continued. Gita was heard. Dr. Alappe Chettiar, the industrialist and philanthropist with whom I had flown urgently to be in time to get Bapu's last darshan, was also with me. I saw Pyarelal stricken and broken, but deriving infinite solace gazing at Bapu's face. Pyarelal has described his feeling of that moment in touching words:

"As I gazed at the still sad face, infinite peace, forgiveness, and compassion writ large on it, the entire vista of twenty-eight long years of close, unbroken association from the time when, fresh from the college, I had come to him, full of dazzling dreams and undimmed hopes, and sat at his feet, flashed across the mind's eye. And what crowded years at that!"

On the 1st of February, I met Pyarelal, Dr. Sushila Nayar and Rajkumari Amrit Kaur and shared with them their desolating grief. Pyarelal hugged me with a brother's love and drenched me with his tears.

In November 1949, when I stayed at Harijan Sevak Sangh with Thakkar Bapa in connection with the 81st Birthday celebrations of Bapu, Pyarelal was occupying a modest outhouse of the Sangh, busy with his papers and working upon the book which was later published under the title, *A Pilgrimage for Peace*. He was always keen on apt titles for his books, and even chapters, and he liked titles with literary echo. For instance, he liked the title of my little book of selections from Rt. Hon'ble Srinivasa Sastriar's prose writing, *The Other Harmony*, based on Dryden's phrase "the other harmony of prose." Therefore he consulted me on the title that he should give to his new book. He mentioned many that he had thought of, I recall with pleasure, that he opted for, *A Pilgrimage for Peace.*

In the early 1960s I met him in New Delhi at his residence, to which Dr. Sushila Nayar was good enough to take me. I spent a whole morning with him when he unfolded to me his plan of many volumes and gave me the reasons for his beginning with *The Last Phase* which was not only the period of Gandhiji's life with which he had an inward intimacy, but which was also the most significant asthe culmination of Gandhiji's incomparable life. He lived long and laborious days and nights, writing from a full mind, drafting and redrafting and refining his sentences, never satisfied until he got the inevitable word. He was a pefectionist to the core. He worked as if he lived, not in time but in eternity.

I had the privilege of speaking at the same platform with Pyarelal on the Gandhi Jayanti of October 1974 at Raj Bhavan, Madras, where the then Governor Mr. K. K. Shah arranged a symposium on Gandhiji and his teaching and message. Pyarelal read a most informative and scholarly essay on Mahatma Gandhi's Economics. It was really a comprehensive thesis expounding the many aspects of Gandhiji's approach to decentralised and non-violent development and its significance to the modern world.

It is the nation's good fortune as well as the good fortune of the world that Mahatma Gandhi, the hero of heroes, had two Boswells of brilliant intellectual gifts and total dedication to the Master and the ideas for which he stood and worked. Mahadev Desai, the older Boswell, died on August 15, 1942, in the prime of his life after years of incessant labours as the private secretary and disciple of the greatest man of the world. It was a tragic blow to the Mahatma and the nation. It was fitting that Pyarelal should have dedicated his *Last Phase* to Mahadev Desai, for Pyarelal had his apprenticeship under this prince of hero worshippers and owed so much to this giant of a Boswell.

Gandhiji himself has written in his autobiography, *My Experiments with Truth,* that Mahadev Desai had most painstakingly kept a diary in which he recorded the day-to-day events in Gandhiji's life, quotations from his statements and views on men and things, and even extracts and transcripts form Bapu's letters. These diaries published by the Navajivan Trust fonn invaluable source-material for the biographer and historian, and provide the most inspiring reading. They also reveal the sensitive pen, the incisive insight and many-sided comprehension of Mahadev Desai. He has done what only Pyarelal or Mahadev Desai could have done—gifted to the world a comprehensive and authentic record of the crucial years of Gandhiji's life when his doctrines of non-violence were put to the acid test, the agonising trials which Gandhiji faced, and the manner in which the mighty Mahatma never swerved an inch from his path of non-violence, and came out victorious in every fiery ordeal. Dr. Rajendra Prasad in his introduction to Pyarelal's *The Last Phase,* writes:

"It is only such record of the varied and variegated panorama in which small deeds and great fall in their true perspective that a true, faithful and soul-stirring, life-giving and enchanting picture of Mahatma Gandhi's life and teaching can be found, to be contemplated, absorbed and enjoyed. (सत्यं, शिवं, सुन्दरम्) The present work represents such an attempt for those, who may be interested in it by one who had the opportunity to observe and know at first-hand the incidents and events which he has described and has the acumen and insight to interpret them correctly."

T. N. Jagadisan was associated with Leprosy Eradication Programme.

9
LAKSHMI MENON

To me he was a legend, like Mahadev Desai, whom I had never met, but who was familiar to me through the columns of the *Harijan*. To be Gandhiji's secretary must be an effort of will and needs unusual devotion. From all that I have read about Gandhiji's life I know that he was a very obstinate person, and where the enforcement of his ideas was concerned, he never spared anybody who did not accept his principle in toto. Kasturba, Mira Behn and many others of his strange entourage must have been men and women of extraordinary patience and rare understanding to put up with him. I remember reading in the columns of *Harijan* of how Mahadev Desai nearly packed up to take leave of Gandhiji for ever, owing to some difference about his wife and Ba entering the Pur temple which did not admit *Harijans*. However, on second thought he decided to stay on. I am sure Pyarelalji must have had the same experience, or did he not? Perhaps he did or he did not.

I came to know Pyarelalji intimately after I had read his *Last Phase* which came before the *Early Phase* of Gandhiji's life. I read the book with deep interest and it is not seldom that I found my mind wandering from the book to the author, drawn by his profound scholarship, infinite patience and the meticulous way he handled the material. Thus I admired him through his writings. It is said "style, style is the man." A man's personality, his devotion to first principles as well as his character and attitude towards others and their problems are all reflected in the author's style of writing. I realised through his writing that Pyarelalji was not only a dedicated person but a man who had sublimed his ego for a higher cause. All these were my impressions after reading his writing.

Then came the day! We at the Kasturbagram wanted Pyarelalji to visit us and speak on the life of his master. Correspondance went on and we were assured that he would accept our invitation and come, but no one knew when.

And one day a saintly looking person got down from an auto-rikshaw at Kasturbagram. And that was Pyarelalji, unobtrusive, simple and unconscious of his position. He had come by air from Delhi. Without bothering to contact anyone, he just covered the distance between the airport and Kasturbagram, a good few kilometres, in an auto-rikshaw. That single act alone, in my opinion, proclaimed the kind of man he was. A day later when I landed at Kasturbagram I was told of Pyarelalji's arrival and I was really thrilled to meet him: simple, unassuming, gentle and obliging. He talked to our inmates and they were happy and inspired.

One day I had a problem. Our evening prayer time was an occasion when the whole campus came together for about twenty minutes of prayer. We sang ashram bhajans and prayed together. The secretaty had complained to me that instead of meeting every day they met only on Fridays; on other days they preferred to pray in their respective institutions. I felt rather hurt and had exhorted them to attend prayers regularly, everyday at the prayer hall. I thought it was a Godsend to have Pyarelalji with us. I approached him with a request that he be kind enough to talk to the *Kasturba Pariwar* about the importance of community prayer. He readily agreed.

Pyarelalji spoke in a gentle and persuasive voice on the significance of community prayer. I was thrilled at its impact on all of us and since then we have been meeting everyday in the prayer hall the whole campus. I want to say "thank you" to Pyarelalji wherever he is, for saving Kasturbagram from a possible erosion of its spiritual and moral values.

I did not let my short acquaintance go waste. Since then I have had occasion to correspond with him about a few things for which he could give me guidance. Requests for help always produced a prompt response, and I know that a friend interested in Gandhian studies always reminded me what a pleasure and privilege it was to seek Pyarelalji's help which was given joyfully and gracefully and which encouraged pupils study with intensity of interest. He was a scholar par excellence and I presume there are many things he wished to contribute towards "Gandhiana." My feelings towards him are those of a sister for the simple reason that he was Sushila Nayar's brother and Sushila Nayar is a dear friend and sister to me and therefore he is my brother too.

Now that he is no more with us I can only pray for peace of his soul. May his memory be kept fresh by a people's devotion to the cause which he pursued with dedication.

Lakshmi Menon was a Minister in the Cabinets of Jawaharlal Nehru and Lal Bahadur Shastri. Later she was Chairman of Kasturba Gandhi Memorial Trust.

10

RUKMINI DEVI ARUNDALE

We all know what a great personality Gandhiji was. One of the outstanding attributes of a leader is the ability to gather together and to pick outstanding individuals to take charge of the different aspects of his work. The insight that is necessary to do this is very important because it is through this insight that it is possible for a leader to pick a person even before he has proved himself suitable for some great work in the world. Without this ability a leader can completely fail in his work.

While we are all acclaiming Gandhiji we should acclaim those whom he had chosen by his vision and ability to help in the great work of India's regeneration. Among the most outstanding that I can think of was one who kept himself in the background because of his humility, but who became well known because of his dedication and capacity. I mean Pyarelal Nayar.

It was my good fortune to have known him intimately. It seemed to me as if his closeness to Gandhiji inspired him not only to follow him and to work for him but to gain by his own right the ability to work for India. As is well known, his most outstanding work was editing the journal *Harijan*. It was through this that Dr. Arundale and I knew Pyarelal. Later I not only continuously had the opportunity of meeting him when I was in Parliament and also whenever I visited Delhi but he was good enough to come to see me whenever he came to Madras. I can say that I admired him and his character, but even more developed a great affection for him.

Many people who are close to great personalities are conscious of it and in some subtle way make it known that they are important because of this. Pyarelal was the opposite. Never did he boast of his closeness to Gandhiji but always talked of what Gandhiji would do in certain circumstances and what examples he set. Pyarelal's interests were as universal as Gandhiji's. He took great interest in the animal welfare movement, in the Vegetarian cause as well as in all other subjects of importance to himself as well as to Gandhiji. I can never separate him from Gandhiji because it seemed to me that whenever I met Pyarelal I began to know Gandhiji better. When I was introducting a bill for the prevention of cruelty to animals at the time I was a nominated Member of Parliament, so many contradictory statements used to be made to me by those who were not completely in sympathy with it, especially by those in the medical profession who felt that animal experimentation for medical purpose was justified. I used to often consult Pyarelal about his views on the different aspects of animal welfare such as animal sacrifice in the name of religion, vivisection for animal experiments in laboratories, and particularly vegetarianism. It was Pyarelal himself who supplied some statements by Gandhiji on this subject for which I shall ever be grateful to him. I derived great inspiration from these statements.

> "Sacrifice of animals in the name of religion is a remnant of barbarism."
>
> "The basis of my vegetarianism is not physical but moral."
>
> "Think, speak, act for suffering animals."
>
> "If you have real faith in God, you cannot but feel for the humblest of His creation."

Of course, he completely believed in non-violence not only as applied to human beings but also to animals and though he gave me these quotations from Gandhiji, I needed them only to make my bill so forceful as to show what ideals we had inherited from Gandhiji whose life of sacrifice brought about the freedom of our country.

Pyarelal was a man of gentle and graceful speech, eternally hospitable and helpful to those who came to him. He was a perfect gentleman and a good brother to all. His directing and helping of the Navajivan Trust which has produced monumental volumes of Gandhiji's life should be treated not only as a tribute to his leader but we should all consider this a tribute to Pyarelal himself. Though he kept in the background working hard, he has made a great contribution to India's history and will never be forgotten. I always thought of him as equal to Hanuman who was ever present wherever the name of Rama was invoked. So will I think of him in connection with Gandhiji.

It is rare to find such individuals anywhere but present India is even more in need of such men. We still miss him physically but our memories will always cherish him.

I am very grateful to his dear sister Sushila who has asked me to contribute my tribute. I am indeed privileged and I am sure that as Sushila was so dear to his heart he would have supported her work not only in this publication but the undying devotions she equally showed to Gandhiji by her service to India and by her contribution to the home of Gandhiji at Wardha.

Rukmini Devi Arundale was a Member of Indian Parliament and founded *Kalakshetra* in Madras.

11

MANMOHAN CHOUDHURI

I had first met Pyarelalji in Calcutta when he was staying for some time with Satishbabu at Khadi Pratisthan. At that time I was learning tanning at the Cottage Tanning Institute starred by Satishbabu. I used to see Pyarelalji at the Pratisthan's Khadi Bhandar. He would be surrounded by stacks of books that overawed me and I did not try to get close to him, though he had spent some weeks with my father and mother at Bah (Orissa) where they had buried themselves to do constructive work and was on quite intimate terms with them.

It was many many years later, sometime in the sixties, that I began to visit him whenever I happened to be in Delhi, though I had made his acquaintance in between. We used to discuss the progress of the Sarvodaya movement and Pyarelalji used to ask searching questions and make quite relevant suggestions about the line of action that should be pursued. He also laid stress on ideological clarity and cautioned against deviations from Gandhiji's ideals. I was impressed by his deep understanding of the latter. What was more remarkable was his efforts to place and elucidate Gandhiji's ideas and ideals in a world context.

His perseverance and capacity to take pains and attend to minute details was stupendous. I was simply amazed at the patience with which he followed the trail blazed by Gandhiji across three continents to collect every available piece of documentary or other material for the monumental life of the Mahatma that he had undertaken to write and which unfortunately he could not complete in his lifetime.

The last time I met him, I apprised him of the work we had started on a very modest scale among children in urban areas and how we nursed the ambition to start a parents movement to bring the parents back into focus in the educational process from which they were being gradually forced out. Pyarelalji became immensely excited and said: "This work is very important. I have done this in Noakhali." Then he began to give me details of what he had done there to awaken a sense of social awareness in the children in a rural area where he had started a peace centre at Gandhiji's behest, and how he involved the children in productive work and so on.

"When I reported this to Bapu," he continued, "he beamed and said that he would like to do such work himself if he had the time and asked me to write down an account of my work."

The account is there in *The Last Phase*—the last volume of Gandhiji's life. I had already read it but I readily agreed that it was worth re-reading in the context of what we were doing. But he was not satisfied. He wanted to save me the trouble of looking up the chapter in the hefty volume and fished out a reprint from among his papers and handed it over to me with a radiant smile. Unfortunately I did not have another opportunity to meet him before he passed away. The memory of this last meeting and his blessings that were not spoken but nevertheless were felt deep inside me will remain ever fresh in my mind.

June 18, 1983

Manmohan Choudhuri was a constructive worker from Orissa, later associated with Bhoodan and Sarvodaya Movements.

12

VISHWARANJAN SEN

My first acquaintance with Pyarelalji, a young man of about 35 years, was when he visited our village centre of Khadi Mandir, in Diamond Harbour Subdivision of 24-Parganas District in West Bengal in mid-1930s. My first reaction was one of wonder and reverance to see a follower and Private Secretary of Gandhiji making wonderful experiment in diet by taking only uncooked vegetables and uncooked food. We felt inspired by his dedicated, simple, rigorous life, a brilliant example of high Gandhian thinking and simple living. He was pleased to see our self-spinning work with Kisan Charkhas in three village centres of Diamond Harbour Khadi Mandir of which Shri Charu Chandra Bhandari was the President and my humble self was his co-worker as Assistant Secretary.

Shri Pyarelalji was not only the Private Secretary of Gandhiji, the editor of Gandhiji's weekly *Harijan*, the author of monumental biography of Gandhiji which, according to Vinobaji, will rank as a classic, but his staunch Satyagrahi follower, his close assistant and co-worker up to the last days of Gandhiji. He had been in jail several times for joining Satyagraha campaigns of Gandhiji, sometimes as his companion. He was one of Gandhiji's selected 78 satyagrahis in the Dandi March for Salt Satyagraha, in March 1930—Comrade in arms (arms being truth and non-violence and a Do-or-Die determination).

My acquaintance with Pyarelalji for the second time was in Noakhali. Gandhiji went to Noakhali in the first week of November

1946 on a Do-or-Die Peace Mission. Pyarelalji was one of those, including Dr. Sushila Nayar, Shri Kanu Gandhi, Smt. Sushila Pai and others who accompanied Gandhiji. In November 1946 Gandhiji left his camp at Kazirkhil, the headquarters of Gandhi camps, and started walking from village to village. All his workers settled themselves each in one village to do the work of establishing peace between the two communities. Gandhiji's present mission was the most difficult and complicated one of his life. He conducted a spiritual mission in Noakhali along with his associates and started his *Pad Yatra* from village to village to test himself and his creed of non-violence.

Shri Pyarelalji, as he has narrated in his book, *Mahatma Gandhi: The Early Phase*, first met Gandhiji at Amritsar, when he was to appear for the examination for Master's degree at a critical time during the turmoil of Punjab disturbances after the massacre of hundreds of people at Jallianwala Bagh in 1919, when thousands of people were being subjected to severe humiliations and tortures. In Pyarelalji's words, "Here was what I had been looking for—a glimpse of the power of the spirit which is its own seal and sanction, which no power on earth can subdue and that never fails. The deliverer had come to call upon a prostrate people to stand up, shed their fear and walk with their heads erect." In a similar critical situation, if not worse, Gandhiji entered the affected area of Noakhali where the Hindus lay prostrate in utter fear and helplessness. All those who could have an opportunity were fleeing as refugees to India. Pyarelalji, a true and valiant associate of Gandhiji, posted himself at a village called Bhatialpur. It was a village in the worst affected area. He took upon himself the task, like his master, of calling upon a prostrate people to stand up, shed their fear and stay on at home as true Hindus and walk with their heads erect.

He devoted his entire time and energy on the one hand to help people get rid of fear and demoralisation with utmost love and courage, and on the other to help them, utterly resourceless as they were, to overcome poverty and starvation by calling upon them to use whatever little resources they had to grow all kinds of food. They found out under his training and organisation various sources of income such as paddy-husking, coir-making, coconut oil making and making baby food out of *Shati* plant. For their clothes he taught them how to spin on self-manufactured Takli and Bamboo Char. He would often move from one place to another with a band of fearless little boys and girls to propagate a new spirit, spreading a light of courage in the midst of darkness of despair, a spirit of fearlessness and self-reliance. He would sometimes visit the demoralised victims of oppression and sometimes the oppressor and the terrorising leader of the riot, risking his life, with his own trained band of little girls. I had my camp at Gopairbag, about 3 miles away from Pyarelalji's camp at Bhatialpur. On one occasion I had the good fortune to be his companion moving from one village to another in search of a victim cf oppression who was made captive and was threatened with loss of life. We returned to our respective camps at the dead of night, after completing our mission.

The world knows Pyarelalji as the Private Secretary and a great biographer of Mahatma Gandhi and a learned editor of Gandhiji's weekly *Harijan*. But the people of the world will remain ignorant, unless they read Chapter III of *Mahatma Gandhi: The Last Phase*, Vol. II, of his all-round personality and multifaceted activities to uplift the poor and helpless people from their degraded state as a valiant fighter against fear and want.

Personally, I remain much indebted to him and his worthy sister Dr. Sushila Nayar who had visited the Pakistani High Commissioner at Delhi and persuaded him to see that I get back my passport (which had been previously seized by the Pakistan Government in 1970), which enabled me to see my ailing mother in Calcutta. I am fortunate and grateful to Pyarelalji for receiving from him his great love and appreciation and also occasional financial aid for both my personal and public needs, particularly when I was engaged in doing relief work among the most distressed people of the Refugee Camps in Tripura as an inmate of a Refugee Camp. He himself donated and also collected donations of several thousands of rupees for the relief work. He appreciated my services and ideas so much that he moved the highest relief authorities in Delhi for securing an order to distribute relief, not all in kind, but partly in cash out of the allotted sum of Rs. 1.20 per head, per day, among the refugees at my suggestion. This was of immense benefit to them as it enabled them to purchase with the cash so provided their other essential requirements of life.

I have said that I was fortunate to receive from Pyarelalji his great love and appreciation for my social services. I was also fortunate to receive admonitions from him in 1975 when I had returned from Agartala and engaged myself in rendering relief services to the distressed people in my individual capacity. When I described to him tales of sufferings of the people and prepared a scheme for introducing two-spindle Ambar Charkas in order to provide employment for them, he sent a sharp rebuke out of his deep love and great expectation from me. Let me quote some of the concluding lines of his letter dated September 4, 1975:

"That after two years of the return of peace there still should be people around you lacking clothings, etc. ... puzzles me ... . If you had done that and felt the warmth within you generated by the establishment of a living contact with them, you would have been able to get them to carry every behest of yours, so that they would not have been going about hungry and naked as they seem to be from what you write."

"Please forgive me for these outbursts into which I had been provoked by the tale of unrelieved miseries of those around you who had a right to expect a better deal at your hands. I have often told you that I do not deem myself worthy to hold a candle to you. It is regard for you and my faith in your capacity to rise to your full stature which has stung me into this ... ."

Only a man of fruitful action, and rich experience and deep faith in action can write such lines with such confidence. He was a true follower of Gandhiji. He used not only his pen but his hands and feet as well to face the worst of situations to help Gandhiji in his lifelong mission to uplift humanity.

September 18, 1983

Vishwaranjan Sen worked in the villages of Noakhali during Gandhiji's stay in that district after the communal riots of 1946.

13

JEHANGIR PATEL

"To be able to work with devotion at something one likes can be the greatest and most enduring source of human happiness." So wrote M. C. Chagla out of a lifetime of rich experience. My dear friend Pyarelalji would have agreed with him wholeheartedly.

For Pyarelal, the "something" which filled his days and was the source of his happiness was the service of Mahatma Gandhi. As his personal secretary he was completely at Gandhiji's disposal, available for any work that needed to be done, if need be, twenty-four hours a day. There was no limit to his readiness for service; there was no task, however onerous or trivial, that he was not willing to accept. He was with Gandhiji throughout the critical years of India's struggle for political independence, and he carried much responsibility in many critical situations. But to be Gandhiji's secretary involved much more than that. Life is always larger than politics, and to live with Bapu was to be involved in the whole of it.

I met Pyarelalji first in Sevagram, and I saw for myself how much he was loved and respected by Gandhiji's friends and fellow-workers. Later memories, after Bapu's death, are of Pyarelalji in his Delhi office, surrounded by his library of books, files and manuscripts. Looking at the shelves which lined the walls, filled to the ceiling with valuable documents, I used to wonder how he could keep track of them all. He assured me that he could, that he knew how to lay his hands on whatever was needed for the matter in hand.

Nevertheless, he did need typists and secretaries to work with him. They were not easy to find, and when found they were not easy to keep. In order to work with Pyarelalji one needed his own single-minded devotion. Most young men, lacking this, were unable to fulfil his demands for long hours of work and a high standard of accuracy.

My last visit to him in his office-library was shortly before his death. He embraced me affectionately, and then confessed that he was not feeling too well. I had told him many times that he should emulate the Creator who, we are told, finished His work in six days and rested on the seventh, but this idea of a sabbath-rest never appealed to him. That day I took him home in a taxi, but even then he would not allow me to ease the strain on his heart by carrying his bag up the stairs for him. When we reached his flat I could see how troubled his good wife was about his consistent neglect of his health. I wished I could have found some way to help her, but this was not to be. I did not see him again. He died in harness as he would have wished.

July 8, 1983

Jehangir Patel was associated with Kasturba Gandhi Memorial Trust.

14
ACHYUT PATWARDHAN

Gandhiji all his life was concerned with a variety of causes spread all over India. As a unique leader of the people of this land, he must have had working association with literally thousands of men and women. However, his work was made possible by the singular dedication and meticulous zeal of two persons who were his close associates. They covered every day of his working life, noting accurately the gist of his conversations and discussions, and keeping his correspondence, many times down to a slip scribbled on the back of a used envelope. Mahadev Desai was the senior Secretary who also shared Mahatma Gandhi's burden of editing the *Young India* and the *Harijan*, both in English and Gujarati. His eight volumes of "Dimy" are a rare record of the day-to-day working life of the Mahatma. Pyarelal joined Gandhiji in the early twenties and he was groomed for the arduous duties of secretaryship by Mahadev Desai.

As Mahadev Desai took on the burden of editing the *Young India* and the *Harijan*, Pyarelal came to be more closely in contact with Gandhiji on his tours and during the unending daily chain of interviews and correspondence. Reports of his meetings with various persons had to be kept accurately, a difficult matter to ensure during the days before tape-recorders were available to ensure fidelity. It is not realised how much Gandhiji was forced to rely upon his secretary for the efficient disposal of his daily activities.

Pyarelal was not just secretary to Gandhiji. He had grasped

his intentions and priorities and he had to be always alert to ensure that these priorities did not suffer under the stress of immediate demands and expediency. In this sense, he was totally identified with the Mahatma. Pyarelal had to maintain secrecy of conversations and correspondence, though Gandhiji always insisted that he did not believe in secrecy. Every great man is a paradox and it is not possible to fix Mahatma Gandhi in a framework of consistency like any other average philanthropist or political leader.

Gandhiji was a man with a mission and his mission had many facets. Pyarelal in his books, particularly in the two volumes of *The Last Phase,* has been able to portray the integrating factors which wove the seemingly contradictory attitudes in one authentic unity of the Gandhian concept of life. Gandhiji had too many insights which were unique and which he found difficult in communicating to his contemporaries. He shared with hundreds of other Indians the anxiety to put speed in the processes of social and economic change. He was never willing to let any situation drift. He was a man in a desperate hurry.

Gandhiji understood better than any of his contemporaries that the framework of socio-economic environment and psychological attitudes of the concerned people are inseparable and one has to change both simultaneously. Thus for instance, Gandhiji wanted to put the Indian village in the centre of India's social fabric. On this one point, he never wavered. He saw that the urban population was more dynamic and articulate and it was determined to steal the initiative in the matter of industrial progress, turning rural India into a poor relation of prosperous towns. In this matter, he had a unique contribution to make in the field of planning which was not appreciated by the western-oriented intellectuals, liberal socialists or communists. He was subjected to cynical criticism which was based on a near-total ignorance of the realities of the Indian rural situation. Seven men out of ten lived in the villages and the towns could not hope to provide gainful employment to all those below the poverty line, whatever the rate of urban industrial development.

The new India that was emerging before his eyes was one where the villages were already fighting a losing battle. A proper balance in developmental perspectives between the Indian villages and urban industrial growth was lacking. Economists and planners did not see the disasters inherent in the cancerous unplanned growth of urban industrial towns. The credit for recognising Gandhiji's contribution in this field goes to Dr. Gunnar Myrdal. Gandhiji did not have any ready-made construct of economic re-organisation. He had however an unerring insight into priorities which he could not even communicate to Jawaharlal Nehru, Rajagopalachari, Patel or even to Jayaprakash Narayan.

The second point on which he won decisive recognition was also not fully understood and appreciated even though it was accepted as a piece of masterly expediency. To Gandhi, a strategy never comes to life unless it flowers out of a faith. He was a strange mixture of a practical man of the world and a moralist who could evoke a Christian saint's envy. Gandhiji knew that the British Government would love to provoke a series of disjointed armed conflicts with revolting Indian people in separate regions without a military perspective. The conclusion of such unequal series of clashes was all too clear even before they were tried out.

To Mahatma Gandhi goes the credit for switching over Indian political resistance to British rule to a moral level where British guns were of no advantage whatsoever. This is not a matter merely of religious faith in non-violence. But he knew that no compromise was possible on the basic issue that resistance to Britain's unjust rule had to be free from the use of force except the force of saying no and consequent self-suffering. Rationally this was an indisputable strategy but the trouble was that the world has a superstitious faith in the efficacy of military force and a near total lack of faith in moral force. Gandhiji knew in a sense beyond reason, though totally rationally, that two wrongs cannot make one right, and he strove with every ounce of his strength to instil a code of conduct born out of a clear recognition that the fires of hate can never extinguish a conflict.

This was also the keynote of his attitude to the capitalist-labour problem as also to harmony between religious communities. Regional clashes are a post-Gandhian disease. He wished to apply this to the Indo-British relationship and that is the keynote of his politics. He had confessed with a disarming frankness as early as in 1919 that he had lost faith that Britain wishes well of India. The sole motive of British rule, he knew, was a desperate effort to retain their domination by force and by intrigue. Thus, with not an iota of faith in the opponent's goodwill, he had the audacity to practise the efficacy of moral force and resistance by self-suffering.

Pyarelal and a very few others had perhaps grasped this Gandhian ethics. This was a totally untested thesis and if it seemed to win in the matter of India's struggle for political emancipation, it failed him dreadfully in the post-partition Hindu-Muslim carnage. All these features have been faithfully recorded by Pyarelal. In this sense, none of his closest colleagues could understand this secret of his motivation and action. Pyarelal is like a witness showing them in the most glorious moments of his fiery ordeal as well as in the dark night of the soul. Though Attenborough has done more than any other person to carry the relevance of Gandhi to the contemporary generation the world over, it is to Pyarelal and Mahadev Desai that we will have to turn to understand the perspective of situations and the root springs of that sacred river of Gandhiji's life which has flown majestically over vast arid lands, bringing faith and hope to those who are oppressed and see no way of their redemption.

Gandhi was not a mystic, and to him, inner change and social change were an inseparable process. We live in an age in which the power of the State is omnipotent. We live in a world which sees the wonders of technology. We are witness to some of the most marvellous urban townships. Even so a man of discernment cannot fail to notice that the omnipotent sovereign state is a threat to human freedom in every country. It is equally a threat to human survival, equipped as it is to end life on this planet and turn it into an arial waste-land, that technology is blind and without a direction and man gropes in vain for a refuge from the pollution of resources and human capabilities which threatens to convert the earth into a lifeless object.

The world is in need of a culture where man is not cut off from the healing contact with nature, a culture which needs few possessions, not more and ever more. We also witness the ravages of deforestation and man's divorce from nature, the need to beat our swords into ploughshares so that man may discover once again his kinship with nature as well as with his fellow man the world over, without which man will perish. It is these posthumous facts of life which have caught the imagination of contemporary thinkers.

Thus *Small is Beautiful* has acquired a new meaning and we owe a deep debt of gratitude to Pyarelal for keeping a faithful record of this lone traveller who was exploring new roads to human freedom.

Achyut Patwatrdhan was a colleague of Jayaprakash Narayan in the Socialist Movement.

15

DR. SITA KAPADIA

I met Shri Pyarelal Nayar for the first time in March 1980. In three meetings over a period of less than three years he won my highest esteem and warmest affection.

In 1980 l took a year's sabbatical leave from the City University of New York, where I am a Professor in the Department of English Speech and World Literature, to research the life of Kasturba Gandhi. I had already obtained my Ph.D. degree from the University of Bombay in 1971. I was not seeking a promotion by writing a book. I was prompted simply by the desire to learn in depth about a unique life and share my knowledge with others. I travelled to some twenty-five cities, towns, villages and ashrams in India and interviewed over 100 people who had known Kasturba in person. Pyarelal was the foremost among them, my guide in locating and contacting many of the others. I began corresponding with him before arriving in India, His communication to me by letter and verbally through my brother and sister-in-law, Ajit and Kiran Kapadia, were marked by clarity of thinking and a sincere desire to help.

Prior to visiting India, as part of my B.Sc. research, I familiarised myself with some standard books, among them Pyaralel's three-volume biography of Gandhi: *The Early Phase, The Discovery of Satyagraha: On the Threshold* and *The Last Phase*, Volumes I and II. I was amazed to discover that though Pyaralal had been closely and reverentially associated with Gandhiji for some thirty years, he wrote of him with the detachment of a scientist as well as the deep understanding of a humanist. I read his books with respectful attention.

Eager to meet him, I went up the one flight of stairs to his Delhi office, a place like his person—free of ostentation. He was surrounded by piles of books and manuscripts about the Gandhi era to which he single-mindedly devoted himself even long after the death of his saintly leader, and into his own agile old age. Clad in a white Khadi shirt and dhoti with chappals, he was a picture of simplicity. I was hardly surprised to find in his compassionate, intelligent eyes and his genial smiles a kindred spirit to the Mahatma. His speech, finely modulated, was augmented by the beauty and wisdom of the English poets.

Of the people I met In India, three Gandhian scholars impressed me with their extraordinary facility in the English language and their close reading of English literature. Two of them—Prof. C. N. Patel and Sri Swaminathan, former and current chief editors of the *Collected Works of Mahatma Gandhi*, have contributed invaluably to Gandhian thought through their expert editing. The third, Pyarelal, was the only one of the trio who had known Gandhiji directly and intimately. Thirty-five years into the post-Gandhi era, Pyarelal remains the most painstaking and perceptive of Indian biographers with a flair for English. His writing is at once meticulous and monumental. His objective observations attest to his integrity. His apt images and lucid style make him a writer who impresses you with what he says and delights you with the way he says it.

The ashrams at Sabarmati and Wardha accommodated quite a medley of people who had come to Gandhiji for various reasons. Certainly, not all were spiritually evolved or capable of observing the eleven ashram vows of moral conduct. To Pyarelal, however, right from his youth, ascetic living, contemplation. writing and working for a noble cause—all came quite naturally. If Pyarelal was fortunate to find Gandhi, the Mahatma was fortunate to find Pyarelal, not only a worthy ashramite and a highly competent secretary, but a sterling soul who represented in his person the living legacy of the Gandhian way.

As one biographer to another—he a seasoned one and I as yet unproven, we had much to say to each other. He grasped without my giving voice to them the difficulties of writing on Kasturba; references to her are very few, and often obscure at that, in volumes upon volumes of Gandhian literature; exploring the relationship of Ba and Bapu is a challenging responsibility; a western readership especially would find the life of a devoted wife positively uninteresting and even incredible. Recognisably, the problems were many but we agreed that truth must be told as it was. We would have no part in sensation mongering.

"It is a herculean task," said Pyarelal thoughtfully, "but it ought to be done. And I am glad you have taken it upon yourself to do it."

He extolled, encouraged and inspired. And he did more; bringing his experience to bear upon the rough spots in my work, he actually came up with specific scenes that I could dramatise to make credible. His help to me was real, not empty words.

While speaking of Ba and Bapu he freely cited lines from Wordsworth and Coleridge, my favourite English poets too. A bond formed quickly between us. His geniality, warmth, encouragement and guidance, and his spontaneous blessings—all given without the slightest hint of his own importance, not only won my respect and affection, but made me realise I was in the presence of a true Gandhian radiating 'daya' and 'ahimsa' in their pristine essence.

In leave-taking after our last meeting in January 1982, I bowed down before him for his blessings on my Kasturba project. Visibly moved, he raised me up in his tender grandfatherly arms and said, "Don't bow down to me. It is I who should pay my respects to you for the work you are doing." What shattering humility!

He came out of his office with me. Both of us, otherwise articulate, were at a loss for words, for the unspoken words spelled out our mutual premonition (I think) that it was our last meeting; his heart was not functioning well any more. Standing at the top of the stairs, he called out after me, "Don't give up!" His voice trembled with an old man's hope that I would discover and share the Gandhian way with my generation that has not had to fight for its liberty, and takes the sacrifice of the past for granted.

Though our meetings were affectionate, our correspondence remained formal. A month or so after our last meeting Pyarelal wrote to me asking me to explore second-hand bookstores in New York for certain out-of-print editions of the works of the poets Coleridge, Wordsworth and Tennyson and the literary critics Stopford Brooke and F. R. Leavis. His love of literature and serious study of it continued to the end. To my eternal regret, he passed away before I was able to fulfil his request for books. I am determined not to fare as poorly with the story of Kasturba, so inseparably linked to the non-violent heroic age of Satyagraha. I trust a true stalwart of that age has not blessed me in vain.

Dr. Sita Kapadia was Associate Professor of English at the City University of New York, NY, USA.

16

TARALIKA SEN (DIDIMONI)

To me his absence is unbearable. Our relationship with Bhaiji has been for a very long time. We were like one family.

The first time I saw him was in the year 1924. He had come to Sodepur Ashram with Bapu.

He was a handsome lovable person, with a pleasant look on him. A sweet smile remained on his face. He was young then, and the way he could walk would seem as if he was running. No one could say when he was tired though he worked all through the day.

Slowly both our families became one. My youngest daughter Bibi fell very ill. For a change I took her to Delhi. We reached Delhi at night. Early next morning, Bhaiji drove down himself, with fruits and milk. This was the type of love he shared with us.

Whenever we went over to Bhaiji's place I felt as if l had gone to my elder brother's place. Not only me but all three of my daughters and their husbands were always welcome and have had the opportunity of sharing Bhaiji's love.

He used to love my cooking, especially "Stew." I remember one particular incident regarding this. A few people were to have lunch at his place. He requested me to cook "Stew" for them and later came personally to fetch it.

Once when he had come to Calcutta he fell very ill. I brought him over to my place. He stayed till he was fit to return. Later he wrote a most beautiful and affectionate letter to me. He wrote to say that due to my care he recovered so soon. To this, all I had to say was that, if a brother fell ill, wasn't it his sister's duty to look after him. I have looked after many people but the letter I received from him, I don't remember anyone else writing to me like that. Due to my constant shifting of house I lost my very treasured letter.

I remember around four years ago I had gone to Delhi and had put up at Devchand Bhai's place. That day was "Bharti Dutiya." In the evening I went to visit Bhaiji. Seeing me so unexpectedly on such an auspicious day he immediately took me into his arms and said, "When did you come, was thinking about you all morning."

During my previous visit and the last one to Delhi I lost my youngest son-in-law, Sanat, at a tender age of forty-seven. Saw Bhaiji after this loss of mine. Bhaiji who always smiled when I went, lovingly took me into his arms and sat silently. He didn't utter a single word. When I left he saw me off to the door but still didn't speak to me. After this I realised how close he was to me. How close my loss was for him. After receiving Sanat's news he wrote a beautiful letter to his son Sumit. I am copying it for all to see how great a person Bhaiji was:

Dear Sumit,

Your letter conveying the heart-breaking news of the death of your beloved father, reached me yesterday evening, after being redirected from 20/16, Lodhi Road. On my behalf, Bela Devi's, Kalyani and Sushila's behalf, I am sending you our heartfelt condolences and our prayers that He may vouchsafe to you all the strength to bear up under the sorrows that He has sent you. My heart goes out to you, particularly to Ashoka and Didimoni. I know how Didimoni must be feeling. May all of you find solace in His all enveloping grace.

Let Ashoka or Didimoni write if they feel up to it. Grief shared is grief halved.

Yours affectionately,
Pyarelal

After seeing him last time I was very disturbed about his health. I did not realise that he would leave all of us so soon. I always think of Sushila Behn. Bhaiji was a lot to her. After sitting down to write about Bhaiji my eyes have been constantly flowing with tears.

Taralika Sen was the daughter of Satish Chandra Dasgupta, the founder of Sodepur Ashram, near Calcutta, where Gandhiji used to stay during his visits to Bengal and Assam.

17

LEELA DAMODARA MENON

One cannot recall Gandhiji without remembering Pyarelal. While Gandhiji lived in the glare of his personality, no one else was given any attention. But Pyarelal was always there beside him in the background and could understand and interpret Gandhiji better than anyone else.

Gandhiji treated him with great trust and had given important assignments as editor of *Young India* and *Harijan*. Pyarelal's books, *Mahatma Gandhi, The Early* and *Last Phases* (the middle phase still incomplete), show clearly the depth of his understanding of a very complex personality. His lucid projection of Gandhiji as a profound thinker and a man of dynamic action flowing into one composite personality is really authoritative documentation on "Gandhism."

I met Pyarelalji at the house of his sister, Dr. Sushila Nayar, an equally ardent disciple of Gandhiji. He was engaged in writing books on Gandhiji at that time. Fair, lean and tall, he had an ascetic look. He was soft-spoken and had a gentle sense of humour. Of retiring habits and generally reserved, he would forget himself when he started talking of Gandhiji.

I remember an incident. We were having breakfast. While we talked, Pyarelalji forgot to eat. He was so engrossed in recalling his exciting days with Gandhiji, that the immediate present was completely forgotten.

As he talked, one got an impression that not to have seen and understood Gandhiji was missing a great opportunity in life. To him, Gandhiji was everything. Yet, it was not a blind faith. It was based on detailed analysis and intellectual involvement.

The world will not miss Pyarelal as a person because he kept out of the mainstream of social life and had a tendency to withdraw into a shell. But to his close relatives and associates he was a very human and warm person. Well read and very scholarly, by himself, he was memorable. Yet his was a life dedicated to a cause and a hero.

Leela Damodara Menon was an M.P.

18

MAHESH DUTTA MISRA

Pyarelal Bhai will be remembered among the Gandhians as one who totally surrendered his personal life and its requirements for the success of the ashramite traditions. After joining Bapu in 1920 he specialised in almost everything that was expected of an ashramite. Yet he was not a recluse or an ascetic. He would follow Ashram rules in their spirit but would do a few things to suit his own individualist tastes without disturbing the pattern of simplicity or abstemiousness.

Lights were generally off after nine, but if a petromax was burning late in the night, everybody knew Bhai was busy completing some of Bapu's work or was reading some important book. Though his eyesight was weak he spent more time reading books and periodicals than any other ashramite and was known to have mastered many subjects and languages. He had developed a clear perspective of a social scientist and therefore his style of interpreting Gandhian values was unique as reflected in his immortal work, the two volumes of *The Last Phase.* No study of Gandhi can be complete without going through these books along with other useful literature as Bhai was very near and for a very long time with Bapu not only in the physical sense but also in the intellectual way. The method he employed while starting to write the biographical volumes of Gandhiji was that of a true researcher.

We complained that he was taking more time than was necessary and were impatient that he took many years to complete only two volumes. Our impatience was justified in a way, but no one cared to scrutinise the reasons. Had he been given a few more hands to assist him in going through all the relevant sources, plethora of records, speeches, comments about various incidents of Gandhi's multifarious activities, he could have produced more volumes.

When I met him last about three years ago, I realised his trouble. I felt like joining him but having a few comitments of my own I could have hardly relieved him of the pressure. Whatever notes and references he has prepared will be valuable material for the future researchers, who would want to delve deep into the phenomena called the Gandhian Era. One thing is certain that other biographical volumes will not be and cannot be written by anyone else as has been done by this "dedicated soul" who has painted every picture as vividly and candidly as possible due to his being an eyewitness and also because of his insight. I think he was most suited to guide researches on Gandhian topics than anybody else because he unlike all other close inmates had understood the integrated approach of Bapu's socio-economic dreams.

Despite his intellectual bent, Bhai did not shirk or ignore the manual duties in the Ashram. He was a good scavenger, an efficient washerman and a cook of renown. When he went to jail during Individual Satyagraha in 1940 soon after Vinobaji, Mahadev Bhai wrote a beautiful article describing various qualities of head and heart of Pyarelalji. In that article Mahadev Bhai stated that the bread prepared by Pyarelalji tasted as good as that of Firpo's (renowned Calcutta confectioners). It sounded an exaggeration to me, but within a short time I was in Nagpur Jail and one day Bhai gave a demonstration of his bread-making. And as I had known Firpo taste, I felt very much ashamed after eating the pieces that I should have doubted. He was a good masseur, and in jail he used to give massage to Jamnalalji Bajaj.

A few books on massage were ordered and we got lessons in scientific massaging. Bhai had a knack for doing things methodically and for going deep into the pros and cons of everything. Then comes the question of faith in the dignity of manual labour. In our society of feudal traditions all egalitarians have to accept manual labour as a part of life. Only then you achieve efficiency and mastery. Bhai combined his manual and intellectual duties so well that I as a teacher would like to give him distinction marks and a few more than to other luminaries of the Gandhian era.

Gandhians were generally known to be very reserved, dry and humourless persons, though Bapu himself was a negation of all these stamps. Bhai was reserved and withdrawn whenever he was at work, but otherwise very much at ease and would talk at length to those who understood him. In my last visit to him in the Shankar Market Office he inquired about a number of M. P. friends who were with us in Nagpur Jail. You could sense the affection he had for others. He was the self-conscious person about his role as Bapu's secretary and of its importance. No wonder he did not feel inclined to enter the limelight of political or social life after Independence.

A few words about the only unfortunate aspect of his life that led to a lot of misunderstanding and gossip. Viewed impartially one gets the clear impression that Bhai was too honest with Bapu and a truly disciplined companion. He wanted to marry but Bapu would not permit it. He fell ill and I happened to be there. Bapu asked me to nurse him and also inquired whether I knew about the marriage episode. I said "yes," and that it has not affected my regard and affection for Bhai and began looking after him. I could never understand or reconcile to the murmurs in the surroundings because Bhai had only expressed his wish in right earnest and when Bapu took the negative decision Bhai obeyed and forgot all about it. This only shows the greatness and the integrity of the man than anything else.

About two years before his death he was invited to National Police Academy to give a lecture on Gandhi before the trainees (Police Officers). Later he gave me a copy of his speech. In that he clearly stated the diversions of Indian politics and the social activities after freedom and how much we departed from the integrated Gandhian approach. That is why I feel that he was nearest to Bapu in many ways.

19

K. C. KANDA

I belong to a generation that grew up in an age presided over by Mahtama Gandhi and permeated with the fervour of the Independence struggle. In my college days in the early forties my one desire used to be to see the Mahatma, to hear his post-prayer speeches and to imbibe his thoughts and ideals. Actuated by this desire I would go all the way from Lahore to New Delhi, where I would religiously attend the prayer meetings of Gandhiji, taking care to sit as close to the dais as possible. It was during one such meeting that I had my first glimpse of some of the close associates of the Mahatma, including Bhai Pyarelal and his sister, Dr. Sushila Nayar. Little did I know at that time that at some later day in life I would be fortunate enough to come closer to these personalities and count them among my friends.

My first meeting with Bhaiji took place in 1972. I was introduced to him by Dr. Sushila Nayar who was then staying at Soami Nagar and was our neighbour and a family friend. I was at first a little overawed by the stature of the personality I was confronted with, but just a few minutes' conversation with Bhaiji was sufficient to quell my nervousness, for I found him to be an extremely humane and self-effacing person, more interested in knowing about me than in talking about his own interests and achievements. It was a brief half an-hour chit-chat, but already Bhaiji had endeared himself to me by his transparent sincerity, warm-heartedness and complete informality. After this meeting Bhaiji would always call on us whenever he happened to come to Soami Nagar to meet his sister. Like Gandhiji, Bhaiji was a great friend of children. He was specially fond of my little daughter Ranjana, and never forgot to talk to her and give her an affectionate pat during his visits to our place.

At the time I met Bhaiji, I was writing my doctoral thesis on Tennyson. I was pleasantly surprised one day when Bhaiji started discussing Tennyson's *In Memoriam* with me, which he had read way back at Government College, Lahore, for his B.A. Honours degree, but parts of which he remembered by heart. Not only this; he even suggested to me some really good books on Tennyson—books by C. F. G. Masterman, Stopford Brooke and Michael Davis—and when I said that the books were rare and difficult to obtain, he promptly sent me two of his own books.

One of Bhaiji's books still adorns my bookself and I attach great sentimental value to it. Glancing through this book one can see that it is at places carefully marked and underlined, which shows that Bhaiji was not merely a collector of books, but an earnest reader. His interests were not confined to English literature alone, for I have seen him appreciate and enjoy Urdu and Punjabi poetry with a discerning taste. His literacy sensibility, one can imagine, must have contributed to the development of his abilities as a writer and thinker, for as everybody knows, Bhaiji was a lucid exponent of Gandhian thought and editor of *Harijan* and the author of numerous articles and books, including a monumental, multi-volume biography of Mahatma Gandhi.

It was, indeed, inspiring to see Bhaiji at work at his office at 25, Shankar Market, New Delhi. I once barged into his office on a hot summer noon, a time of the day when most people feel like dozing off to sleep because of heat. But Bhaiji was sitting upright in his chair, carefully reading the typed manuscript of his projected work on Gandhi.

His head was covered with a neatly-folded wet towel, which, Bhaiji told me, served as well as an air-conditioner for his office hours. Although he was accountable to none but himself, Bhaiji strictly observed the office time. He would reach his office punctually at 9 a.m. and leave it at 6 p.m., quite often walking both ways from his residence in Sujan Singh Park to the office and back. His devotion to work and duty, his simple not to be confused with puritanical ways of life, and his remarkable endurance at the age of 80 should rouse the envy of the younger people, for in spite of all the advantages and amenities, very few of us are able to spend our time even half as fruitfully as Bhaiji did. But then despite his years, Bhaiji was really young at heart. So deeply involved and so satisfied he seemed to be with his life's mission that he hardly found time to think of retirement or death. I remember that a few weeks before his death he phoned me twice to ask me to find a suitable alternative accommodation for his office, for he was planning—for whatever reasons—to shift his office from its Shankar Market premises. This habit of looking forward, this planning for the future, was a sure sign of Bhaiji's unfading interest in life and work. In actual fact, Bhaiji "drank life to the lees," and continued working till the last moment.

Bhaiji's qualities of self-effacement and humility, already alluded to, become specially manifest at the two marriage functions in his family which I also happened to attend. One of these functions related to the marriage of Bhaiji's niece and the other was concerned with the marriage of his wife's niece whom he had brought up as his own daughter. Both these functions were simple and unostentatious in the true Gandhian style, but both were attended by a large number of VIP's and national leaders like Morarji Desai, Acharya Kripalani, Mrs. Vijayalaxmi Pandit and Mahatma Gandhi's grandsons. Although in his capacity as one of the two chief hosts—the other being Dr. Sushila Nayar—Bhaiji was well within his right to occupy the centre-of-the stage portion at both these functions, yet his modesty would not let him assume such a role. As if unaffacted by who had come to grace the occasion, Bhaiji was content to stand quietly in the background, and made no effort to woo the dignitaries or to hang around them. On the contrary, it were they who were waiting to see Bhaiji to offer their regards and good wishes to him .... .

Bhaiji's inner poise could not be disturbed even by death. He died a serene, saintly death after a brief, six-hour confinement to bed. He was active till the end and spent the last day of his life in a normal way. In the evening he complained of loss of appetite and went to bed without taking his food. When his wife went to his bedside next morning, she found him highly uncomfortable. He had, possibly, suffered a stroke in the early hours of the morning, and this had affected his speech. Soon after, he fell into a coma and was removed to the Medical Institute, where he passed off peacefully a few hours later on October 27, 1982, which turned out to be the auspicious day of Dussehra.

If there is a heaven, Bhaiji must have attained it. He was a true *Karmayogi*; an illustrious apostle of the Mahatma, a dedicated nationalist and freedom-fighter. Above all, he was a loveable human being.

K. C. Kanda was Senior Lecturer, Bhagat Singh College, University of Delhi.

20
ARUNA DAS GUPTA (GOURI)

I was so shocked to read the news of Pyarelalji's death that I remained absolutely silent for some time after that. That we shall all die some time or other is a fact generally known, yet this news completely stunned me, because I felt that I shall never know another man like him. His death has snatched away a very great follower of Bapuji, whose devotion to Mahatma has few known parallels. It has closed an important chapter in the history of Gandhian movement.

I do not remember when I met Pyarelalji for the first time. For I have seen him since my childhood. Every time I went to the ashram of my grandfather (my mother's father), the late Satish Chandra Dasgupta, in Sodepur, where Bapuji used to come, I met Pyarelalji. Bapuji never behaved as a guest in Sodepur Ashram; he was like a member of our family. He loved to stay at Sodepur Ashram every time he came to Bengal. This must have been because of the charming way of my grandmother Hemaprava Devi, who was extraordinarily hospitable. These sweet memories add much colour and significance to our lives even now.

In 1938, I came to know Pyarelalji quite closely in Sodepur. That year, he and Mahadev Desaiji came to Sodepur with Bapuji. Our loving Pyarelalji was not at all tall, but very handsome. His charming smile attracted everyone who came near him. He wore an immaculately white khaddar dhoti with a Punjabi Kurta and a Gandhi cap that matched, and his only footwear was a pair of chappals. This was his uniform for all occasions. He talked very little and did a lot of work throughout the day. His day began very early in the morning, and we always found him busy with his books and papers. I can never think of him without his satchel and his pockets stuffed with papers and his pens. He succeeded splendidly in doing away with his ego and dedicated himself completely to the work assigned to him by his Guru. I have never known anyone who was more devoted to Bapuji. Even when he was doing nothing he was busy contemplating what would be his routine for the whole day. He was indeed a silent worker, who sat in his own corner without in anyway trying to make his presence felt by others. But whenever we looked at him we realised the impact of a true aristocrat who was born to serve the masses as a follower of one of the greatest men in this world.

Pyarelalji was grave and reserved. Yet he was a very affectionate person. We had the privilege of knowing how kind he could be to his fellow beings. Not being demonstrative by nature he said or did little to bring out his tender side before others. But when people wanted his help he invariably came forward as a true friend. His temperament was entirely artistic, and even in slicing fruits he used his fingers like an artist. On such an occasion I was so impressed that I expressed my admiration for his work and asked, "How can you do ordinary work in such an extraordinary way?" He simply smiled at me and said, "Come, I shall teach you." He did his household work very calmly and swiftly.

This serious and dignified person was indeed a remarkable scholar. It is beyond me to establish what a recondite scholar he was. But I can bring out in bold relief how noble he was as a man. Through each of his movements he made it clear that he was an extraordinary man with excellent qualities of head and heart.

Pyarelalji was a *sanyasi*, who chose to remain within the society for following the path of Mahatma Gandhi.

His serenity was never disturbed by his joys and cares. He always shared his joys with others but his cares were his own. In 1946, he spent many days with us in Sodepur and that was when I came to know of his love for children. He often let my son stay with him when he was doing important work. If l ever tried to take him away so that Pyarelalji might work in peace, the latter immediately protested and said that the presence of a child in his room would only help him to do his work. Nothing could be added to this polite assertion.

After going to Delhi, whenever we went to pay our respects to him, he always enquired why we had not chosen to be his guests. Beladi, his wife, cooked all kinds of delicious food for us every time we called on them. She and her husband were famous for their hospitality and always had guests in their house. On a particular day when we were having lunch with them, Pyarelalji suddenly left his seat and went out. When we enquired where he had gone, Beladi told us that he had gone to fetch his camera, which was at that time his latest hobby. After coming back Pyarelalji expressed with childlike simplicity and said, "Look, how happily your children are enjoying their food." He then took some photographs, after which he again sat down to his lunch. It was a pleasant surprise when I received these snapshots with a very affectionate letter from him.

It surprises me considerably when I think that this man who was like a shadow of the "Mahatma" preached the ideas of the Father of our Nation in Noakhali, during a very turbulent period and succeeded in staying away from active politics. He could easily occupy a very high position in the Government. He simply did not care for the name and reputation that come to men for holding high posts. His priorities were different. His exhaustive works in the volumes on the life of Mahatma Gandhi amazed everyone. He sent these books to me when they were published. I wonder when I shall meet such a wonderful man again.

I feel honoured to write these words about a man whom I always admired greatly. These are my tribute to him. I feel extremely happy to think of him, because he was a man who believed that life was to give and not to take.

Aruna Das Gupta (Gauri) is the granddaughter of Satish Chandra Das Gupta, the founder of Sodepur Ashram, near Calcutta.

21

ERNA M. HOCH

From time to time it happens that Indian friends or acquaintances, on hearing about my interest in ancient Indian philosophy and my attempts at leading a simple and of course vegetarian life, will ask with a note of surprise in their voice: "But ... you have never met Gandhiji?"After convincing them that at the time when the Mahatma's life found its tragic end, I had only just completed my medical studies in Switzerland and that at that time, shortly after the war—and even more so during the war—foreign travel was practically impossible. I produce proof of that. If l have not had the personal "darsan" of the "Father of the Nation," I can at least claim to have set my feet on ground he had trodden and, more than this, to have friends amongst those who had been close to him.

I have several times visited Sabarmati Ashram in Ahmedabad and also seen the "Sound-and-Light" performance there. I have been staying repeatedly for prolonged periods at Sevagram, quite close to Gandhiji's Ashram. Shortly after my first arrival in India, in 1956, 1was introduced to Dr. Sushila Nayar and, during the next few years, I met her occasionally. It was however only in 1963, when she was Union Minister of Health, that our contacts became closer and more frequent. During the period when I mostly lived in New Delhi, from 1964 to 1968, I was a frequent guest at her home, and it was there that I also met her elder brother Pyarelal, to her, "Bhaiji."

Initially, as this is the usual thing in Indian families, no personal relationship was established. I just had the privilege of sharing in the atmosphere of serene and peaceful calm which his presence always spread. I knew of course that he was involved in the huge task of gathering, organising and shaping a comprehensive biography of Gandhiji, not only the rich personal memories he had of his own association with the Mahatma as his "private secretary" over almost 30 years, but also whatever relevant information he could collect from various sources inside and outside India. Three volumes of the monumental work (Vol. I and II of *Last Phase*, and Vol. I of *Early Phase*), so to speak the marking stones at either end of the wide span which eventually it was to cover, had already been published, bearing witness to the meticulous diligence and faithfulness of the famous Master's "*chela*," but also to the skill and competence of a well-informed historian, with which he was devoting himself and in fact the rest of his life to this sacred task.

To present to the world the true, undistorted picture of his Mahatmaji, together with a broad view of the world into which—and for which!—he had been born, had become his central, if not his *one* concern, on which everything was focused and to which everything else had to be subservient.

So, when eventually Pyarelal found out about my special qualifications as a psychiatrist, he soon could see a place for integrating these too into his work. He was at that time preoccupied with the problem of "non-violence," "ahimsa," and was feeling greatly intrigued by the observations which Konrad Lorenz and other animal ethologists had reported with regard to inter-specific and intra-specific aggression in animals. The fact that even in ferocious animals, e.g., wolves, aggression was not something raw and uncontrolled, but a vital force subject to very precise and predictable rituals, so that it would guarantee survival within the species itself, and in particular the observation that these rituals seemed to have much in common with human gestures of pacifying and placating a superior opponent by appealing to his magnanimity and his conscience, was something that had moved Pyarelal deeply. Above all, he saw, in applying the results of this kind of research to Gandhiji's experiments with non-violence, by showing up the common roots and elements, a unique chance of legitimising by "modern science" something that might otherwise have passed, in present-day India as well as the modern world at large, simply for the superhuman achievement of a Saint or perhaps even only the unrealistic fanaticism of a madman, i.e., something that could never become a human code of behaviour for average man.

As I, on the other hand, had recently devoted some thought to phenomena of aggression in schizophrenic patients, in particular the so-called "aggressive breakthrough," which not only in adult patients, but especially in autistic children often has to precede any positive, loving appreciation of and approach to "an other," our interests met. We had many discussions on this subject and on others too, exchanged notes and gleanings from literature, thus enriching and widening each other's fields of knowledge and experience.

What came in as a particularly stimulating factor at that time, was Pyarelal's correspondence with Eric H. Erikson, whom he had met when the latter was in India to collect material for his book *Gandhi's Truth* (W. W. Norton & Co., New York, 1969), which centres on Gandhiji's role during the mill strike in Ahmedabad in 1918 as the first occasion on which he used fasting and the idea of "satyagraha" as "non-violent" means for solving a very critical industrial conflict.

For these discussions, I usually went to see Pyarelal at his office on the upper floor of one of the lines of shops in the busy

Shankar Market behind Connaught Circus. I must say that only a person who with utter single-mindedness is able to focus his whole attention and concern onto the task before him could have worked so seriously in this setting! The rows of petty shops with their cheap fancy-goods, much of it plastic or other flimsy machine-made products of little beauty and durability—the noise of the incessant traffic all around, were quite out of tune with the noble work that was being devoted, on this upper floor, to the ideals of self-sufficiency, ascetic simplicity of life, promotion of home industries, non-attachment and constant self-purification, as Gandhiji had not only preached them but lived them as a supreme model.

The office itself, of course always dusty, no matter how often one would clean it, was rather vast, apparently housing stacks of documents and reference books and small departments for all the special activities involved in bringing out so monumental a work. For himself, Pyarelal had set aside a small working place, "walled-in" by cupboards and file-racks, where he would sit and study, write, discuss, give his orders and instructions to his staff and receive his visitors. None of the formalities, evasive excuses or idle gossip one would so often have to face on going to some "big officer's" chambers! After a short exchange of greetings which always made me feel welcome or even eagerly expected, we would plunge straight into the midst of our common concerns. With happy excitement, Pyarelal would show some new reference he had found and that bore out one of his own ideas or had inspired a new one. With never-failing attention and critical judgement, he would receive the contribution his visitor would offer. Time used to pass, one did not know how. Though one had hardly taken time to inquire about each other's personal welfare, one had experienced not just communication at its best, but real "communion," a feeling of ultimate oneness.

I often wondered not only how Pyarelal, in the midst of all the noise of the busy market and no doubt in the face of many difficulties that daily would oppose the smooth course of his work, could always remain so supremely calm, serene and unruffled, but even how, in the midst of all this dust and heat and at times in spite of his having to attend to the capricious failures of his old car, he could always look so spotlessly neat and clean! I cannot remember ever seeing him wear anything but a white khadi dhoti and kurta, supplemented in winter by a handwoven shawl or a roughly knitted sweater, the feet of course only loosely covered by "chappal." On him, all this looked perfectly natural, the sort of thing in which he felt "at home," not like these outfits of "expensive simplicity" in which some politicians ostentatiously come sailing along, with their arms held helplessly stiff, like children in their Sunday-best which they are not supposed to get dirty! In fact, all about him had this genuineness: he had realised and was living his "swabhava" and, perhaps most remarkable of all—he had found this, his own nature, by giving himself away, with all his talents, all his energies, at a quite early age, to the service of the one he had recognised as his Master; he assisted him conscientiously during 28 years of his lifetime and, beyond this, for almost 35 years he devoted himself to the role of the faithful biographer and historian. He had found his "*sadhana*," and one could feel that, through it, he had been able to peal off all superficialities and superfluities and to bring the core of his being into harmony with the task he had set himself or, perhaps we should rather say: the task to which destiny had called him.

Later, when I came to Delhi only on and off, most of our exchange of ideas went on by correspondence. Pyarelal's letters had the immediacy, the richfullness and the personal touch which only those can afford who are "do-it-yourself-typists" and who therefore can manage without the awkward intermediate of someone who is no party to the relationship which the letter serves, to sustain and promote. At times he could express strong criticism and even dislike of other people's opinions and interpretations, in particular when they related to his Mahatmaji, about whom he himself had so much more first-hand information, gained at closest quarters, than anyone else. But even then he would try to understand and to appreciate or even use Gandhiji's technique of himself adopting the other person's point of view, so that the latter, in his need for protesting, would eventually discover the weak sides of his own position which the opponent now had made his own. Such moves at times made one almost feel that there was some inconsistency, some opportunistic weakness or even some lack of courage involved. Yet, basically it all was the result of inner strength that comes from the constant effort at seeing everything as One, the "One" in which all differences, all conflicts and contradictions, melt away!

One of the points on which we could not always agree, was Pyarelal's concern for bringing the respectability of modern "Science" to bear upon Gandhiji's thought and way of life. Rather paradoxically, as however this is often the case now-a-days I, the scientifically trained European, had my serious doubts about the universal validity or even supremacy of "Science," as in the West it had sufficiently proved that it cannot solve the basic human problems. He, on the other hand, like many Indians now- a-days, felt that, by being able to show that Gandhiji's ideals, in particular, those of "*ahimsa*" and "*satyagraha*" and to some extent also of "*brahmacharya*," could stand and make sense in the light of "*Science*," one could add to their prestige and value—perhaps even to their truth-and at any rate make them more universally acceptable to the modern world. I tried to convince him that, in this respect, as in many others too, India and the West seem to be chasing each other's tails each one trying to get hold, as something important and precious, of the very ideas and values which the other one is just about to shed or at least to devaluate as outdated and as inadequate for guiding life in the present-day world. To prove that Gandhian ideals have a "scientific basis," might perhaps raise them a few notches higher in the scale of values of some of those Westernised Indians who have come to think that reason and "*Science*" should provide the measure and the explanation for everything, but it will neither convince the traditional Indian who is still aware that "determinate knowledge" with all its limitations, its tendency to divide and count, belongs to the realm of "*Maya*" and that it can come nowhere near the original and at the same time ultimate "Unborn, Undying, Unlimited, Formless, Unknowable," nor Western man who is turning to the East for that which is eternal and which pertains to the realm of the spirit.

With regard to psychodynamics, on which Pyarelal had initially set some hopes, in particular when he was in close contact with Eric H. Erikson, he himself later expressed his doubts. He could see that neither Freudian psychoanalysis nor any of its later modifications could do justice to the phenomena involved in Gandhiji's experiments with truth and non-violence.

I can imagine no better tribute on my part to the memory of Pyarelalji and to the friendly association with him, which it was my privilege to enjoy over many years, than the following excerpt from the correspondence between us, written by me early in 1966 and referring to a remark he had made in a lecture on "Gandhiji's Legacy":

"... I think you are right in pointing out that true 'satyagraha' cannot be sufficiently explained by the 'dynamics' of modern psychology. These dynamics are mainly out to explain various modes of 'defence.' But think in 'satyagraha' one of the essential elements is just 'defencelessness.' I think what, e.g. in the Upanishads, is called *'vijugupsa,'* comes very close to the modern idea of 'defence mechanisms,' ways of protecting oneself, guarding against attack and warding off fear. The ancient scriptures mention that the person who finds his own self and establishes its harmony with the Universal Self, no longer needs any *'vijugupsa.'* Usually this is translated as 'will not fear.' But I think it should be more correct to translate: 'needs no defence for isolating and maintaining his individual identity.' This would be the meaning of 'transcendence' to go beyond the importance of oneself as an individual existence that must survive at any cost and to put the truth, the spiritual ideal, higher than one's individual existence. This is also what disarms the aggressor: after all, he wants to destroy something that is in his way and also something that is valuable to the 'opponent' but what he finds is that the embarrassing truth is beyond and outside the concrete life he is out to destroy, is in fact indestructible and that the actual life which he could destroy, is not so valuable an asset that its being destroyed could make a lasting impression. At the same time, if one frees oneself of the individual protective shell (the *vifugupsa*), one becomes permeable, transparent for the universal truth, which then can exercise its full force.

"As most of modern psychology is based on the assumption that the individual, as a well-limited unit, is the primary fact with which we have to count, it can hardly do justice to a phenomena which is based on a belief in the primacy and eternal indestructibility of the Universal Self. Where faith is placed not on 'structures,' but on the 'Unstructured, Unborn, Unlimited, Unformed,' nothing remains to be destroyed and it probably is, as if any resistance simply melted away before the arms of the attacker. The 'dynamics' that refer to the functioning of the protective shell would no longer be applicable, if this protective shell is cast off. And if the adversary can be made to feel his own participation in this oneness, it will naturally mean that any harm he does to the one whom he believed to be his opponent, will also affect him, in so far as both are included in the same ultimate (and primary) oneness. On the other hand, if the aggressor is not 'permeable' to this insight, the non-violent challenge at least puts him into a position in which he has to take full responsibility for his aggression without being able to blame it on the other person.

"But here comes in the problem that, if he cannot blame the other one for having started or at any rate taken part in the aggression, he may still accuse the other one of having 'tempted him' by his defencelessness! As far as I know, there is one idea in ancient Hindu scriptures that he who gives occasion to another one for evil deeds is making himself guilty! I think Patanjali in his *'Yoga-Sutras'* also refers to this problem and points out that the 'experiment' is only successful, if the experimenter in non-violence has his own aggression completely under control and is completely pure-hearted!"

March 1983

Prof. Erna M. Hoch was Retired Professor of Psychiatry. She passed away in 2003.

22

NIRBHAI SINGH SOIN

Mrs. Lajavanti Soin (Laj) met Bhaiji (Pyarelalji), Sushilaben Nayar, their Mataji and little niece (now Dr. Nandini) in Sevagram, Wardha, in September 1944. Bapu had invited Laj, who was twenty-five, married, working as Principal of the Sanatan Dharam Degree College for Women, Sialkot (Punjab, Pakistan). Laj detrained at Wardha late in the evening of September 2, hired a tonga to cover the four miles distance through jungle and arrived at the Ashram about midnight. Bapu and Bhaiji were at work and waiting for the "guest." On seeing Laj Bapu asked in surprise, "How have you come?" and before Laj could convey Bapu continued. "Like Bhaiji you must be a brave Punjabi who can walk through the jungle at midnight all alone. Now go, take bath, sleep in Ba's hut next door and we will meet tomorrow at prayers."

During her 21 days stay at Sevagram and later on at Birla House, Bombay, Laj was assigned to assist Bhaiji. Thus she got a chance to see Bhaiji at work. She had told me many heart-warming stories about that period and I record one which is unforgettable. Bhaiji used to go to sleep while sitting with Bapu who would not wake him saying, "works too hard, gets tired, let him sleep." Bhaiji's major work was to deal with the mountains of mail received (and answered daily). Bhaiji understood Bapu completely and produced perfect replies to the letters while Bapu signed without changing a dot. Bhaiji was a perfectionist, seldom lost his cool and Laj really had the pleasure of working with him.

Now I add my own story. Laj and myself were married in 1940, at Sialkot. Bapu was our pole-star and non-violence as a way of life as our marriage vow. It was indeed a difficult path to tread and we were gently guided by our parents, Smt. Anant Kaur and Sardar Bhagwan Singh Goindi. When our struggle was more than four years old, we were rewarded by Bapu who invited us for a "holiday" in his Ashram, Laj leading the way. She spent 21 days in that godly company while I joined later and got only 21 hours at Birla House, Bombay. It was September 21 and Bapu spoke to me precisely for 21 minutes and handed me over to Bhaiji for resolving my doubts regarding the question of self-restraint in married life. Bhaiji and Sushilaben helped us both a great deal during our visit to the Ashram.

Later I met Bhaiji and saw him at work during my stay in Delhi for 10 years (1958-68). Bhaiji was busy bringing out the monumental *Last Phase.* His humility and affection were wonderful. We have preserved snapshot in our album showing Bhaiji holding our little son, Vickey (now a Doctor) in his arms. As a token of our family friendship with this illustrious Nayar family, we are blessed to associate with the compilation of a commemorative volume about Bhaiji. During 1982 the Gandhi fraternity has lost three stalwarts, namely Dada Kripalani, Bhaiji and Vinobaji. There is no scope for mourning our loss and we can pay our homage by following their example of living and dying in pursuit of truth.

23

RENUKA RAY

Pyarelalji who was born at the close of the past century came from one of the elite families of the Punjab. Most of his relations held high positions in the Government in those days. As soon as he passed the examination and obtained his degree, he had responded to Mahatma Gandhi's call and joined the Non-cooperation Movement.

The tragedy of Jallianwalla Bagh had already been enacted and aroused the entire country. People from all strata of society, rich and poor, men and women alike irrespective of state, caste, religion and community, came forward under the banner of the non-violent struggle for Independence and participated in their thousands. From that day onwards, in spite of many hurdles and obstacles and in spite of the fact that there were times when Gandhiji himself called off the movement because of violence breaking out in some areas, as at Chauri Chaura, the march towards the liberation of the country continued.

Pyarelalji had been to jail innumerable times in consequence of his contribution during the Non-cooperation Movement. At moments of crisis, he was always at Gandhiji's side and played a heroic part during the Dandi Salt March and on other occasions of consequence.

It was while he was in jail at the Aga Khan Palace in Poona that Gandhiji faced his greatest personal sorrow with the passing away of Mahadev Desai on August 15, 1942, and of Ba his wife and lifelong partner, Kasturba, on February 22, 1944. Mahadev Desai had been

Gandhiji's Secretary from the start of Gandhiji's work in Sabarmati Ashram. He was known as the compiler of Gandhiji's writings in *Young India*. Pyarelalji shared the work and took over the entire burden including publication of the weeklies, after Mahadev Bhai was gone. He had assumed the position as Gandhiji's lieutenant and when Mahadev Bhai was no more, he took on his role and continued to give devoted service till the end.

It was years later when I went to Wardha that I first came to know Pyarelalji. His sister, the vivacious and lovely young Sushila was there. I remember that I asked who this attractive lady was and Rajaji, who was there, told me, "Don't you know this young lady? She and her brother, Pyarelal have both dedicated their lives to Gandhiji's work." It was after that I had a talk with Pyarelalji and at that time and ever since then, it struck me how unassuming he was, and his dedication was apparent. I used to meet Sushila as the young doctor attending on Gandhiji, particularly when I accompanied Dr. B. C. Roy occassionally to the Ashram or met her in Delhi or Calcutta. It was much later, in fact, after Gandhiji had passed away that I really came to know Sushila well.

Always soft-spoken and unruffled, as he was, on occasions when we were all tense and emotional, Pyarelalji helped to restore calm. When we were all in Noakhali, Gandhiji had allocated different eminent persons to take charge of different riot-torn and affected parts of Noakhali and the adjacent places in Comilla District near Chandpur. As the leader of the AIWC Group along with many of its members I was placed at Char Krishnapur in Haim Char (Comilla District). As I knew this district and had worked there earlier it was decided that we should work along with the Abhoi Ashram group led by Dr. Nripen Bose and Smt. Labanya Chanda. In overall charge of this area was Thakkar Bapa. Pyarelalji had chosen a remote area in Noakhali of which he was in complete charge. It was adjacent to Chaumuhani and Lakhimpur where Sucheta Kripalani had taken charge. It was an area where a large number of women had been victimised. She and Acharya Kripalani had gone there before Gandhiji's arrival in Noakhali area. Gandhiji had started his walking tour throughout the district and Nirmal Bose accompanied him as his special secretary as he knew the language used in Noakhali. Particularly, in the areas where Gandhiji himself went, sanity was restored and communal troubles vanished. Even those who had been fanatical, eventually agreed to take back their Hindu brethren and live in amity with them. The very presence of Gandhiji had a magical effect.

Always keeping himself in the background, Pyarelalji came to be known as the brother of Sushila Nayar. Yet, Sushila herself always maintains that it was her brother who first inspired her to come to Gandhiji and ever since then, she has always had his guidance when she needed it.

After Gandhiji's assasination on January 30, 1948, the lives of Pyarelal and Sushila along with innumerable others were completely disturbed. Sushila had been offered a scholarship before Bapu's death and in June 1948 went to USA for further specialisation in medical studies. After the tragedy, Pyarelalji seemed to withdraw into his shell and many thought that he kept himself away from public affairs entirely because he had become distraught. It is true that he kept himself outside the sphere of politics which was gradually assuming a character very different to that which existed in Gandhiji's time. It was difficult to fit into the new atmosphere, but Pyarelalji was not frittering away his time in spite of frustration.

He had taken upon himself the mighty task of writing Gandhiji's multi-volume biography. He began with the last years of Gandhiji's life. By 1958, the second volume of *The Last Phase* was published. It dealt with the last eight years of Gandhiji's life, a faithful portrayal of the last phase of the Mahatma's life. Later, he went to the beginning and published a thick volume called the *Early Phase*. It dealt with the early years, his education, his studies in England, return of barrister M. K. Gandhi, assignment on a legal case to South Africa and his return to India in 1896. After that he started writing up the South African period, i.e., *The Discovery of Satyagraha* which goes up to the year 1906, published in 1980.

The second volume was left in the form of a manuscript. Apart from these, in the earlier years, he had written a number of books amongst which were, *A Nation Builder At Work* and *Gandhian Technique in the Modern World.* These volumes are not only his tribute to Gandhiji but are a testament which he has left to the nation as a legacy. For a generation who has not seen Gandhiji's work during his lifetime, these volumes give a wealth of details. They will always help to bring Gandhiji close to generations yet unborn.

During the years in which Gandhiji lived, a nation sunk in degradation was inspired by him to become a self-respecting nation. Had he lived, then perhaps, not only would we have achieved political freedom but every citizen would have learnt to become a self-respecting individual. The country could have attained economic and social freedom which was an integral part of Gandhiji's meaning of "Swaraj."

In Pyarelalji's volumes we can find descriptions of many miracles wrought by Gandhiji. In Appendix-B of his second volume of the *Last Phase,* Pyarelalji details the "Last Will And Testament" of Gandhiji written only a day before he was gone. Herein he says that the Indian National Congress after attaining political independence has outlived its use. India has still to attain social, moral and economic independence in terms of all its 700,000 villages. This work must be kept out of unhealthy competition with political parties and communal bodies. So the existing Congress organisation should be disbanded and flower into a Lok Sevak Sangh. Herein, he gave details of the running of Panchayats and the work that has to be done to implement the objectives. His stress was on the villages and there is no doubt that poverty cannotbe vanished from India until we realise that this man of prophetic vision had shown us the path. But we have carried on in a different way and so, in spite of advance in some directions, the core problem still remains.

Pyarelalji was a saddened man and felt that we should have stood by Gandhiji. So he gradually detached himself from the public life of the nation. According to him and to those who still have Gandhian objectives in mind, we have not been able to accomplish much of what we wanted because of straying away from the Gandhian path and today frustration and despair overwhelm us.

Pyarelalji has passed away leaving the country to mourn his loss. But the volumes in which he depicted the life and work of Gandhiji will remain to inspire future generations of mankind to realise the nation's unfulfilled aspirations.

August 20, 1983s

Renuka Ray headed the AU India Women's Conference. She was also a Minister in the Government of West Bengal, and an M.P.

24
R. J. SOMAN

It is really tragic that Shri Pyarelal Nayar, the biographer of Mahatma Gandhi, had to leave the world after completing his memorable books *The Early Phase* in one volume, and *The Last Phase* in two volumes, and the first volume of *Discovery of Satyagraha*. The second volume of *Discovery of Satyagraha* is reported to be ready in manuscript form. But the work is incomplete and the period covering the Satyagraha movements in South Africa and in India is still to be written. We are glad to know, however, that Dr. Sushila Nayar, an M.D. and the author's sister, intends to complete the brother's unfinished work. Let us hope that, sooner rather than later, the complete biography of the Mahatma would be out and we shall then be in a position to visualise the full personality of the Great Man.*

Indeed, the four volumes which have been published present a formidable effort on the part of the author. They comprise in all 2,491 pages of royal size. What a herculean labour in collecting information, arranging it and writing the whole in a readable form! This can better be imagined than described.

As was well known, he was working as a secretary to Gandhiji along with the late Mahadev Desai and, after the demise of Shri Desai, full responsibility of the secretarial work fell on his shoulders. He was for sometime also the editor of *Young India*.

---

*The remaining volumes were compiled by Dr. Sushila Nayar, making a total of ten volumes.

The secretaryship of Gandhiji was more of an austere penance than a pleasant occupation! There were varied calls and summons: He was expected to note down Gandhiji's appointments and programmes, receive his many visitors, be ready to take down notes of Gandhiji's conversations with them and get them ready for the three weeklies. In between them, Gandhiji had many touring programmes throughout the country, including one to London for the Round Table Conference, and last but not the least, various fasts, imprisonments and finally trips to Noakhali and Bihar! Gandhiji was connected with various institutions and people from many nations regularly consulted him for guidance. The huge correspondence was again the responsibility of the good secretary. In between, Pyarelalji had managed to write seven books on Gandhiji! Thus, during Gandhiji's lifetime, he was well established as a faithful and authoritative chronicler and interpreter of Gandhiji's life and philosophy. During these crowded engagements, how he was able to write down such a studied book is indeed a wonder.

And what a marvel the biography is! Complete devotion to Gandhiji and his work, versatile intellect, vast reading, excellent language, encyclopaedic knowledge, thorough presentation of the subject, high standard of his massive productivity, ability to draw appropriate quotations, fully detailed information—all this make the narrative a smooth, unruffled flow of the Ganga issuing from the Great Himalaya, which is Mahatma Gandhi.

The reader has to go to the original biography, if he wants to enjoy in full the narration. But I may give here as an instance, a couple of paragraphs to denote the author's profundity in understanding the Mahatma.

The author describes Gandhiji's austerity as follows: "He

had nerves extremely sensitive to pain. But the iron will in him transmuted his aesthetic sensitiveness and deep compassion for the weak and the suffering into a relentless self-discipline and self-denial which was often mistaken for self-mortification and self-suppression by superficial observers."

He describes the implications of Gandhiji's idea of Brahmacharya as follows: "Man alone seems to have an immense store of still unused, undifferentiated primal energy. This primal energy in us far in excess of the procreative requirements of man is an evolutionary force awaiting to be transformed into a new faculty. When the store of energy is transmuted into a higher form of creative reserve, man ceases to be sexual."

And this is his marvellous estimate of his subject: "As Gandhiji's self-surrender deepened and even to live apart from Him neared the vanishing point, the potency of his non-violence increased in proportion and he became filled more and more with that infinite and all-pervading power which is God or Truth and which manifests itself in human relationships as Ahimsa or Love."

From 1930 onwards, Gandhiji's life was most tumultuous. He undertook a fast unto death in September 1932 to protest against the creation of separate electorates for Harijans, but broke it after securing the Yeravda Pact after six days. Again, in May 1933, he undertook another fast for three weeks as a "prayer for purification of himself and his associates in Harijan work." He shifted to Sevagram, a village near Wardha, and lived in a mud hut in 1935. This was the time when the intellectuals from all over the world continued to visit him. The All India Congress Committee passed the "Quit India" resolution in Bombay on August 8, 1942. Gandhiji was arrested the next day and the movement began with the greatest vigour.

The "Quit India" movement infuriated the Satanic Govenunent and they continued to rope in the crafty politicians. They succeeded in creating communal riots in Bengal, Bihar and in parts of the Punjab and the N. W. F. Province, and Pakistan is the outcome!

It is needless to say that throughout all these developments the author and his sister Dr. Sushila Nayar were in the party. With the outbreak of riots, Gandhiji decided to run to Noakhali in November 1946, "to wipe tears of the refugees and put heart into them," while in February 1947, he went to Bihar for the same purpose. In between these developments, he had to run down to New Delhi for negotiations with the Viceroy.

Our learned author has vividly described in his biography the Satyagraha Movement in all these various stages and phases and its concomitant events in his momentous apical style. The reader, after reading the biography, will surely agree with me that the author, with this profound production, can easily be reckoned as one of the greatest biographers of the world.

* * *

The cultural history of India, rooted as it is on the deep foundation of the Vedas, Upanishads and the Epics is showing an innate vitality to face and get the better of any situation that has arisen from time to time. The onward march continues unabated. The reason is that the watchwords of our culture are the triple ideals of Penance, Purity and Peace.

Ramayana is our first epic. Its hero was Rama, a Prince. But the tragedy was that he was obliged to leave the palace with his brother and wife and live in the forest for 14 years! Ravana, the king of Lanka, happened to come there and managed to steal away his wife. Rama naturally felt much distracted and bewailed his lot:

"The kingdom is lost, living in the forest, Sita taken away and friend Jatayu is dead. Such is my sorry plight that it would burn even the fire!" *Ramayan*, 3-67-24.

But the same Rama has since then became a sacred word for the whole nation and Gandhiji took his last breath with the same name on his lips.

Coming to the second epic *Mahabharata*, King Yudhishthira was greatly disconsolate at the carnage of war and he approached for consolation Bhishma Pitamaha, himself a veteran, wounded warrior, lying on a bed of arrows, and said:

"Being misguided by greed, we have killed our relatives and caused destruction of the family. This is the great grief which is paining my heart."—*Shantiparva*, 1-14.

Thereupon, the old warrior poured forth his agony at war which has been enshrined in the Shanti Parva of *Mahabharata*. He said:

"O King, the lord of the earth should attain conquest, not by fighting, but by peaceful means. The conquest, gained by war, is condemnable."—*Shantiparva*, 94-l.

And now Mahatma Gandhi comes upon the scene. He comes almost as an Oracle, carrying a direct message from God.

The Potter had moulded him with the same clay as our Ancients. He revived the deeper spiritual currents of the Indian humanity, activated Truth, Non-violence and other ideals, going along with the conceptions of Patanjali, Buddha, Mahavir and Jesus Christ. Thus he forged out of our old ideals a huge dynamo, a fighting weapon, awakened the whole nation, nay, the whole world, and miraculously succeeded in wresting Independence from England's iron hands. This was brought about by sheer non-violence. This is now being reckoned a miracle in world history.

Western politicians have no doubt piled up huge armaments of appalling power of destruction and great threat to their opponents. But their people in general have declared stout opposition to war. I regard this trend in the popular mind to be of supreme importance and it will slowly but surely, influence world opinion. They know that the choice before the world is not between non-violence and violence, but between non-violence and total annihilation! This is the reason why I regard the Gandhian Movement, or the Gandhian Renaissance, or the *Satyagraha Gatha*, as I choose to name it, like the previous two epics, the Third Great Epic of Bharata.

The Caravan went on. The Inter-Asian Relations Conference was held in New Delhi in the first week of March 1947. Gandhiji was requested to address the Conference. He said, among other things, "I would not like to live in this world if it is not to be one world ... Was it in order to wage war or to take revenge upon Europe that had exploited us in the past, or upon America or upon other non-Asiatics? I say most emphatically No."[1]

On the second day, he said: "Wisdom came to the West from the East. Zoroaster, first of the wise men, belonged to the East. He was followed by Buddha. He belonged to the East, to India. Moses belonged to Palestine. Then came Jesus. After Jesus, came Mohammad ... Christianity became disfigured when it went to the West! ... I want you to go away with the thought that Asia has to conquer the West through Truth and Love ... The West today is pining for wisdom. It is despairing of the multiplication of atom bombs, because the multiplication of atom bombs means utter destruction, not merely of the West, but of the whole world! ... . It is up to you to deliver the whole world, not merely Asia, from that sin. That is the precious heritage, your teachers and my teachers have left us."[2] A famous scientist Arthur C. Clarke declared in the Science Conference of December 1982, held in Sri Lanka that with the development of atomic energy, man will not be only free to leave the world but he would be compelled to do so!

This is the holy message of Mahatma Gandhi, which is, in a way, quite in advance of the message of our two previous epics. If Gandhiji is the Prophet of the *Satyagraha Gatha*, Pyarelal Nayar can be rightfully regarded as its Vyasa Muni.

Our Salutations to these two Noble, Immortal Souls!

---

1. *The Last Phase*, Vol. II, p. 90.
2. Ibid, p. 92.

25

P. C. NANAVATY

Pyarelal was a dedicated patriot and as such a very sincere and dauntless freedom-fighter. Apart from giving him leadership of the volunteers for routine Satyagrahas, picketing and other strategic programmes, Gandhiji had kept him with himself as his key man in the memorable Dandi March, and sent him for a similar historic Satyagraha in Dharsana. This shows Gandhiji's faith in the capacity of this humble yet great personality.

Pyarelal was humane to the core of his heart. Once housewives of four labourers of a textile mill were abruptly arrested while picketing a liquor shop under Gandhiji's instructions, as that shop was a rendezvous of labourers, and Gandhiji's topmost socio-economic concern was to stop the drinking habits of the labour class. When Pyarelal learnt of the arrest, he gathered sufficient eatables, and went to the distant slum area of the labourers, where the families of the arrested ladies resided, and distributed the food packets to them, as he rightly imagined that when these housewives were arested, there would be none to prepare meals for their families, especially for children.

The food packets contained sweets (laddus). This attracted the other children of this poor locality playing along with those of the arrested ladies. Pyarelal asked me to wait there. He walked a long distance and returned with sweets for the other children as well, and joyfully distributed them. Children of the area were extremely pleased as they had seldom tasted such sweets.

The arrested ladies were released in the evening. When they

learnt of them food arrangements for their families, and especially for the children, they came to thank Gandhiji. Gandhiji did not know anything of what Pyarelal had done. But he was very pleased when he knew of this humane service of Pyarelal. He called him to express his appreciation of this noble gesture. But Pyarelal humbly said to him that he had not done anything extraordinary to deserve his appreciation. He thanked God for having given him such an opportunity to serve the poor especially the children of the poor. Gandhiji was simply moved.

As his Secretary, Pyarelal's loyalty and fidelity to Gandhiji was exemplary. I show it by quoting from his letter to me written 32 years after Bapu was no more. "... Bapu did not like to give publicity to all this, and we should not deviate from it except to oppose some definite lie in the matter." The topic on which he wrote to me is irrelevant here. What matters is that even 32 years after Gandhiji's death, Pyarelal did not like to deviate from Gandhiji's desire of not giving publicity to a matter he knew as his Secretary. The topic was of high political importance concerned with a native state of India. If after Bapu's or even after Nehru's and Sardar Patel's death he would have deviated from Gandhiji's desire, he could have greately benefited. But he did not do so. He also advised me not to deviate from Bapu's wish in the matter. This fact is symbolic of his fidelity to the office he held and to the confidence Gandhiji put in him.

A team of Satyagrahis—I was in it—was abruptly arrested by the police while squatting on the floor of a house after successfully hoisting India's national flag on a British Government office building. We had doffed off our footwears outside the room, as is the Indian etiquette. The arresting police had roughly manhandled us and had not allowed us even to wear our shoes. The punishment given to us was that we were to be taken in the police van four miles away from the Sabarmati Ashram to be released there, so that we may have to walk back the distance barefoot in the hot summer sun. No other more cruel punishment could be inflicted on us as the jails were then full to the brim with other convicted Satyagrahis and political prisoners. We were taken to the pre-determined point and released there.

A guard and the driver were the only two authorities in this lone area. We were in greater number, young and energetic. We could have easily used any amount of violence on those two. We could have hijacked their police van cityward. But we did nothing like that as Pyarelal had always infused in us Bapu's message of self-discipline and non-violence. This prevented us from monkeying with the van and the two persons we disliked. We only bid them an eloquent goodbye. Thus, if Gandhiji was the generator of the cult of the non-violent discipline, Pyarelal was one of those who infused it in the masses for putting it into practice.

Hardly had we crossed a little distance cityward, then we saw Pyarelal running towards us with khadi bags hanging on his shoulders. His heavy breathing showed how fast he had been running. We ran towards him anxiously to know why he was running so fast, as we apprehended some serious trouble like police firing and some casualties. He was barefoot and this made us even more anxious.

"What is the matter?" we asked, when we were within hearing range. Calmly he replied, "I have brought your footwears," extending his shoulder bag to us. "Put them on, and walk back to the city with me." One of us asked him, "But why are you barefoot?" He replied, "When you are made to walk barefoot, how can I walk to you with my shoes on? I have mine in this bag, and when all of you have worn yours, I will also wear mine, and together we shall walk back to the city." We stood embarrassed, staring at him with the reverence he richly deserved.

One of our colleagues in this episode was a valiant girl from an elite, affluent family of Ahmedabad. She was Mridula Ambalal Sarabhai. Having heard of the punishment meted out to the young Satyagrahis her fond parents had sent their car to carry her back home. But she refused to go in it, saying it would not behove her to go back in the car, while her companions would return walking. She would prefer to be a co-pedestrian in the company of her comrades-in-arms. She said that if she were to use the car, she would feel herself, and appear to others also, a coward, a runaway from punishment. Her mother had sent ice-cold whey for us in a silver container. All of us, including Pyarelalji, took it to quench our thirst. At this time we learnt that Pyarelal had not eaten anything, as he knew that we had not taken anything either, due to our unexpected abrupt arrest. He had decided to fast till all of us returned home safely and had our meals.

Mridulaben and I requested Pyarelal to go back in the car, as he was not one of the punished. But he flatly declined. He said, "Punished or not, we are sainiks alike, and I do not wish to detach myself from this *sainik*-fold." The car returned empty. Nay, it carried tons of ethics, discipline and nobility of human mind, which Pyarelal and Mridulaben shared equally.

Pyarelal walked the long, weary, tiresome path to the city with us, as one of us, shouting inspiring patriotic slogans, enjoying as if it were his self-invited punishment.

What a noble gesture; what a sense of comradeship; what humility; I leave it to my readers to assess the peak and height of these values in the man who has left us for his heavenly abode.

26

D. C. JHA

It was the early months of the year 1942. Second World War had by then entered the third year of its death and destruction on land, in air and on high seas. After defeating the British and French armies on the continent, the German armies were fighting the decisive battles on Russian soil. While still at war with China for many years, Japan at this crucial stage jumped into the World War on the side of Germany. Overrunning most of the South East Asia, and after defeating British Army in Singapore, Malaya and Burma by early 1942, Japanese Army stood on Indo-Burmese border, with vast plains of Indian subcontinent spread before them.

In the emerging situation, when in anticipation of impending Japanese invasion, the British had ordered even bicycle owners in Bengal to get their two-wheelers registered with the nearest police station, Satish Chandra Dasgupta, the founder of Sodepur Ashram in the neighbourhood of Calcutta, where Mahatma Gandhi used to stay during his visits to Bengal, decided to pay a visit to the Mahatma in Sevagram, near Wardha, to consult with him the developing situation and the duties and responsibilities of Mahatma's followers and the Congress workers in the event of Japanese invasion of the country.

Satish Babu was accompanied on the trip by his wife Hemprabha Devi. We in the Ashram used to call them Baba and Ma. They took me along on the journey as their general purpose assistant. I was all of sixteen years of age at that time.

Travelling by the then fastest train available, we arrived 24 hours later at Wardha, the nearest railway station to Sevagram, and were put up in the Guest House of Jamnalal Bajaj, where leaders coming to meet the Mahatma used to be accommodated. Pandit Nehru and Sardar Patel, and perhaps also Rajagopalachari, stayed there for a night or two while we were in Wardha. In the Guest House everyone used to have meals together in the Dining Room sitting on the floor and I often found myself squatting by the side of one or the other leaders at meal time.

One morning, when the weather had not yet become warm and uncomfortable, I noticed a very twosome couple in stunning white dress walking down the road in front of the Guest House. On asking who they were, I was told that they were Mahatma Gandhi's Secretary Pyarelalji and his sister, Sushila Nayar.

On the last day of our stay in Wardha, we had our evening meal in Sevagram with Mahatma Gandhi and Kasturba along with all other inmates and the guests of the Ashram, sitting in two rows facing each other on the long veranda of the Kitchen Block, followed by attending the evening prayer in the adjoining open ground. Next day we took the train for our return journey.

Three-and-a-half years later, after Quit India Movement, Gandhiji's last imprisonment, his release from prison, dropping of atom bomb on Hiroshima and Nagasaki and end of Second World War, the Mahatma decided, as soon as he picked up strength to undertake travel, to pay a visit to Bengal which had not only passed during the war through the worst man-made famine, killing vast number of population, but also had faced a crippling and devastating tidal wave from the sea of its coastal areas killing large number of population and destroying many villages and towns of Midnapur district.

Gandhiji arrived in Sodepur on this trip in December 1945. During his stay a meeting of the Congress Working Committee took place, which brought many of the national leaders there to attend the meeting—Pandit Nehru and Sardar Patel among them. Gandhiji held a meeting also with a large number of Congress and constructive workers to discuss about their duties and responsibilities in the situation then facing the country and in particular by Bengal. After paying a visit to the flood-affected coastal district of Midnapur, and spending another few days in Sodepur, Gandhiji went on a short visit to Assam. Returning and after spending another few days in Sodepur he left for Santiniketan on his way to Madras in the first week of January 1946.

During this stay of Mahatma Gandhi at Sodepur I came in much more closer contact with most of those who had accompanied the Mahatma including Pyarelalji and Dr. Sushila Nayar besides Kanu and Abba Gandhi, as well as Prabhavatiji, the wife of Jayaprakash Narayan. During this trip Pyarelalji also learnt to his surprise that I was the son of "Masterji," a senior inmate of Sodepur Ashram, with whom he had worked in Harijan areas of Calcutta many years earlier.

Foliowing the great Calcutta killings of August 1946, which was followed by communal violence in Noakhali district in the eastern part of Bengal, Gandhiji came and stayed at Sodepur on his way to the riot affected areas of Noakhali where he spent almost three months before leaving for Bihar. On his way to Bihar, he stayed briefly at Sodepur again for a few days. During these visits and stay in Noakhali I came in further contact with Pyarelalji and Sushilaji as I had accompanied the party that went there with the Mahatma.

Between the middle of 1947 and end of 1950, India was partitioned and achieved independence, Mahatma Gandhi was assassinated, India adopted its constitution, Dr. Rajendra Prasad became provisional President, and the Home Minister Sardar Patel passed away in December 1950.

By this time I was feeling restless at Sodepur and wanted to move on to different environment and newer pasture. In pursuit of this idea, I came to Delhi a few days after passing away of Sardar Patel in December 1950. My childhood friend, Jagdish Sharan, who was then doing his Master's course in Delhi University, met me in Delhi's freezing early morning cold at the railway station and took me in a tonga, the only common available public transport at that time, to put me up at the residence of his father, adjoining the President's House, on South Avenue. Chakradhar Sharan, who had worked for Dr. Prasad for many years, was by then the Secretary to the President. He had also known me since late 1946.

In Delhi, I went to meet Pyarelalji who was then staying in Bhangi Colony on Reading Road, which earlier used to be the Mahatma's residence during his visits to Delhi since his release from his last imprisonment in early 1944. Pyarelalji was both happy and surprised to see me, and after some initial talks wanted to know if I could join him because he had by then no one with him to assist him in the work he had undertaken to accomplish, namely writing and publication of the multi-volume biography of Mahatma Gandhi. He was delighted on my offering to join him with immediate effect and offered to pick me up from my place of residence the very next day. He also assured me that I would not have to worry about my board and lodging as I would be staying with him.

It was December 31 of 1950, when he drove himself to pick me up from South Avenue residence of the Private Secretary to the President, and took me to his place of residence-cum-office in Bhangi Colony. Sushila Nayar, who returned from her tour a few days later, was both surprised and expressed her delight on finding me working with her brother. She also expressed her relief that her brother had found an assistant of his choice to work with him after a long interval.

Thus began my long years of close association with Pyarelalji and Sushila Nayar. Both were kind, considerate and affectionate. I was to type Pyarelalji's writings several times over till he was satisfied with each part of each page; I was to keep the accounts; I was to drive the car, and in general attend to everything required to be attended to in the establishment. Over the next eight years two volumes of *The Last Phase*, one volume of *Early Phase*, the volume containing *Mahatma Gandhi's Correspondence with the Government, 1944-48*, and two booklets, *A Nation Builder at Work* and *Gandhian Technique in the Modern World*, were written, edited and published.

Within two years of my joining Pyarelalji, we were required to vacate the residential and office rooms at Bhangi Colony as agreement with the Valmiki Mandir Trust was due to expire. The then Works and Housing Minister, Mehar Chand Khanna, helped in allotting a Government flat in Connaught Circus, for residence, and Pandit Rameswar Dayal, the then Deputy Commissioner of Delhi, got two rooms along with an adjoining long veranda in a quiet portion of the New Delhi Municipal Committee Building, situated nearby, allotted for our office use. Thus our work proceeded without much break or disruption.

After a couple of years or so, the New Delhi Municipal Committee needed for its own use the rooms allotted to us. Luckily again the Housing Minister came to our help by allotting three rooms vacated by one of the Embassies in the then Theatre

Pyarelal with Mahatma Gandhi: Dandi March—Salt Satyagraha 1930
प्यारेलाल महात्मा गांधी के साथ: दांडी मार्च—नमक सत्याग्रह 1930

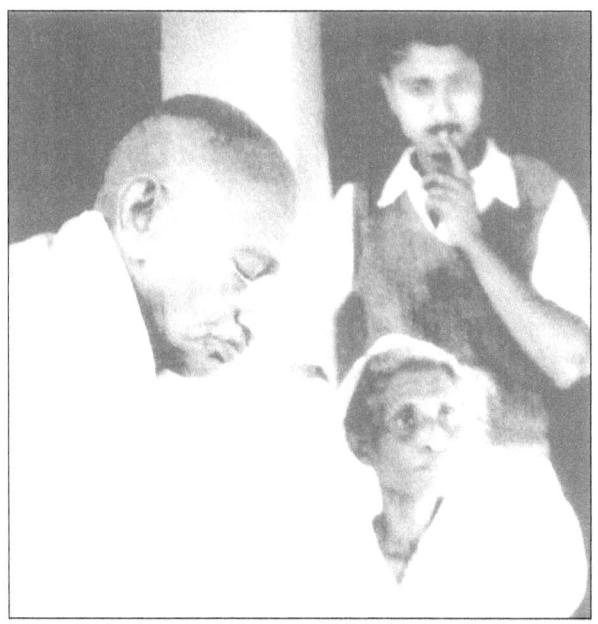

Mahatma Gandhi at Sodepur Ashram. D.C. Jha in the background 1946
सोदपुर में महात्मा गांधी

Pyarelal with Mahatma Gandhi during visit of British Cabinet Mission to India, 1946

ब्रिटिश कैबिनेट मिशन की भारत यात्रा के दौरान 1946 में प्यारेलाल महात्मा गांधी के साथ

Pyarelal in his last years
प्यारेलाल अपने अन्तिम वर्षो में

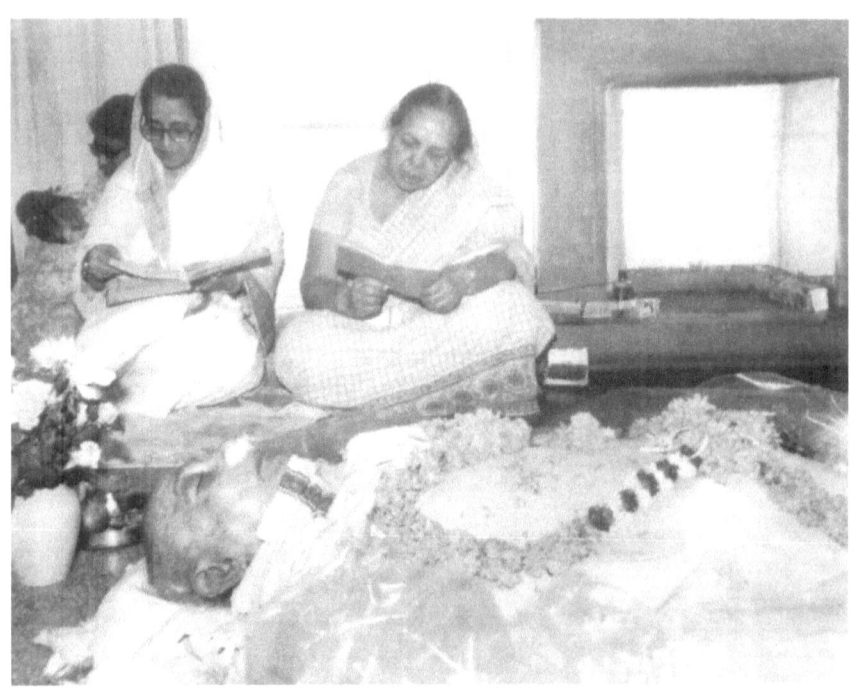

Pyarelal in eternal sleep: October 27, 1982
Sushila Nayar and Sarla Jha reciting verses from Gita
प्यारेलाल अन्तिम नींद में: अक्तूबर 27, 1982
सुशीला नैयर और सरला झा गीता का पाठ करते हुए

Communication Building situated in Connaught Circus, and we then moved our office there and our work continued once again without much delay and disruption.

I was able to work with Pyarelalji only up to this stage. The marriage and family responsibility came in the way of my continuing with him. Our close association however continued uninterrupted till the last. He had shifted his residence from Connaught Circus to a flat in Sujan Singh Park, near Khan Market, which was adjoining my residence on Pandara Road allotted to me by the Government as the Private Secretary of the then Health Minister, Dr. Sushila Nayar. We continued to meet and visit each other, and I was often able to be of help to him in small ways as and when called upon to do so. By this time he had moved his office from war-time Theatre Communication Building to a flat in the nearby Shanker Market, once again given by the Works and Housing Minister, as the Theatre Communication Building was required to be demolished to construct a modem shopping market. I also continued to be based all along in New Delhi having got a residential house constructed by then in Panchsheel Enclave in the neighbourhood of Soami Nagar where Dr. Sushila Nayar had shifted from accommodation alloted to her as a Minister and later as a Member of Parliament. Thus my close association with both the brother and the sister continued till his and her last days. Many years after passing away of Pyarelalji, Dr. Sushila Nayar graciously contributed a very illuminating Introduction for my book *Mahatma Gandhi, The Congress and the Partition of India* which came out in 1995.

* * *

It is distressing to note from what Dr. Sushila Nayar has recorded in the life story other brother, included in this volume, that during the last decade or more of his lifetime, in the 1970s and early 1980s, Pyarelalji was managing his personal as well as his office expense each month within a sum of Rs. 2,500 only. Apparently he was the most neglected person in independent India, as well as the most ignored person, as had been stated by Gopalkrishna Gandhi in his article that appeared soon after Pyarelalji's passing away, and which has been reproduced as "Introduction" to this volume.

During his lifetime Pyarelalji had refused to accept freedom fighters' pension from the Government of India or from the State Governments. But how did independent India fail to recognise this par excellence freedom fighter (forgetting his senior, late Mahadev Desai as well) worthy of being honoured by the nation with the highest civilian award, for which it did not need consent or approval from anyone.

New Delhi
October 15, 2010

II
श्रद्धांजलियां

श्रद्धांजलियां

		पृष्ठ
1.	घनश्याम दास बिड़ला	5
2.	नारायण देसाई	6
3.	देवेन्द्र कुमार	8
4.	शितिकंठ झा	10
5.	वियोगी हरि	16
6.	विनोबा	19
7.	राधाकृष्ण बजाज	22
8.	निर्मला गांधी	28
9.	कृष्णा मेहता	34
10.	रमादेवी चौधरी	37
11.	छगनलाल जोशी	40
12.	राधाकृष्ण	42
13.	बिन्देश्वरीलाल	47
14.	लक्ष्मी देवदास गांधी	49
15.	यशपाल जैन	55
16.	उमाशंकर शुक्ल	59
17.	के. अरुणाचलम	62
18.	गुलाबचन्द जैन	64
19.	प्रभाकर माचवे	68
20.	हरिभाऊ शेंडे	72
21.	कंचन बहन शाह	76
22.	सरयू (अक्का) धोत्रे	85

1
घनश्याम दास बिड़ला

प्यारेलाल के संबंध में कुछ लिखना यह एक अत्यंत कठिन कार्य है। स्वभाव से तो वह सीधा-सादा था परन्तु अपने कर्तव्य में पूरा संलग्न था। अंग्रेजी, हिंदी और गुजराती तीनों भाषाओं पर उसका प्रभुत्व था। शायद संस्कृत में उसकी गति नहीं थी।

गांधीत्व के रंग में वह पूरा रंगा हुआ था। हरिजन में जो कुछ वह लिखता उसको बापू का ही लेख समझना चाहिए। इसलिये 'सीधा-सादा' यह विशेशण भी प्यारेलाल के लिये उपयुक्त नहीं हो सकता। यह लिखने वाले के लिए कठिनाई है।

मैंने प्यारेलाल को कभी क्रोध में नहीं पाया। चेहरे पर शांति और मुस्कुराहट रहती थी। जब उसका स्मरण करता हूं तो न तो वृथा बकवास करते उसकी याद आती न उसे किसी से बहस या झगड़ा करते पाया। जो चित्र उसका सामने आता है वह केवल लेखनी हाथ में लेकर लिखते हुए का।

उसकी महत्वाकांक्षा कुछ थी? उसकी अभिलाशा क्या थी? मुझे लगता है, जो था, कुछ महत्वाकांक्षा या अभिलाशा थी, वह केवल गांधी को समझना और अपनी लेखनी द्वारा उसको व्यक्त करना।

सारी आयु उसने गांधी के जीवन काल में और उसके पश्चात भी इसी ध्येय में बिताई। यह उसका अनन्य ध्येय समझना चाहिए।

इसलिये प्यारेलाल का संस्मरण लिखना आसान नहीं। प्यारेलाल के संस्मरण का विवरण केवल इतना ही है कि वह अपने कर्तव्य में सतर्क,

गांधी रंग में रंगा हुआ, भाषाओं का विद्धान, शांत स्वभाव, समय का सदुपयोग करने वाला– ऐसा मैंने प्यारेलाल को पाया। यही उसका चित्र है। ऐसे लोग कम पैदा होते हैं।

उसके निधन से एक अद्‌भुत व्यक्ति का ह्रास हुआ है। उसकी कृतियां ही उसके जीवन का स्मारक है। यह स्मारक चिर–स्थाई रहेगा।

घनश्याम दास बिड़ला, दे ा के प्रमुख उद्योगपति और गांधी जी के दीर्घकालीन मित्र।

2
नारायण देसाई

भारत का यह सौभाग्य था कि उसे गांधीजी का नेतृत्व मिला। गांधीजी का यह सौभाग्य था कि उन्हें पूरा जीवन समर्पण करने वाले अनन्य निष्ठावान साथी मिले। श्री प्यारेलाल, गांधीजी के ऐसे इने–गिने साथियों में से थे, जिन्होंने अपनी आजीवन सेवा द्वारा गांधीजी को गांधी बनाने में सहयोग किया। किंतु शायद प्यारेलाल जी के जीवन के मुख्य कार्य का आरंभ तो गांधी जी के देहांत के बाद ही हुआ। यह काम था, गांधी विहीन विश्व के सामने गांधी की अधिकृत शब्द–छवि प्रस्तुत करना। एक मायने में यह कार्य आकस्मिक रूप से ही आरम्भ हुआ था।

गांधीजी की सीमा–प्रांत की यात्रा का वर्णन करने वाली छोटी किताब 'ए पिलग्रीमेज फॉर पीस' की तरह नोआखली के यात्रा का वर्णन करने के ख्याल में एक छोटी सी किताब लिखने के इरादे से उन्होंने यह काम हाथ में लिया। किंतु किसी भी कार्य को परिपूर्णता तक पहुंचाने की प्यारेलालजी की आदत के कारण वह कार्य उन्हें अपने महान ग्रंथ 'पूर्णाहुति' लिखने तक ले गया।

'पूर्णाहुति' (लास्ट फेज) और 'अर्ली फेज' तथा 'डिस्कवरी ऑफ सत्याग्रह' निश्चित रूप से प्यारेलालजी की महान कृतियां हैं। दुर्भाग्य से उनकी मृत्यु के कारण गांधीजी के जीवन के मध्य–काल (मिडिल फेज़) के उतने ही बड़े छः ग्रंथ लिखने का उनका सपना पूरा नहीं हो पाया। किंतु जो उन्होंने दिया है, उसकी तुलना भावी इतिहासकार विश्व के महाकाव्यों से करेंगे।

सन् 1942 से सन् 1947 तक का काल कानून के इतिहास में महाभारत के युद्ध-पर्व से लेकर शांति-पर्व का तुल्य काल है। उसका सत्यनिष्ठ, अतिशयोक्ति वर्जित किंतु सूक्ष्मातिसूक्ष्म अध्ययन पूर्ण वर्णन केवल प्यारेलाल ही कर सकते थे। हां, एक और व्यक्ति से इस प्रकार के महाकाव्य की अपेक्षा की जा सकती थी— महादेवभाई देसाई से, किंतु वे युद्ध-पर्व के आरंभ में ही स्वंतत्रता की वेदी पर अपना बलिदान चढ़ा चुके थे। इसीलिये शायद प्यारेलाल ने अपने सर्वश्रेष्ठ ग्रंथ का समर्पण महादेव भाई को किया है।

इस काल का इतिहास प्रस्तुत करने के लिए ब्रिटिश सरकार ने हजारों पृष्ठों के 'ट्रांसफर ऑफ पावर' पेपर्स निकाले हैं, जिसमें अंग्रेज हाकिमों के अधिकृत दस्तावेज तो मिलते हैं लेकिन उन पोथियों में प्यारेलाल की सी सरसता कहां और 'फ्रीडम एट मिड नाइट' के युगल लेखकों ने अपने ग्रंथ में रसिकता अवश्य भर दी है, पर उनमें प्यारेलाल की सत्यनिष्ठा कहां। 'अर्ली फेज़' के प्रारंभ में ही प्यारेलाल ने अपने नायक मूल की खोज करते हुए भारतीय संस्कृति का मूल खोज डाला है, जो सहज ही उन्हें रोमा रोला और ए. के. कुमार स्वामी की कोटि में रख देते हैं। 'डिस्कवरी ऑफ सत्याग्रह' में प्यारेलाल की संशोधन-कुशलता चरम सीमा पर पहुंची है। उसे देखते ही 'पालिटिक्स ऑफ नान वायलेंट एक्शन' के लेखक जीन शार्प का प्रकाण्ड पांडित्य याद आता है। प्यारेलाल ने और कुछ नहीं किया होता और ये तीन (या ढ़ाई) ग्रंथ ही लिखे होते तो उनका नाम विश्व के गांधी-प्रेमियों के मन में अमर स्थान पा जाता।

किंतु ये महाग्रंथ केवल खोज के, पांडित्य के या साहित्यिक प्रतिभा के परिणाम नहीं हैं। वे प्यारेलाल की समग्र जीवन-साधना के परिचायक हैं। रोलेट कानून के खिलाफ गांधीजी ने जो अहिंसक कार्यक्रम दिया

था, उससे देश में जो अभूतपूर्व जागरण आया था, पंजाब उसमें अग्रिम था। इसी जागरण काल में एम. ए. के छात्र प्यारेलाल ने लाहौर का कालेज छोड़ा। जलियावाला कांड ने इस तरूण मानस पर राष्ट्र–भक्ति की अमिट छाप डाल दी। तब से जो गांधीजी के अंतेवासी बने तो उनके अंतिम क्षण तक उनके साथ ही रहे। इसीलिए गांधीजी का अंतिम वसीयतनामा भी प्यारेलाल हम सब लोगों को दे गये।

किंतु गांधीजी के निर्वाण के बाद भी प्यारेलाल का गांधी–सत्संग छूटा नहीं। गांधी–सागर में गोते लगाकर वे एक के बाद एक मोती, मणि–माणिक्य–रत्न जगत को देते गये। प्रसिद्धि की उन्होंने कभी पूंछ नहीं पकड़ी। इसलिये बहुत कम लोगों को यह पता होगा कि जग–प्रसिद्धि दांडी यात्रा के 79 स्वयं–सेवकों में गांधीजी के बाद प्यारेलाल का नाम प्रथम था, गोलमेज़ परिशद के समय वे गांधीजी के इने–गिने साथियों में थे और नोआखली में वे कुछ समय गांधीजी के साथ और बाद में स्वतंत्र रूप से घूमे थे।

प्यारेलाल परिपूर्णता (परफेक्शन) के आग्रही थे। हम टाइपिस्ट लोग उनके इस गुण से कई बार परेशान भी होते थे। उनके हर लेख में बार–बार काट–छांट, संशोधन, परिवर्तन थे। उनके कई लेखों को तीन–तीन बार टाइप करने के बाद भी 'हरिजन' पत्रों के लिए नये संशोधन भेजने पड़ते थे। किंतु इस मेहनत से जो परिणाम निकलता था देलवाड़ा के जैन मंदिरों सा सर्वांग सुन्दर होता था, जो हम टाइपिस्टों तक को भी प्रसन्न कर देता था।

व्यक्तिगत रूप से मेरी प्रसन्नता का एक और भी कारण था। प्यारेलाल स्वनाम–धन्य थे। उनका हृदय प्यार से लबालब भरा रहता था। वर्धा के महिलाश्रम में एक गोरैया के बच्चे को जो अचानक ऊपर से गिर पड़ा था, प्यार से उठा लेते, उसे दूध में मिली डबल रोटी का

कण खिलाने की कोशिश करते और ज बवह मर गया तो सुबक–सुबक कर रोते और पूरे चौबीस घंटों तक उपवास करते मैंने देखा है। 24 घंटों में भी वह उपवास इसलिये समाप्त हुआ कि खाने के लिए मेरे पिताजी (महादेव भाई) के प्यार भरे आग्रह को टाल नहीं सके थे।

गांधीजी के दोनों सचिवों का संबंध यों तो बैडमिंटन के खेल में जूनियर और सीनियर पार्टनर जैसा था, लेकिन प्रथम मिलन से ही जो परस्पर स्नेह बना था वह जुड़वें भाईयों में भी क्या होता होगा। बीच में प्यारेलालजी ने व्यक्तिगत जीवन में कुछ असफल प्रेम के अनुभव भी किये। लेकिन जब उनकी वेदना को महादेव भाई के हृदय में भी उतनी ही संवेदना जगाते मैंने देखा है।

पूना के आगाखां महल में महादेवभाई के देहांत के बाद प्यारेलाल को गांधीजी के पास रखा गया। उनके इक्कीस दिन के उपवास के समय आगाखां महल में तीन सप्ताह 'कैदी' बन कर रहने का सौभाग्य मुझे प्राप्त हुआ था। बापू उपवास भौय्या पर थे। पिताजी पहले ही चल बसे थे। मेरे हृदय की रिक्तता तब प्यारेलाल ने अपने प्यार से भर दी थी। उसी प्यार के साथ अहिंसा के सबक भी दिये जा रहे थे।

ब्यालीस के आंदोलन के समय मैंने भी तार काटने, रेल गाड़ियां गिराने के सपने देखे थे। रोज उनसे इस विशय में बहस छिड़ती। उन्होंने कभी यह नहीं कहा कि तुमने गलती की, यह विचार गलत था। बस प्यार भरे शब्दों से सोचने को प्रेरित करते थे। हिंसा–अहिंसा के बारे में चिंतन–मनन की जो प्रक्रिया मेरे मन में ब्यालीस के आंदोलन के साथ शुरू हुई थी उसी में उन्होंने थोड़ा सहारा लगाया। प्रशिक्षक के नाते उनकी वह एक उत्तम भूमिका थी।

प्यारेलाल की वजह से उनका पूरा परिवार ही गांधी रंग से रंगा गया। उनके पिताजी के दर्शन तो मुझे नहीं हुए थे। किंतु उनकी

माताजी, जो कि सिख धर्मावलंबी थी, अक्सर साबरमती या वर्धा आ जाती थीं। प्यारेलाल की मां होने की वजह से वे सहज ही हमारी दादी बन जाती थी। पंजाबी रसोई का स्वाद सर्वप्रथम उन्हीं के हाथ से चखा था। प्यारेलाल की बहन डॉ. सुशीला नैय्यर ने तो अपने लिये गांधी–परिवार में अपना स्थान प्राप्त कर लिया था। छठे भाई मोहनलाल पारिवारिक जिम्मेदारियों के कारण आश्रम में कम आ पाते थे, लेकिन जब कभी उनसे मिलना होता था एक पूरे सद्गृहस्थ होने की छाप उनके विषय में उठती थी।

नोआखली यात्रा के बाद प्यारेलालजी की बड़ी उम्र में शादी हुई। उसके बाद काकी से मिलने के अवसर कम आते। लेकिन जब कभी मौका आया उन्होंने मुझसे 'काकीपन' बाकायदा निभाया। प्यारेलालजी के एक चचेरे भाई देव प्रकाशजी ने सेवाग्राम में नयी तालीम का प्रशिक्षण लिया था।

किंतु प्यारेलाल के स्नेही–जन तो देश भर में फैले हुए थे। उनको बापू का काम चुपचाप, दिन–रात, एक चित्त से करते हुए देख कर मेरी तरह सैकड़ों लोगों के सिर प्यारेलाल जी के लिये झुकते होंगे। आज बस स्मृति शेष रह गई किंतु अंतर–देह अजर–अमर रहेगा।

नारायण देसाई, गांधीजी के सचिव महादेव देसाई के सुपुत्र और सर्वोदय आंदोलन में अग्रणी।

3
देवेन्द्र कुमार

भाईजी (श्री प्यारेलालजी) सौम्यता, नम्रता और निष्ठा की मूर्ति थे। उनका पहला दर्शन मुझे सन् 1950 में हुआ जब वे सेवाग्राम से अपना कुछ सामान लेकर ट्रेन से दिल्ली जा रहे थे। वर्धा स्टेशन पर उनको छोड़ने गया तो एक भीड़ भरे तीसरे दर्जे के डिब्बे में सामान के पास खड़े रहने भर की जगह उनको मिल पाई। उन्होंने मना किया कि किसी को भी उनके लिए कष्ट न दिया जाए। ऐसी सादगी और सहनशीलता देखकर मैं दंग रह गया।

एक बार पुनः सेवाग्राम में वे 1960-61 के करीब आये थे और सुशीला बहन के साथ के साथ से गांव-गांव में सबसे मिलने के लिये निकले थे। इत्तफाक से मैं भी साथ था। जिस आत्मीय भाव से वे गांव वालों से मिले उससे उनकी गहरी सेवा-परायणता का दर्शन होता था। वे अपने प्रत्यक्ष ग्राम-सेवा के अनुभवों में नोआखली के कार्य को सबसे महत्व का मानते थे। बापू ने उनको वहां की सेवा का काम सौंपा जो वे पाकिस्तान बनने के बाद भी कई माह तक करते रहे। ठेठ देहात की परिस्थिति में सफाई के साधन, पानी साफ रखने के तरीके, आम बीमारियों के इलाज के अलावा उन्होंने गांव वालों को नई तकनीक द्वारा उद्योग देने के कई प्रयोग किये, जिनके बारे में वे बहुत सफल हुए। उनमें नारियल से तेल निकालने की सुधरी विधि और तेल निकाले नारियल के कीस से गुड़ डालकर बच्चों के लिए पोषक पदार्थ दिलाने का तरीका उन्होंने निकाला। साबुन बनाने की सरल पद्धति भी उन्होंने

गांवों में लागू की। वे वैज्ञानिक दृष्टि के प्रयोगकर्त्ता थे और जब मैंने 1976 में वर्धा आकर ग्रामोपयोगी विज्ञान का काम प्रारंभ किया तो उनको बहुत अच्छा लगा और अपने कई प्रयोगों के बारे में उन्होंने बताया।

पर खासतौर पर वे एक विद्यार्थी और भोधकर्ता दोनों थे। बापू के जीवन के हर पहलू, हर घटना और उनके हर विचार की दिशा की खोज में उन्होंने अपना सारा उत्तरार्ध जीवन लगा दिया था। केन्द्रीय गांधी निधि के मंत्री के नाते 11 वर्षों मे मेरा उनसे अनेकों बार मिलने का सौभाग्य हुआ क्योंकि उनके इस शोधकार्य के साथ निधि का संबंध आता था। वे कई बार हमारे घर भी आ जाते थे। उनकी दिलचस्पी का एक ही विषय रहता था, उसी में वे सोते–जागते, उठते–बैठते रहते थे। हर विषय की गहराई में जाकर जब तक उसका मर्म उनकी समझ में नहीं आ जाता था तब तक उन्हें संतोष नहीं रहता था। गांधीजी के जीवन संबंधी जानकारियां दुनिया के सभी देशों से प्राप्त करने के लिए वे कड़ी कोशिश करते थे। दक्षिण अफ्रीका के साथ भारत सरकार के संबंध ठीक न होने से उस देश से जानकारी मंगानी कठिन होती थी। और वही एक देश था जहां गांधीजी ने अपनी साधना को तीव्रतम गति से चलाया और ''महात्मा' की संबा के निकट आये। अतएव इस काल की सारी जानकारी लेने के लिए कई व्यक्तिगत संपर्कों से संबंध उन्होंने साधा। इसी प्रकार बापू के इग्लैंड के विद्यार्थी जीवन काल की जानकारी एकत्र करने में भी उन्होंने बड़ी कोशिश की। बापू के भारत जीवन की तो हर जानकारी प्राप्त करने में कोई कसर उठा नहीं रखी।

बापू के जीवन की घटनाओं से अधिक उनके विचार–क्रमों और दिशाओं के बारे में अधिक गहराई की जरूरत पड़ती थी। जितना भी साहित्य छपा और हस्तलिखित उनको जहां से भी प्राप्त हुआ उसे एकत्र करके जीवनी लिखने के काम मे लगे रहे। वे इतने अधिक सत्य खोजी

थे कि जिस गति से काम आगे बढ़ने की अपेक्षा लोगों को रहती थी उसकी वे परवाह नहीं करते थे। हर बात जो उन्होंने लिखी उसे अच्छी तरह ठोक बजाकर पक्की होने पर ही लिपि–बद्ध की। उनके जीवन का हर क्षण बापू–मय था।

उनसे कई बार उनके घर पर मिलना भी हुआ। पालतू जानवरों का उनको शौक था। कुत्ते और बिल्ली उनके प्रिय थे। उनका मानना था कि मानव संवेदनाओं की हम इतनी कद्र करते हैं पर ये पालतू पशु इन भावनाओं में मानव से कम नहीं है। वे कहा करते थे कि मेरी इच्छा है कि समय मिले तो ऐसी घटनाओं का संकलन लिखूं, (जिनमें उनके अपने अनुभव की भी बातें रहेंगी।) जिसमें पालतू कुत्ते–बिल्ली कितने स्वामिभक्त और स्नेहदान देने वाले होते हैं यह सिद्ध करूं। उस प्रकार की पुस्तक का शीर्षक भी जहां तक मुझे याद है उन्होंने तय किया था 'मोर हयूमन देन द ह्यूमन' (मानव से भी अधिक मानवीयता प्रदर्शन करने वाले।)

वे बाहर से अपने काम में व्यस्त और अजनबी व्यक्तियों से संकोच की भावना रखनेवाले शुष्क जैसे दिखाई देते थे पर उनके अंतर में शुद्ध प्रेम की धारा बहती थी। जब वे खुलते थे और जिनसे उनकी आत्मीयता हो जाती थी उनसे हंसने बोलने में अपनी हार्दिकता का प्रदर्शन करते थे।

अपनी अंतिम सांस तक वे बापू की सेवा में ही लगे रहे। उनके जीवन की ज्योति अंत में उन्हीं से जा मिली। ऐसे निस्पृह साधक, अपूर्व विद्वान और स्नेही बुजुर्ग के जाने से जो रिक्तता हम सब को महसूस हुई है। वह जल्दी जाने वाली नहीं है। हम उनके जीवन की सुरभि के जो अंश अपने में समा सकें वे ही उनकी साधना की निरंतरता को कायम रखेंगे। ईश हमें यह परंपरा बनाये रखने की शक्ति दे।

देवेन्द्र कुमार, राष्ट्रीय गांधी स्मारक निधि के मंत्री, वर्धा स्थित मगन संग्रहालय के व्यवस्थापक–प्रबंधक।

4
शितिकंठ झा

भाई प्यारेलालजी नैयर एक अद्वितीय साधक थे तथा पूज्य बापू के एक अति निकटतम अंतरंग भक्त-सेवक थे। देश भर मे पूज्य बापू की प्रेरणा से हरिजन सेवा आंदोलन चल रहा था और खादी प्रतिष्ठान, सोदपुर के बापू के अनन्य भक्त-सेवक पूज्य सतीश चंद्र दासगुप्त महाशय, कलकत्ते की बस्ती में एक हरिजन आश्रम तथा सेवा केंद्र चला रहे थे। मुझे उन्होंने उस आश्रम के द्वारा सेवा में मुख्य रूप से एक सेवक के रूप में नियुक्त किया था। उसी समय बापू की प्रेरणा से भाई प्यारेलालजी भी उनकी सहायता में वहां सेवा-कार्य में योगदान देने के लिये उपस्थित हुए थे।

मेरे साथ हरिजन रोगियों की सेवा में तथा अन्याय सेवा कार्य में भाई प्यारेलालजी हाथ बटाने लगे और सब प्रकार की सेवा में कठिन श्रम करने लगे हरिजन बस्ती में मेरे साथ घूम-घूमकर, घर-घर जाकर सेवा में उन्होंने जो श्रम किया उसका ठीक-ठाक चित्र खींचना कठिन है। हरिजन आश्रम मे मच्छरों के उत्पात से मसहरी के अलावा भी रात में हम अपने बदन में केरोसीन तेल को लेप कर सोया करते थे। भाई प्यारेलालजी मसहरी तो इस्तेमाल ही नहीं करते केवल केरोसीन तेल सारे बदन मे लेप कर ध्यानवस्था में बैठे रहते थे और रात में कब सोते थे, कब उठते थे उसका अंदाज भी हमें नहीं लगता था।

चीप रेमेडीज़ (सस्ती दवा) प्रस्तुत कर रोगियों की चिकित्सा करने का काम भी मेरे जिम्मे था। भाई प्यारेलाल जी इतने विद्वान होते हुए भी साधारण स्वयं-सेवक की भांति सतत् मेरे सहायक के रूप में मेरी

सहायता के लिये जिस तरह तत्पर रहते थे वैसा दूसरा उदाहरण मुझे जीवन में देखने को नहीं मिला। जब भी वे अवकाश में बैठते, ध्यानावस्थित मालूम होते थे। कलकत्ते के प्रायः हर हिस्से में जानकारी के लिये वह घूमा करते और उनके दैनिक आहार में मुख्यतः पके केले का ही इस्तेमाल देखने में आता था। केले घूमते समय बाजार से ही ले आते थे।

आश्रम के पाखाने की सफाई को आदर्श स्वच्छ बनाये रखने का काम था। दैनिक सेवा काम मध्याह्न तक समाप्त होने पर पाखाने का निरीक्षण भी मेरे जिम्मे था और अक्सर मुझे ही मध्याह्न में उसकी सफाई भी पूरी करनी पड़ती थी। यह देखते हुए भाई प्यारेलालजी उसकी सफाई का बीड़ा स्वयं उठाने को तैयार हुए। उनहोंने कलकत्ते की बस्ती में तथा सोदपुर खादी प्रतिशठान में पूज्य सतीश चंद्र दासगुप्त महाशय की विविध सेवा–कार्य में जो मदद पहुंचाई उसका ठीक–ठीक चित्र भाषा में व्यक्त करना कठिन है।

उसके बहुत बाद 1945 में नोआखाली का काम जब बापू ने आरंभ किया तो उनके साथ भाई प्यारेलालजी की सेवा और साधना देश–विख्यात और जगत–विख्यात है। बापू–पुराण के कुशल तथा अद्वितीय रचयिता के रूप में बापू विशय ग्रंथ–रत्न–माला के कुशल तथा एक अमर हुतात्मा के रूप में ध्रुव तारे की तरह वे विश्व में सदा चमकते रहेंगे– सबको प्रेरणा देते रहेंगे, ऐसा मेरा विश्वास है। उनके बारे में भाई बलवंत सिंह जी ने 'बापू का आश्रम परिवार' नाम के ग्रंथ में जो लिखा है वह भी पठनीय है।

शितिकंठ झा, सोदपुर आश्रम के प्रमुख कार्यकर्ता। इस संग्रह के संपादक के पिता।

5
वियोगी हरि

प्यारेलाल जी और महादेव देसाई का स्मरण करते ही सारिपुत्र और मौदगल्यायन हठात् सामने आ जाते हैं। उन दोनों का भगवान बुद्ध के परिसर में जो स्थान था, वही स्थान बापू के परिवार में प्यारेलाल और महादेव भाई का था। विद्वता को दोनों ने भक्तिपूर्वक बापू के चरणों पर अर्पित कर दिया था। अद्भुत और अनन्य भक्ति थी इस अनूठी जोड़ी कस। बापख के शेष जीवन के चरितामृत का कौन हमें पान करायेगा। पद प्यारेलालभाई ने हमको निराश नहीं होने दिया। 'दि लास्ट फेज़' दो खंडों में लिखकर प्यारेलाल भाई न गांधी–चरित्र का सुन्दर और संपूर्ण उपसंहार किया। इस महान कार्य को कोई और दूसरा संपन्न नहीं कर सकता था। इस ग्रंथ का सुन्दर अनुवाद हिंदी में नवजीवन प्रेस, अहमदाबाद से प्रकाशित हुआ है, जिसका नाम है– 'महात्मा गांधी– पूर्णाहुति।'

बड़ा ही प्रामाणिक ग्रंथ है यह। खूब गहरे उतरकर और बारीकी से एक–एक घटना और प्रसंग को, तथ्यों और आंकड़ों के साथ, प्यारेलाल जी ने बापू के शेष जीवन को चित्रांकित किया है। ग्रंथ का पारायण करते हुए हठात् मुंह से निकल पड़ता है– 'बलिहारी प्यारेलाल भाई।' सरलता, शिष्टता, प्रामाणिकता और उससे बढ़कर भक्ति–भावना का संगम था प्यारेलाल भाई का पवित्र जीवन। जब कभी भेंट हो जाती, तो और चर्चा के दौरान रामचरित मानस की इन पंक्तियों को वे अवश्य दोहरा देते थेः–

सिय राम प्रेम पीयूष पूरन होत जनमु न भरत को।
मुनिमन अगम जम नियम सम दम विषय व्रत आचरत को।।
दुःख दाह दारिद दंभ दूषन सुजस मिस अपशरत को।
कालिकाल तुलसी से सठन्हि हठि राम सन्मुख करत को।।

लगता है कि भरत के पदचिन्हों पर चलने की साध सदा रही होगी प्यारेलाल भाई के अंतर में। जब भी प्यारेलाल भाई पर ध्यान जाता है, एक भक्त का, केवल भक्त का, चित्र सामने आ जाता है। अंतर की निज आंखों से बापू को, प्यारेलाल भाई और महादेव भाई ने देखा था, वह दृष्टि बड़ी तप–साधना से प्राप्त होती है। दीख नहीं रही वह निष्ठा, वह अनन्य भक्ति–भावना उन साधकों जैसी आज। आज तो महात्मा गांधी का यंत्रवत् जय–जयकार जब तक सुनाई दे जाता है और उन्होंने जो सिखाया था वह प्रयत्नपूर्वक जैसे भुला दिया गया है।

भक्त और भगवान मं अंतर नही माना गया है। एक ही शरीर के दो अलग–अलग नाम हैं। प्यारेलाल और महादेवभाई बापू की भूली हुई याद को जब सामने ला उतारते हैं तो जैसे रोम–रोम में पवित्रता का संचार, एक क्षण के लिये ही सही, हो जाता है।

वियोगी हरि, साप्ताहिक 'हरिजन' पत्रिका के हिंदी संस्करण के संपादक, हरिजन सेवक संघ के सचिव।

6
विनोबा
('मैत्री' में)

तारीख 27.10.1982, विजयादशमी के दिन समाचार मिला, प्यारेलालजी ईश्वर की गोद में समा गये। यह खबर बाबा (विनोबा) को बताई गई, तब बाबा ने कहा, "प्यारेलालजी गांधीजी के उत्तम भक्त थे।"

स्व. महादेवभाई देसाई के बाद प्यारेलालजी ने गांधीजी के निजी–सचिव का काम किया था। वे जिस दिन गांधीजी के पास आये तब से जीवन के अंत तक गांधी–विचार के तत्वज्ञान की खोज में एक वैज्ञानिक की भांति लगे रहे। महात्मा गांधी, लास्ट फेज़ (पूर्णाहुति), यह अनमोल कृति, प्यारेलाल की स्मृति को सदा जीवित रखेगी। उनकी इस कृति के लिए आगे की पीढ़ियां उनकी ऋणी रहेंगी।

प्यारेलालजी के आश्रम के साथी स्व. बलवंत सिंह जी ने प्यारेलालजी के संबंध में लिखा है, "प्यारेलालजी देखने में मुझे तो शेख–चिल्ली से लगते हैं, लेकिन उनकी विद्वता, उनके विचारों की सूक्ष्मता और गहराई की थाह पाना कठिन है। जो भी लिखते हैं उसे वे सत्रह बार सत्य की कसौटी पर कसते हैं। अगर उसमें जरा भी इधर–उधर हुआ, तो सारे के सारे मैटर को ही बदल देते हैं। अगर उनका लिखा प्रेस में चला जाये और उनके ध्यान में में कुछ भूल या नया सत्य आ जाये, तो मैटर को मशीन पर से उतरवा लेते हैं। उनके काम में देरी हो सकती है, लेकिन बाल–बराबर भी कमी को वे बर्दाश्त नहीं कर सकते।"

प्यारेलाल 'मैत्री' के पाठक थे। 1966 में उन्होंने 'मैत्री' पत्रिका

संबंधी अपनी भावना व्यक्त करते हुए, आश्रम की एक बहन को पत्र लिखा था उनकी गुण–ग्रहण–शीलता और नम्रता को प्रतिबिंबित करनेवाले उस पत्र में वे लिखते हैंः

'मैत्री' का विशेष अंक मिला है। मुझे तो 'मैत्री' पढ़ने में बड़ा ही रस आता है। इसके पहले के दो–तीन अंक भी मैं रसपूर्वक पढ़ गया और बार–बार पढ़ने को जी चाहता है। इस अंक का भी अभी मेरा अध्ययन चल रहा है। मैं बहुत आहिस्ता–आहिस्ता पढ़ता हूं। 'मैत्री' जैसा साहित्य केवल निगलने के लिए नहीं, चबा–चबा कर पचाने और अपने साथ एक रस बनाने के लिए होता है। इसमें मुझे तो बहुत ही खुराक मिलती है। उसे अंशमात्र भी अपने जीवन में उतार संकू तो कृतार्थ हो जाऊं। 'मैत्री' का अंक भेजने के लिए आपको जितना धन्यवाद दूं, कम है।

"मेरी ओर से आश्रम की सब बहनों को सादर प्रणाम देते हुए प्रार्थना करें कि पूज्य बापूजी के संबंध में जो काम मैंने उठाया है, उसे ईश्वर सांगोपांग पूज्य बापूजी की स्मृति को शोभा दे, ऐसे पार चढ़ावे। यह मेरी शक्ति से नहीं, सब शुद्ध हृदय भाई–बहनों की हार्दिक प्रार्थना और ईश्वर के प्रसाद से ही हो सकता है।"

मैत्री परिवार की ओर से उन्हें विनम्र प्रणाम।

'मैत्री'
नवम्बर 1982

7
राधाकृष्ण बजाज

पूज्य बापूजी के सेक्रेटरी के नाते भाई प्यारेलालजी से काफी संबंध रहा। उन्होंने सदा अपने आपको पीछे रखा। जब कभी बातचीत होती थी धीमी आवाज में बोलते थे। कभी तेज आवाज में बोलते हुए नहीं सुना। अपने काम में चौबीस घंटा मशगूल रहते थे। कभी इधर-उधर गप्प मारते या फालतू समय बिताते नहीं देखा। सच बात तो यह है कि वे बुनियाद के पत्थर रहे। लोगों को महादेवभाई दिखाई देते थे। लेकिन महादेवभाई के लिये भी वे बुनियाद रूप थे। किसी भी बात को ग्रहण करना हो तो बहुत बारीकी से ग्रहण करते थे।

बापूजी के जाने के बाद भी उनका तेज प्रकट हुआ और दुनिया को अनमोल ग्रंथ दिये। मैं बीच-बीच में सदा ही मिलता रहता था, लेकिन अंत तक देखा कि वही नम्रता कायम थी। उन्होंने अपने हिस्से का काम परिपूर्ण किया है। आदि-अंत पूरा कर दिया। मध्य का काम बचा हुआ है। वह हम लोगों के लिए बचा है।

जब भी सेवाग्राम जाता था तो देखता था कि सुशीला बहन बड़े आदर से प्यारेलालजी के साथ पेश आती थीं और 'भाईजी' कहकर पुकारती थीं। मेरे मन में सवाल उठता था कि सुशीला बहन इतनी तेज तर्रार, इनके प्यारेलालजी जैसे नम्र पुरुष बड़े भाई कैसे होंगे ? लेकिन जन्म से बड़े थे ही इसलिये छोटे कैसे होते ? लेकिन जब देखता हूं तो कर्म से भी प्यारेलालजी बड़े ही थे ऐसा स्पष्ट दर्शन हो रहा है।

सुशीला बहन से बड़ी हिम्मत से मेडिकल कालेज, सेवाग्राम में खड़ा किया। अब उसे गांधी विचार में ढालने का काम भी पूरा करेंगी। उनकी सेवाओं की सुगंध सारे भारत में फैली। भाई प्यारेलालजी एकांत में बैठे कुछ पढ़ते लिखते रहे। केवल अकेले हाथों जो कुछ चुपचाप कर सकते थे, किया। कहीं डंका नहीं पीटा। लेकिन जब एक के बाद एक ग्रंथ निकलने लगे तो दुनिया अवाक रह गई। 'लास्ट फेज़' के प्रगट होने के बाद पूज्य विनोबा जी ने किया था कि इस ग्रंथ को देकर प्यारेलालजी ने दुनिया पर बहुत उपकार किया है। दुनिया उनका सदा स्मरण रखेगी।

अब मेरी समझ में आया कि सचमुच ही प्यारेलालजी बड़े भाई थे। उनकी कृति गांधीजी के स्मरण के साथ सदा अमर रहेगी। सारी दुनिया उन्हें याद करेगी। ऐसे पुण्य-स्मरण भाई प्यारेलालजी को शतशः प्रणाम।

गोपुरी, वर्धा, बसंत पंचमी 19.01.1983

8
निर्मला गांधी

भारतीय ससुराल में नई आई हुई पुत्रवधू के लिए ससुराल में देवर का विशेष स्थान होता है। देवर ही उसके अनजान परिवेश में सहारा देता है। 1928 में, मैं भी नई शादी करके मेरे विश्वविख्यात ससुर गांधीजी और कस्तूरबा के साथ साबरमती आश्रम के 'हृदय कुंज' में रहने लगी। उसी समय रामदास जी बारडोली सत्याग्रह में गये हुए थे। यद्यपि आश्रम परिवार से मेरा पूर्व परिचय था ही लेकिन वैवाहिक जीवन और पुत्रवधू का उत्तरदायित्व तो नया ही था। इस नये अनजाने संसार में मेरे देवर देवदासजी गांधी और दूसरे सद्गत प्यारेलाल ने मुझे हमेशा हर दुविधा या तकलीफ से बचाया।

बा तपस्विनी महिला थीं पर स्वभाव की तेज थीं। किसी की छोटी–मोटी भूल को सहन करना उनका स्वभाव नहीं था। जोर से बोल देना उनका उस समय सहज स्वभाव था। इससे सब लोग बा से डरते थे। मैं भी हमेशा सावधान रहती थी। उस समय आश्रम में पूर्ण स्वावलंबन था और उस सारे काम हाथ से होते थे। नल और बिजली नहीं थे। नदी से, कुएं से पानी लाना, कपड़ा धोना, झाडू लगाना, पाखाना, सफाई यह तो नियमित काम थे ही। लेकिन हमारे वसुदैव कुटुंबकम् में मेहमानों को आना–जाना लगा ही रहता था। ऐसी गड़बड़ में हमेशा कुछ न कुछ काम पड़ जाता था तो देवदास भाई और तो अक्सर बाहर रहते थे पर प्यारेलालजी 24 घंटे बापू के पास के कमरे में ही रहते थे और जब मदद चाहिए खिड़की से धीरे से बोल देते से, पूरी मदद मिल जाती थी।

उनके लिये कोई काम पराया या छोटा नहीं था। चाहे सब्जी काटने का बताओ, चाहे झाड़ू करने में मदद चाहो, सब मदद मिली थी। इतनी सहजता और प्रेम से करते कि हमें लगता ही नहीं कि वे इतने विद्वान हैं। लेख लिखना या झाड़ू करना दोनों उनके लिये बराबर था। कभी किसी काम के लिये समय नहीं, यह तो उनसे सुना ही नहीं। प्रसन्न बदन हमेशा सरल भाव से मदद को तत्पर रहते थे।

एक बार बापूजी का एनिमा धोते समय नोझल मेरे हाथ से फर्श पर गिर गया और टुकड़े-टुकड़े हो गया। मुझे चिंता हुई कि अभी बापू को एनिमा की जरूरत होगी, बाजार यहां से दूर है, कहां से आयेगा। सहज ही बा को कहते हुए डर लग रहा था तो प्यारेलाल जी को बता दिया। उन्होंने कहा, "अभी दो मिनट में हाजिर करता हूं, फिक्र मत करो।" बस मेरा काम सरल हो गया। बा को पता भी न चला और आश्रम के किसी के घर से प्यारेलालजी ने नोझल हाजिर कर दिया। ऐसा हृदय की सरलता, पवित्रता बहुत कम लोगों में रहती है। उनको देखते ही विश्वास होता था कि जरूर मदद करेंगे। ऐसे प्यारेलाल जी को हृदयपूर्वक प्रणाम।

निर्मला गांधी, गांधीजी के पुत्र रामदास गांधी की पत्नी।

9
कृष्णा मेहता

श्री प्यारेलाल जी की अकाल मृत्यु का सुनकर बहुत शोक हुआ। आज के युग में एक से बढ़कर त्यागी तथा महान व्यक्ति संसार में से उठते जा रहे हैं। ऐसा लगता है कि गांधी–युग के महान पुरुष अपनी झलक तथा तपस्या का चिन्ह आगामी पीढ़ी के लिए छोड़कर बारी–बारी से जा रहे हैं। प्यारेलालजी भी एक त्यागी, बैरागी पुरुष थे। उनका जीवन बहुत सादा था। उन्होंने अपना सारा जीवन गांधी साहित्य लिखने में बिताया। अपने जीवन को पूरा गांधी–वाद में ढाला था, कोई सत्ता लेने की उनकी कभी इच्छा नहीं हुई। मुझे 1948–49 में उन्हें निकट से देखने का मौका मिला। मुझे डॉ. सुशीला बहन उनके पास ले गई थीं। उन्होंने 1947 में पाकिस्तान के हमले की सारी बातें सुनी, जो कुछ कश्मीर में हुआ था और कहा तुम्हारे पति ने देश के लिए बलिदान दिया है तुम्हारा सर ऊंचा है। तुम्हारे पति का बलिदान और तुम्हारी तथा तुम्हारे बच्चों की कठिनाई तथा बहादुरी भारत हमेशा याद रखेगा। उनकी आंखें आसुंओं से भरी थी। जब भी मैं उनसे मिली राष्ट्रपिता गांधीजी की ही बातें करते थे।

एक बार मैं कनॉट प्लेट, दिल्ली गई थी। रात के 8 बज गये थे। मुझे तीनमूर्ति हाऊस, प्रधानमंत्री निवास पर जाना था। मैं वहीं ठहरी थी। मुझे कोई सवारी नहीं मिल रही थी। न ही कोई निकट फोन था कि मैं फोन करके मंगा लेती। इतने में प्यारेलाल वहां से गुजरे और मुझे देखकर ठहर गये। उन्होंने मुझे खड़े रहने का कारण पूछा। मैंने बताया,

उन्होंने कहा मैं अभी आता हूं। थोड़ी देर में वह अपनी जीप लेकर आ गये और मुझे आराम से पहुंचा दिया। एक बार मुझे खाने पर बुलाया था। क्या सादा ढंग उनके रहने-बैठने का था। मुझे चौके में ही खाना खिलाया उनकी पत्नी ने। मैं उनके सादापन से बहुत प्रभावित थी। ये थे गांधीयुग के पुरुष जिन्होंने अपने-अपने स्थान पर रहकर भाांति से अपना समय बिताया। गांधी जी का मंत्री रहना कोई मजाक की बात नहीं थी। उन्होंने कभी भी आगे बढ़कर कुछ लेने की इच्छा नहीं की। अब वह नहीं रहे मगर उनकी कीर्ति अमर है। आने वाली पीढ़ियां उनके जीवन से सबक लेंगी।

श्री गांधी सेवा सदन
जम्मू तवी, कश्मीर

10
रमादेवी चौधरी

1937 में गांधी सेवा संघ सम्मेलन में, मैं प्रथम भाई प्यारेलाल जी के संपर्क में आई। वे जिस लगन के साथ पूज्य बापूजी का काम निभाते थे, उसे देखकर हमें बहुत प्रेरणा मिलती थी।

ळम जब देहात में रचनात्मक काम करती थीं तब पूज्य बापूजी के निर्देश से वे आकर हमारे साथ सात रोज ठहरे थे। उस समय उनके सत्संग की मधुर स्मृति आज भी हमें अनुप्राणित करती हैं।

पूज्य बापूजी के देहांत के बाद भाई प्यारेलाल ने अपनी रचना के द्वारा पूज्य बापूजी के विचारों को देश के सामने रखने का महान कार्य संपन्न किया। उससे देश का जो अशेष उपकार साबित हुआ उसका मूल्यांकन इतिहास करेगा। उनके जैसे परम ज्ञानी पुरुष के बारे में लिखने की पात्रता मुझमें नहीं है।

गुणनिधि भवन
कटक, 753001

11
छगनलाल जोशी

गांधीजी के साथ रहना, उनके निजी सचिव के रूप में काम करना, यह कितना कठिन था उसका ख्याल तो गांधी सेवा संघ की मीटिंग जो उड़ीसा में हुई थी, उस समय तब स्वर्गीय महादेव देसाई की पत्नी श्रीमती दुर्गा बहन, पूज्य कस्तूरबा के साथ जगन्नाथपुरी के दर्शन करने के लिये गई थीं, तब गांधी जी ने श्री महादेव भाई देसाई को जो उलाहना दिया था उस पर से किया जा सकता है।

गांधीजी ने उलाहना दिया उसके कारण महादेवभाई को लगा कि 'मेरे कारण' किसी दिन गांधीजी की रक्तचाप बढ़ जाये और अनपेक्षित कुछ हो जाये, इसलिए गांधीजी को आपत्ति से बचाने के लिये खुद निजी सचिव के पद से मुक्त हो जाने की इच्छा उन्होंने व्यक्त की। वह सारी रात पश्चाताप करते-करते रोते रहे।

किंतु गांधी को महादेवभाई देसाई के बिना चल नहीं सकता था और इसलिये गांधीजी ने महादेवभाई के पिताश्री को लिखा— "मुझे महादेव के बिना चलेगा नहीं। उन्होंने मुझे पराधीन बना दिया है। मेरा हाथ, पांव और मन वही (महादेव) हो चुका है।" और महादेवभाई मुक्त न हों, यह समझाते हुए जो पत्र गांधीजी ने लिखा उस पर से प्यारेलालजी कितने बुद्धिशाली होंगे उसका आकलन किया जा सकता है।

गांधीजी ने महादेवभाई को लिखा— "तुम मेरा त्याग कर दो फिर प्यारेलाल यहां रहेगा क्या ? और प्यारेलाल के जाने के बाद सुशीला रहेगी क्या ? उनकी (प्यारेलाल) असाधारण बुद्धि का मुझे क्या काम ?

मेरे पास रहो। उनकी कुशाग्र बुद्धि को जंग तो नहीं लग जायेगा इस डर से मैं कई बार दुखी (विचलित) हो जाता हूं।"

प्यारेलालजी 1921 में जब असहयोग आंदोलन चल रहा था तब पंजाब में लाला लाजपतराय की लोकसेवा समिति में जुड़ने का सोच रहे थे। उसे छोड़कर वे आश्रम में आये। वे आश्रम का छोटा–बड़ा सब काम सभी प्रकार का दंभ छोड़कर करने लगे। वे आरम के रसोड़े की सब्जी काटने से लेकर बरतन मांजने तक के सारे कार्य करते थे। किसी भी प्रकार का काम करते हुए वे हीनभाव महसूस नहीं करते थे।

अंग्रेजी भाषा पर उनकी पकड़ असाधारण थी। वे अंग्रेजी भाषा के पारंगत थे। गांधीजी की आत्मकथा 'यंग इंडिया' में छप रही थी। महादेवभाई देसाई व मीरा बहन से उसे तैयार करते थे। उसमें प्यारेलालजी मदद करते थे।

उनको गांधीजी के सभी रचनात्मक कार्यक्रमों में गहरी एवं पूरी श्रद्धा थी। इतनी ही गौ–सेवा के कामकाज में छाछ, मक्खन मथने के काम में भी वे उतने ही कुशल एवं सक्षम थे। इसलिए गांधीजी ने एक पत्र में लिखा था कि, "प्यारेलाल अब दही में से मक्खन निकालने के काम में उस्ताद बन गए हैं। ढाई सेर दूध जमाकर दही मथने पर चौदह तोला मक्खन (पहले कम निकलता था) निकाला।"

प्यारेलाल बीमार की सेवा सुश्रुषा करने में भी उतने ही कुशल थे। वे जब आश्रम में थे बीमारों की सेवा करते थे और साथ–साथ गांधीजी के सिर पर मिट्टी का पट्टा रखने का काम भी करते थे। गांधीजी ने भी अपने साथियों के सामने प्यारेलाल जी की अपने सिर पर पट्टा रखने की कला की सराहना की थी।

गांधीजी के प्रति अपार भक्ति के कारण वे छोटे से छोटा मजदूरी का काम करने में हमेशा तत्पर रहते थे। वे प्रवास अक्सर गांधीजी की

महत्वपूर्ण डाक देर रात में भी पोस्ट के लिए बहुत दूर तक पैदल चल कर जाया करते थे।

उनके जीवन की एक विशिष्ट आदत थी जो आगे चलकर उन्हें खूब सहायक एवं पुण्यदायिनी बनी। वे गांधीजी के लिखे हुए अथवा जो कुछ बोलें या चर्चा करें, या निवेदन करें, वे सारे कागजात संभाल करके रखते थे। गांधीजी के हस्ताक्षर से लिखी हुई छोटी से छोटी पर्ची भी उनके पास सुरक्षित मिल जाती। इस बारे में उनकी यह गजब की हिफाजत की आदत थी। परिणामस्वरूप वे गांधी विचारधारा के प्रमाण (ऑथरिटी) माने जाने लगे।

प्यारेलालजी की संगति में 24 घंटा रहने का अवसर तो दांडी कूच और उसके बाद वीरमगांव के नमक आंदोलन के समय मिला। तब यह अनुभव आया कि वे देश की आजादी के लिए मर मिटने की तमन्ना रखते हैं। विचार में वे क्रांतिकारी थे और इसीलिए वीरमगांव के नमक सत्याग्रह में बहनों ने भाग लिया, उनके ऊपर घोड़े दौड़ाए गये, उसका श्रेय मुझे नहीं प्यारेलाल जी को जाता है। जीवन के अंत समय तक "लोगों को नमक सस्ता नहीं मिल रहा है।"– जिसके लिए गांधीजी और स्वतंत्रता सेनानियों ने जंग चलाया वह नमक गरीबों को महंगा इसके लिए उनके दिल में आखिर तक गहरा अफसोस रहा। इस बात का सबूत मुझे लिखा हुआ उनका आखिरी पत्र दे रहा है। नमक के बेहद बढ़े हुए भावों का उल्लेख करते हुए वे लिखते हैं–

"यदि हम वीरमगांव के नमक आंदोलन के समय 7 से 14 साल के बच्चों के द्वारा 65 मन नमक इकट्ठा बढ़वासम से भेजते थे तो जब आज सरकार अनुकूल है, विरोध नहीं है, तब ऐसा काम हम क्यों नहीं कर पाते हैं ? बात यह है कि हमारी इच्छा ही नहीं है और सैंकड़ों मनुष्यों को काम देने की संभावना की हममें सूझबूझ नहीं है। यह दुखद ही कहा जायेगा।"

मेरे और प्यारेलालजी के बीच में सहोदर भाई जैसा संबंध आखिरी घड़ी तक रहा था। यह मैं अपना सदभाग्य समझता हूं। आज की बदकिस्मत जदा परिस्थिति के बारे में उनके मन की असहाय व्यथा को व्यक्त करने वाला एक पत्र उन्होंने मुझे लिखा था। उसमें उन्होंने लिखा था कि "अस्पृश्यता निवारण की अपेक्षा भंगी कष्टमुक्ति के कार्य पर अधिक शक्ति खर्च होती है। गांव की गरीब बुढ़िया के चरखे की अपेक्षा अंबर चरखे का बोलबाला है। गांधीजी को हम भूल गए हैं, भूल रहे हैं। गांधीजी के सेवक उल्टे रास्ते पर जा रहे हैं।" उन्हें गांधीजी के नाम से गांधीजी के उसूल के विपरित कार्य करने वालों के प्रति गहरी नाराजगी व खेद था। राजकोट की राष्ट्रीय शाला के स्वर्ण जयंती उत्सव के अवसर पर "हम गांधीजी की खादी व चरखे को भूल गए हैं।" इसके बारे में उन्होंने गंभीर आलोचना की थी। उन्होंने लिखा, "कितनी तेजी से बापू के चरखे कातने वालों का और खादी के उत्पादन व बिक्री का स्थान अंबर एवं पोलिस्टर ने ले लिया है, यह देखकर पूज्य स्वर्गीय श्री नारायणदासभाई या बापू की आत्मा को तसल्ली होगी, ऐसा आप मानते हैं क्या ? और अधिक क्या लिखूं ?"

गांधीजी के निधन के बाद उन्होंने दो ग्रंथ 'द लास्ट फेज़' (दो भागों में) लिखा है वे अदभुत हैं। गांधीजी के और गांधीजी के कार्य को समझने के लिए इन दोनों पुस्तकों का आलेख चमत्कारी है। उसमें रामनाम, ब्रह्मचर्य आदि के बारे में जो लेख दिए हैं और गांधी विचारधारा का जिस ढंग से विश्लेषण किया गया है वह उनकी अनूठी एवं अति प्रतिभायुक्त बुद्धि–प्रभा का द्योतक है।

दिवंगत पूज्य विनोबाजी के भाब्दों में कहें तो प्यारेलालजी गांधीजी को समझने में भगवान व्यासदेव के समान थे। इस प्रकार उनकी तुलना विनोबाजी ने भगवान वेदव्यास के साथ की। जिस प्रकार व्यासजी ने

भावगत् लिखकर कृष्ण भगवान की अमर गाथा गाकर भगवान कृष्ण को अमर किया उसी प्रकार प्यारेलालजी ने गांधीजी के बारे में ग्रंथ लिखकर उन्हें अमर किया। उनकी इस पुस्तकों की कुछ विचारधारा इतनी उन्नत है और अध्यात्म से परिपूर्ण है कि उसे पढ़कर वाचक गुरुमंत्र पाकर अभिमंत्रित होने का आनंद अनुभव करते हैं।

हरिजन सेवक संघ
राजकोट, 01.06.1983

12
राधाकृष्ण

गांधीजी की वानर सेना बहुत बड़ी थी। उनके आश्रमवासी ही नहीं देशभर में फैली अनेक रचनात्मक संस्थाओं के कार्यकर्ता भी उस सेना के सैनिक थे। उस सेना में कोई सुग्रीव था, कोई जाम्बवान था, कोई बाली भी था, पर बहुत समय तक हनुमान कोई नहीं था, लेकिन प्यारेलाल नैय्यर ने अपने अनोखे गुणों के बल पर वह पदवी प्राप्त कर ली थी। उन्होंने लगभग 28 वर्ष का समय गांधीजी की अनन्य सेवा में लगा दिया। जो भी काम उन्हें सौंपा जाता, उसे वे सहर्ष स्वीकार करते और पूरी निष्ठा और लीनता के साथ उसमें जुट जाते थे।

लोगों को परखने की गांधीजी में गजब की क्षमता थी। लोग कहते थे कि उन्होंन मिट्टी में से सोना उगाया, लेकिन महत्व की बात यह है कि सोना उगाने लायक मिट्टी को पहचानना एक दुर्लभ गुण गांधीजी में था। गांधीजी की कसौटी भी कड़ी होती थी।

अनेक मुलाकातियों को गांधीजी का दृष्टिकोण समझाने और लोगों का दृष्टिकोण गांधीजी तक पहुंचाने में प्यारेलालजी अक्सर सेतु का काम करते थे।

कई बार अनेक बड़ी परीक्षाओं का भी उन्हें सामना करना पड़ा था। सबसे बड़ी परीक्षा नोआखली में हुई। उस शांति यात्रा के दौरान लोगों में स्नेह-संपर्क स्थापित करने और दिलों को जोड़ने के लिए बने एक केंद्र का पूरा भार प्यारेलालजी को सौंपा गया था। बापू के 25–26 साल के निकट सहवास, उनके स्नेह, विश्वास और सूझबूझ

की कसौटी का यह समय रहा। तब विचार–प्रचार के बजाय विधायक कार्यों द्वारा समाज मानस बदलने की, व्यक्तियों के हृदय–परिवर्तन की प्रक्रिया उन्हें आरंभ करनी थी। यह काम भी प्यारेलालजी ने उतनी ही लगन और एकाग्रता से किया जितनी अपेक्षा बापूजी ने उनसे रखी थी। विचार समझना, उसे व्यवहारिक रूप देना और उसका प्रयोग जीवन में करना अपने आप में बहुत महत्व का काम है। भारत यदि विभाजित न हुआ होता और प्यारेलालजी उसी काम में निरंतर लगे रहते तो उनका कार्यक्षेत्र गांधीजी के विशेष प्रयोग का क्षेत्र साबित हुआ होता। गांधीजी ने समाज–परिवर्तन की दृष्टि से जो अनेक प्रयोगशालाएं चलायीं, उनमें एक मुख्य प्रयोगशाला वह होती।

प्यारेलालजी स्वभाव से बहुत परिश्रमी, सूक्ष्मदर्शी, सरल, हृदय, सादगी–पसंद और स्नेही थे। उनमें छल, कपट, दंभ, अहंकार, आडम्बर लेशमात्र भी नहीं था। धुन के पक्के, आत्मविश्वासी और दूसरों पर भरोसा उनके व्यक्तित्व की विशेषता थी। जीवन में उन्होंने बहुत ही कम समझौते किये। जो रास्ता सही लगा, बेहिचक वही अपनाया।

गांधीजी के विचारों के अध्ययन–कर्ताओं में प्यारेलालजी बिरले ही सिद्ध होंगे। उनकी स्मरण–शक्ति बड़ी पक्की थी। इसी वजह से गांधीजी के जीवन प्रसंगों का वे अपार भंडार थे। उनसे संबंधित किसी भी प्रसंग का उद्धरण यथावत प्रस्तुत करने में उन्हें क्षणमात्र समय नहीं लगता था। मानो वे जीते–जागते संदर्भ–ग्रंथ थे। उस ज्ञान का लाभ किसी को भी देने को वे सदा तैयार रहते थे।

गांधी स्मारक निधि और गांधी भाान्ति प्रतिष्ठान ने उन्हें गांधी–कथा लिखने का काम सौंपा था। यह कार्य उनहें पसंद था और आशा के अनुरूप, वे पूरी तत्परता के साथ उस काम में जुट गए और बहुत कम समय में 'महात्मा गांधीः द लास्ट फेज़' नामक ग्रंथ तैयार हो गया जिसमें

गांधीजी की संध्याकालीन मनःस्थिति और देश की स्वराज्योदय काल की परिस्थिति का सुन्दर विवेचन मिलता है। साथ ही स्वराज्य के तुरन्त बाद गांधीजी के प्रति उनके साथियों और राष्ट्र नेताओं के मनोभावों का भी वर्णन है। उस ग्रंथ का अंतिम परिच्छेद तो इतना भव्य है कि वह गांधी–विचार धाराओं का मौलिक ग्रंथ ही कहा जा सकता है।

इतिहासकारों और शोधकर्ताओं पर प्यारेलाल जी का यह बहुत बड़ा उपकार है। खेद की बात यही है कि वे बापू के पास आये तब से आगाखां महल की नजरबंदी तक का इतिहास अलिखित ही रह गया। अन्य लोग इधर उधर से सामग्री जुटाकर, अपने–अपने पूर्वाग्रहों के साथ अपने मन्तव्य प्रकाशित करते रहेंगे, लेकिन उस अवधि का यथावत वर्णन प्यारेलालजी ही कर सकते थे। वे गांधीजी के तत्कालीन जीवन साथी भी थे और सहभागी भी थे।

जीवन के अन्याय व्यामोहों की तृप्ति की ओर उनका ध्यान शायद ही कभी गया हो। शंकर मार्केट के अपने कार्यालय में दिनभर पुस्तकों और कागजों के बीच वे लीन रहा करते थे। कभी इष्ट मित्रों से कोई बातचीत की भी तो वह राष्ट्र की स्थिति, गांधीजी की बातें, गांधीजी की दृष्टि से हमारा कर्तव्य आदि पर ही करते थे। इस एकाग्रता और तत्परता का ही परिणाम था कि 'अर्ली फेज़' जैसा दूसरा अमूल्य ग्रंथ हमें प्राप्त हो सका।

अंतिम दिनों मे वे बीमारी की चपेट में आ गए। धीरे–धीरे उनका कार्यशक्ति पर विश्वास घटता गया। उन्हें चिंता होने लगी कि अपना अधूरा काम वे पूरा कर पायेंगे या नहीं। प्रामाणिक तथ्यों के शोधन की उनकी प्रक्रिया इतनी सख्त होती थी कि शोधकर्ता कभी–कभी उनसे उकता जाते थे।

वे एक ऐसे साधक थे जिसने कभी अपनी वैचारिकता किसी पर

थोपी नहीं। वे एक ऐसे साथी थे जो बड़े भोले थे, पर उस भोलेपन को लोग ठीक से समझ नहीं पाए। वे एक गहरे चिंतक थे जिन्होंने कभी आत्म–प्रचार की इच्छा नहीं की, गुप्त सेवा में संतुष्ट रहे। वे ऐसा फल थे जो पत्तों के पीछे छिप रहा, ढका रहा और पूरा पक कर गिर गया।

'गांधी मार्ग'
नवंबर 82

13
बिन्देश्वरीलाल

मनुष्य जीवन के बहुत गूढ़ तथ्य जानने से नहीं किंतु सत्य और कर्तव्य की साधना और उसकी अनुभूति से महान बनता है। जो बहुत अधिक जानने में लगे रहे हैं वे अक्सर प्रगति की ऊंची मंजिल तक पहुंचने से वंचित रह जाते हैं, निर्मल मन और समर्पण की भावना से जीवन में बोध के नये आभास उद्घाटित होते हैं। बुद्ध, नानक, महावीर इसी बोध की अनुभूति से महान बने। प्यारेलालजी ने अपने को इन्हीं सद्गुणों में ढालने का प्रयास किया था, इसी से वे बापू के हनुमान कहलाये। हनुमान का पद निर्मल हृदय से समर्पण की अंतिम मंजिल है। गांधीजी का अनुपम सेवक और देशभक्त विद्वान लगभग 82 वर्ष का जीवन जीकर गत 27 अक्टूबर को स्वर्गवासी हो गया।

लंका विजय के बाद राम जब अयोध्यापुरी आये तो उनके साथ उनकी सेना के सभी प्रमुख सहायक और शुभचिंतक आये थे। सामान्य विजयोत्सव मनाने के बाद बिदाई के समय सुग्रीव, विभीषण, अंगद आदि को उन्होंने बहुमूल्य उपहार भेंट किए लेकिन हनुमान को सीताजी ने अपने गले का कीमती हार उतारकर उनके गले में डाल दिया। उस हार को गले से निकालकर उसके एक-एक दाने को हनुमान ने दांत से तोड़कर फेंक दिया और कहा इसमें राम कहां है ? सीता ने कहा कि यह राम का स्मरण रखने के लिए प्रतीक है। हनुमान को प्रतीक की आवश्यकता नहीं है। उन्होंने अपना सीना चीरकर दिखाया कि राम तो उनके अंग-अंग में विद्यमान है। बापूजी के प्रति प्यारेलालजी में ऐसा

ही भाव था। वे मन, वचन, कर्म से बापू को समर्पित थे और बापू उनके जीवन में सदेह दीखते थे। भगवान ने उन्हें बापू के जीवन दर्शन का ऐसा शिल्पी बनाया था जो बापू को जानने के बाद उनकी सही तस्वीर दुनिया को दिखाया करते थे। गांधी वाग्मय और 'महात्माः द लास्ट फेज़' नामक पुस्तक इसका प्रतीक है।

प्यारेलालजी अपने शिक्षण काल (1920) में ही स्वतंत्रता आंदोलन के बारे में जानने और उसमें रूचि लेने लगे थे। उन दिनों लोग बाल गंगाधर तिलक, लाला लाजपतराय, विपिनचंद पाल और चितरंजन दास को अधिक जानते थे। प्यारेलालजी उनके विचारों को अखबारों में बड़ी दिलचस्पी से पढ़ते थे। इसी बीच जलियावाला कांड की घटना में अंग्रेजों ने हजारों निहत्थे लोगों को निर्दयतापूर्वक मारा था। इस घटना ने उनके दिल को बहुत आंदोलित किया। जनवरी 1921 में गांधीजी लाहौर आये तो उनकी अनेक जनसभाओं में शामिल होकर उनके भाषणों को सुना। गांधीजी के विचारों से वे बहुत प्रभावित हुए तथा अपनी पढ़ाई पूरी होते ही गांधीजी के आश्रम साबरमती पहुंच गए।

गांधीजी जन-मानस के बहुत पारखी थे। वे मिट्टी को सोना बनाना तथा अनगढ़ मूर्तियों को सुन्दर बनाना जानते थे। प्यारेलाल को उन्होंने देखा तो अपने पास बुलाकर बैठाया और उनके हाव-भाव से निर्मल हृदय की भावना को सहज ही पहचान लिया। उनको आश्रम में रहने की अनुमति देते हुए अपने पत्र-व्यवहार में मदद देने का आदेश दिया। थोड़े ही दिनों में उनके लेखन और पत्र व्यवहार में निखार आ गया। वे गांधीजी के दौरों में उनके साथ रहने लगे और उनके निजी सचिव के रूप में काम करने लगे। बाद में गांधीजी ने 'हरिजन' पत्रिका के संपादन का काम भी उनको सौंप दिया। इस काम को उन्होंने बहुत खुशी के साथ निभाया। गांधीजी उनके कार्य से बहुत संतुष्ट थे। लेखन

में और गांधीजी के विचारों को उनके मनोभावों के अनुरूप व्यक्त करने में ऐसी कुशलता हासिल की– कि लोगों को लगता था कि मानो उनके लेख और पत्रोत्तर गांधीजी के ही हों। उनकी लेखन–कला के बारे में किसी ने एक बार गांधीजी से पूछा कि प्यारेलालजी कैसा लिखते हैं तो बापूजी ने कहा कि उनके लेख बहुत ही संतुलित और गंभीर होते हैं। उनकी सादगी, सरलता, मित्र–भक्ति और व्यवहार कुशलता भी अनुकरणीय थी।

प्यारेलालजी कस्तूरबा के भी बड़े भक्त थे। इसलिए कस्तूरबा ट्रस्ट के प्रति भी उनके दिल में बहुत प्रेम था। 2 अक्टुबर 1944 को कस्तूरबा ट्रस्ट की स्थापना के बाद 30 जनवरी 1948 तक ट्रस्ट के स्वयं करते थे। तब इसमें प्यारेलालजी का बड़ा सहयोग रहता था। बापू के देशव्यापी प्रवास में ट्रस्ट के कामकाजी पत्र श्यामलालजी प्यारेलालजी को ही भेजते थे और प्यारेलालजी उसे गांधीजी को दिखाकर उसका उचित उत्तर तत्काल भिजवाते थे। उनके ही प्रभाव से उनकी बहन डॉ0 सुशीला नैय्यर भी अपनी डॉक्टरी शिक्षा पूरी करके बापू के पास आ गईं तथा वह भी बापू के अगणित समाज–सेवकों की टोली की एक कड़ी बन गईं। इस टोली में वे अबतक जुड़ी हुई हैं।

बापू के स्वर्गवास के बाद प्यारेलालजी और सक्रिय हो गये और उन्हें लगा कि बापू के अप्रकाशित विचारों को जनता तक पहुंचाने की उनकी बहुत बड़ी जिम्मेदारी है। वे इस काम में तत्काल लग गए और 1948 में अब तक उन्होंने इतना लिखा कि विश्व साहित्य में गांधी साहित्य का स्थान सर्वोपरि बन गया है। वे जीवन पर्यन्त अपनी इस साधना में लगे रहे। अभी कुछ दिन पूर्व ही उनसे एक बार कस्तूरबा ग्राम आकर नये कार्यकर्त्ताओं को कस्तूरबा और बापूजी संस्मरण सुनाने को कहा गया तो बड़े प्रेम से आए और लगभग एक सप्ताह तक कस्तूरबा ग्राम में रहकर

उन्होंने बापू के जीवन दर्शन के बारे में बताया। सुबह–शाम नियमित रूप से घूमने जाते तो आसपास के गांवों में गरीब और दुखी परिवारों के घरों में जाकर उनसे मिलते–जुलते और उनके हालचाल पूछते थे। मैं दो बार उनके साथ घूमने गया था। मुझे बापूजी का स्मरण ही आता था। बापूजी ऐसे ही सुबह–शाम घूमते समय रास्ते में किसी न किसी गरीब और दुखी परिवारों में जाकर उनसे मिलते और उनका कुशल–क्षेम पूछते थे। ऐसी महान आत्मायें पृथ्वी पर कभी–कभी ही आती है।

प्रकाश को अंधकार का पता नहीं, प्रकाश तो सिर्फ प्रकाश को ही जानता है। जिनके हृदय प्रकाश और पवित्रता से परिपूर्ण होते हैं उन्हें कोई हृदय अंधकारयुक्त या अपवित्र नहीं दिखाई देता। प्यारेलाल ऐसे ही चरित्र के व्यक्ति थे। उनमें किसी प्रकार का छल, कपट, दंभ या आडंबर लेश–मात्र भी नहीं था। धुन के पक्के, आत्म–विश्वासी और दूसरों को अच्छा ही समझना, उन पर भरोसा करना यह उनके व्यक्तित्व की विशेषता थी।

'मैं' को भूल जाना और 'मैं' से ऊपर उठ जाना ही जीवन की सबसे बड़ी कला है। इसके अतिक्रमण को पार कर सकना सरल काम नहीं है। इस प्रसंग में उनके विवाह की इच्छा का उल्लेख करना अप्रासंगिक नहीं होगा। लगभग 35 वर्ष की अवस्था में उन्हें विवाह करने की इच्छा हुई। उन्होंने इस संबंध में बापूजी को बताया। बापूजी ने उन्हें विवाह करने से मना किया। उन्होंने गांधीजी की आज्ञा को शिरोधार्य करके उस समय विवाह का विचार त्याग दिया। यहां पर उनके कठोर आत्म–नियंत्रण, अनुशासन और त्याग की मनः स्थिति के दर्शन होते हैं। बापूजी की मृत्यु के बाद श्रीमती बेलाजी से उनका विवाह हुआ। प्रिय–अप्रिय और सुख–दुख को जो सम्भाव से ले, समझना चाहिए कि उसने स्वयं को जान लिया है। बापूजी के साथ रहकर उनहोंने बापूजी

की ऊंचाईयों और गहराईयों को समझा और उसे छूने की कोशिश की तथा उसे छुआ। यह उनकी अपनी विशेषता थी। उनकी कीर्ति, उनका यश बापूजी के साथ अमर है।

'कस्तूरबा–दर्शन'
नवंबर 82

14
लक्ष्मी देवदास गांधी

स्वर्गीय श्री प्यारेलाल और मेरे पतिदेव श्री देवदास गांधी दोनों की पहली मुलाकात पंजाब में हुई। दोनों करीब उन्नीस वर्ष के नवयुवक थे। दोनों के बीच आपस में मैत्री–गाढ़ मैत्री थी और भातृत्व की भावना दोनों के जीवन भर स्थाई रही। कठिन समस्याओं को हल करने एक दूसरे की आपत्ति, सम्मति में बराबर मदद रूप रहे। बापूजी का परिवार और प्यारेलाल जी परिवार लगभग एक ही हो गया। उसके बाद भाई साहब यानी प्यारेलालजी ने बापूजी के कामों के अलावा, सेवा के अलावा दूसरा कोई काम ही नहीं किया।

बापूजी के निधन के बाद यह प्रश्न उठा कि उनकी जीवनी कौन लिखे। सर्वसम्मति से इस कार्य के लिए प्यारेलालजी को चुना गया। बस, इस महत् यज्ञ में वे इस प्रकार प्रकार जुट गये, उनकी ऐसी एकाग्रता और निष्ठा थी कि उन्हें और किसी चीज में ध्यान ही नहीं गया। लेखन–कला, भावना, अंग्रेजी भाषा में विद्वता–सबमें अपना भरपूर काम करते गए। आखिरी दम तक। कुछ समय और परमेश्वर ने दिया होता तो अपनी कृति को संपूर्ण रूप में देखकर आत्म–तृप्ति के साथ जाते।

कागजातों को वे किस हिफाज़त के साथ रखते थे यह देखते ही बनता था। मेरे पति के देहांत के बाद मुझे और मेरे बच्चों को प्यारेलालजी से काफी मनोशक्ति मिलती रही। प्रियजन एक के बाद एक विदा ले रहे थे। क्या यह सभंव हो सकता है कि फिर कभी, कहीं हम बिछड़े लोग एक साथ हो सकेंगे ?

लक्ष्मी देवदास गांधी, गांधीजी के पुत्र देवदास गांधी की पत्नी।

15
यशपाल जैन

प्यारेलाल भाई के नाम के साथ 'स्वर्गीय' शब्द जोड़ने में बड़ी वेदना होती है। सच यह है कि उनके जाने के इतने दिन बाद भी मुझे विश्वास नहीं होता कि वह हमारे बीच नहीं हैं। लगता है कि किसी भी दिन फोन पर उनकी आवाज सुनाई दे जायेगी या वह अपने आफिस से जाते हुए शाम को कहीं रास्ते में दिखाई दे जायेंगे। कोई स्वप्न में भी नहीं सोच सकता था कि मृत्यु अकस्मात उन्हें अपनी गोद में ले जायेगी।

प्यारेलाल भाई का स्मरण होते ही गौरवर्ण की एक आकृति सामने आ खड़ी होती है। भरा हुआ चेहरा, उन्नत ललाट, प्रेमल नेत्र, होठों पर हल्की मुस्कान, खादी का कुर्ता, खादी की धोती। उनके शरीर, विशेष कर चेहरे की बनावट और उनकी भाव भंगिमाओं को देखकर प्रतीत होता था कि वह सामान्य व्यक्ति नहीं है, चिंतक हैं। वह रूक-रूक कर बोलते थे और जो बोलते थे, सुविचारित होता था। एक भी हल्का या निरर्थक शब्द उनके मुंह से नहीं निकलता था।

उन्हें पहले-पहले कब और कहां देखा था, अब याद नहीं आता। संभवतः बापूजी के साथ कहीं देखा था। बिना उनके संपर्क में आए ही उनके प्रति मेरे मन में बड़ा आकर्षण और आदर भाव पैदा हो गया था। सोचता था कि बापू जैसे महान पुरुष के साथ रहना आसान काम नहीं है और प्यारेलाल भाई वर्षों से उनके सचिव का पद संभाल रहे हैं तो वह भी कम मेधा के व्यक्ति नहीं होंगे। बाद में जब उनके

साथ व्यक्तिगत संबंध जुड़ा तो मैंने पाया कि उनके विषय में मैंने जो धारणा बना रखी थी, वह काल्पनिक नहीं थी, सत्य थी। प्यारेलाल भाई का स्वयं का जीवन त्याग-तपस्या का जीवन था। वह दुनिया में रहते थे, पर दुनियादारी से परे थे, प्रमाद उन्हें छू नहीं गया था। अत्यंत कर्मठ थे। प्रामाणिक इतने थे कि सत्य से और तथ्य से तनिक भी इधर-उधर होना उनके लिए असंभव था। उनके टाइपिस्ट ने मुझसे कई बार कहा था, "प्यारेलाल भाई के साथ काम करना बड़ा टेढ़ी खीर है। जो भी लिखते हैं, उसे बार-बार टाइप करना होता है। जब टाईप की हुई चीज उनके सामने आती है तो उसमें इतने परिवर्तन कर देते हैं कि उसे फिर से टाईप करना जरूरी हो जाता है। काट-कूट के साथ जगह-जगह नई स्लिपे भी लगा देते हैं। ओफ, मैं तो हैरान हो जाता हूं।" लेकिन वह यह भी कहता था कि जब तक उन्हें अपनी बात कहने के लिए सटीक भाब्द नहीं मिल जाते, उनकी कलम काट-छांट करने से नहीं रूकती।

उनकी यह बात सुनकर मुझे बार-बार रूस के महान लेखक टॉलस्टॉय के जीवन की एक घटना याद आया करती थी। जब उनके विव-विख्यात उपन्यास 'वार एण्ड पीस' की छपाई हो रही थी तो प्रुफों में टॉलस्टॉय द्वारा किये गए संशोधनों को देखकर उनके प्रकाशक ने कह था कि यह ग्रंथ इस जन्म में तो निकल नहीं सकता। टॉलस्टॉय ने उत्तर दिया, "जनाब, किताब बढ़िया चाहते हैं तो यह सब सहना ही होगा।"

प्यारेलाल भाई के लेख, उनकी लिखी बादशाह खान की जीवनी 'सरहदी गांधी' और 'महात्मा गांधीः पूर्णाहुति' (दो खंड) लेखन कला तथा प्रामाणिकता की दृष्टि से भी अद्भुत है।

प्यारेलाल भाई की एकाग्र-निष्ठा और परिश्रम-शीलता को याद

करता हूं तो रोमांच हो जाता है। सुशीलाबहन ने, जो आगाखां महल में बापू के साथ इक्कीस महीने नजरबंद रही थीं, उन दिनों की दैनिक डायरी लिखी थी। इस डायरी में बापू ने अपने हाथ से संशोधन किये थे। जब 'सस्ता साहित्य मंडल' से उसके प्रकाशन की बात आई तो सोचा गया कि छपने से पहले उसे एक बार अच्छी तरह देख लेना चाहिए। सुशीलाबहन उन दिनों अमरीका मे थीं। वे डायरी हमें सौंप गई थीं और कह गई थीं कि प्यारेलाल भाई को उसे दिखा लें। मैं डायरी लेकर जब प्यारेलाल भाई के पास गया तो उन्होंने कहा, "यह काम यों नहीं होगा। आपको मेरे साथ आठ–दस दिन रहना होगा। हम लोग मिलकर इस काम को निपटायेंगे।"

उन दिनों वह 'हरिजन उद्योग–शाला' में रहते थे। मैं वहां गया और आठ–दस दिन उनके साथ रहा। देखता था, प्यारेलाल भाई नहाने–धोने और खाने के समय को छोड़कर सारे समय एक आसान पर बैठे रहते थे। मैं डायरी को पढ़ता था, वह अत्यंत मनोयोग–पूर्वक सुनते थे, जहां संशोधन करना होता था, हम लोग कर लेते थे।

कभी–कभी मैं उनसे कहता था, "प्यारेलाल भाई, आप थक गये होंगे थोड़ी देर विश्राम कर लीजिए।"

हंसकर वह कहते थे, "यशपालजी, मुझे काम नहीं थकाता आपका कहना थका देता हैं।"

वह बापू के इस कथन को मानते थे कि जो व्यक्ति दिन का काम दिन में नहीं निबटाता, वह ईश्वर की दी हुई शक्ति का पूरा उपयोग नहीं करता।

एक बात और मैंने देखी। प्यारेलालजी में मताग्रह नहीं था। डायरी में कुछ स्थलों पर बापू ने कतिपय नेताओं की आलोचना की थी। उनमें कुछ जीवित थे। वे स्थल आये तो प्यारेलाल भाई की राय हुई

कि उन्हें निकाल देना चाहिए। मुझे यह उचित नहीं लगा। मैंने कहा, "प्यारेलाल भाई, इन प्रसंगों को एकदम निकाल देना ठीक नहीं होगा। हां, एक काम करें, नाम निकाल दें और उनके स्थान पर बिन्दिया रख दें। समझने वाले समझ जायेंगे। सामान्य पाठकों से वे व्यक्ति बच जायेंगे।"

प्यारेलाल भाई ने अपनी बात का तनिक भी आग्रह नहीं किया, झट राजी हो गए।

इसी प्रकार जब उनकी लिखी हुई जीवनी 'सरहदी गांधी' जो अंग्रेजी में 'थ्रोन टू दी वुल्वज' के नाम से निकली थी, का हिंदी रूपान्तर जब मेरे सामने आया तो कई स्थलों पर उसकी उलझी भाषा की ओर मैंने प्यारेलाल भाई का ध्यान खींचा। उन्होंने कहा, "ऐसे स्थलों पर निशान लगाकर आप शाम को मेरे दफ्तर आ जायें। हम लोग मिलकर सुधार कर लेंगे।"

यही हुआ। फिर आई नाम की बात। मैंने कहा, "प्यारेलाल भाई यह नाम अंग्रेजी में चल सकता है, हिंदी में 'भेड़ियों के आगे डाल दिया' नहीं चलेगा। उन्हें सीधा–साधा नाम 'सरहदी गांधी' सुझाया तो वह राजी हो गए।"

वह जब कभी कोई लेख लिखते थे, या रेडियो से उनकी वार्ता होती थी तो उसका कच्चा मसविदा बनाकर मेरे पास भेज दिया करते थे। वह स्वयं हिंदी के बहुत अच्छे ज्ञाता थे, लेकिन फिर भी अपने मसविदे को मेरे पास भेजने की उदारता दिखाते थे। एक बार गुजरात विद्यापीठ, अहमदाबाद में दिए जाने वाले अपने लंबे भाषण को साइक्लोस्टाइल कराने से पहले मेरे पास भेजा। उसमें मैं संशोधन तो भला क्या कर सकता था, यहां वहां दो–एक शब्दों में परिवर्तन किया तो प्यारेलाल भाई बहुत खुश हुए और बोले, "उर्दू का मुझे जितना

अभ्यास है, उतना हिंदी का नहीं है।"

प्यारेलाल भाई की एक बहुत बड़ी विशेषता यह थी कि वह जो काम हाथ में लेते थे, उस पर अपनी सारी शक्ति केन्द्रित कर देते थे और सब चीजें उनके गौण हो जाती थी। उनके इस स्वभाव को देखकर कुछ लोग उन्हें 'सनकी' कह देते थे, पर वास्तव में उनमें सनक नहीं थी, वह अपनी धुन के धनी थे।

आज सोचता हूं कि यदि उनमें यह गुण न होता तो महात्मा गांधीः पूर्णाहुति जैसे विशाल ग्रंथों की रचना न कर पाते। यह ग्रंथावली अंग्रेजों में महात्मा गांधीः लास्ट फेज के नाम से निकली थी। उसी का हिंदी अनुवाद नवजीवन ने प्रकाशित किया था।

ऊपर से प्यारेलाल भाई कुछ शुष्क दिखाई पड़ते थे, किंतु भीतर से वह उतने ही शील थे। वस्तुतः उनका ह्रदय अत्यंत संवेदनशील था। प्यार से वह भरा था। उनके विवाह में सम्मिलित होने का मुझे दुर्लभ अवसर मिला था। 'दीदी' को मैं उस समय से जानता था, जब वह नोआखली से एक अन्य बहन के साथ दिल्ली आईं ही थीं। बड़ी भाांत, सरल और सेवा–भावी विवाह में राजाजी उपस्थित थे। हम सबको प्यारेलाल भाई के इस कदम से बहुत ही सुख मिला था। बड़ी सादगी और आनंद से यह यह अनुष्ठान पूर्ण हुआ था।

प्यारेलाल भाई की दीर्घकालीन सेवाएं चिरस्मरणीय है। वह तरूणाई के दिनों में बापूजी के पास आ गए थे और फिर उन्हीं के हो गए। बापू के कार्यों में उन्होंने जिस निष्ठा, योग्यता और अध्यवसाय के साथ योगदान दिया, उसका मूल्याकंन और कौन कर सकेगा। बापू के साथ वह छाया की तरह रहे और महादेवभाई की आकस्मिक निधन के बाद सारा भार उन्हीं पर आ गया। बापू के उत्सर्ग के बाद भी वह उनके ही होकर रहे और अपने जीवन के अंतिम क्षण तक उन्हीं का काम

करते रहे। गांधीजी की जीवनी अभी अधूरी थी। वह पीछे से अर्थात वह बापूजी के जीवन के उत्तरार्ध से चले थे, अभी पूर्वार्ध का पूरा करना शेष था। उसी पर वह पूर्ण एकाग्रता तथा परिश्रम से जुटे थे।

जीवन को उन्होंने कभी 'फूलों की सेज' नहीं माना। स्वराज्य के बाद भौतिकता ने देश को जकड़ लिया परन्तु प्यारेलाल भाई थे कि उन्होंने अपनी डगर को नहीं छोड़ा। वह बापू की भांति सादा जीवन और उच्च विचार में विश्वास रखते थे। अंत समय तक उनका विश्वास यथावत बना रहा। सादगी की मानो वह सजीव मूर्ति थे। जीवन उनके लिए एक महायज्ञ था। उसी में वह अपना सर्वांतक हविर्भाव अर्पित करते रहे। यज्ञ की अग्नि को उन्होंने कभी मंद या बुझने नहीं दिया।

उनके चारों ओर प्रलोभन थे। सबसे बड़ा प्रलोभन तो यश या कीर्ति अर्जित करना था। प्यारेलाल भाई उससे कोसों दूर रहे। जब तक अनिवार्य नहीं हो जाता था, वह सभा–सम्मेलनों और गोष्ठियों से बचते थे। रेडियो, टीवी पर क्वचित ही जाते थे। अपने दफ्तर में बैठे अपने कामों में डूबे रहते थे। रात को शायद उसी के स्वप्न देखते थे।

प्यारेलाल भाई ऊंचे दर्जे के साधक थे, उत्कृष्ठ लेखक थे, गहन दार्शनिक थे, कई भाषाओं के ज्ञाता थे, अंग्रेजी पर उनका असाधारण अधिकार था, स्मरण शक्ति उनकी विलक्षण थी। बापू के संबंध में जितनी जानकारी उनको थी, उतनी आज शायद किसी को हो, लेकिन प्यारेलाल भाई ने अपने इन गुणों को लेकर कभी गर्व नहीं किया और न ही उनके बल पर कभी 'नेताओं की श्रेणी' में अपना स्थान बनाने का प्रयत्न किया। वह खरे इंसान थे और इंसानियत का उनके लिए सबसे अधिक महत्व था।

प्यारेलाल भाई के संसर्ग की बहुत–सी यादें आती हैं। उनकी आत्मीयता, उनकी निराभिमानता, उनकी सरलता और उनकी

आशावादिता निराली थी। देश की वर्तमान दुरावस्था के विषय में, मैं जब कभी चर्चा करता था, वह कहते थे, "हम अपनी ओर देखें, अपना फर्ज पूरा करें, देश का भविष्य उज्जवल है।"

प्यारेलाल भाई चले गए और अपने पीछे एक ऐसा रिक्त स्थान छोड़ गए हैं, जिसकी पूर्ति कभी नहीं होगी।

यशपाल जैन। सस्ता साहित्य मंडल के संचालक।

16
उमाशंकर शुक्ल

महात्मा गांधी के निजी सचिव श्री प्यारेलालजी का निधन 82 वर्ष की आयु में दिल्ली में हो गया। उनके निधन से गांधीवाद का एक महान भाष्यकार व मर्मज्ञ हमारे बीच से चला गया है। गांधीजी की तरह वे भी अमर रहेंगे।

प्यारेलाल जी ने श्री महादेव भाई देसाई से बहुत कुछ सीखा था। सन् 1942 के आंदोलन में आगाखां महल में श्री महादेव देसाई का निधन 15 अगस्त को हृदयगति बंद हो जाने से हुआ था। उस समय मुख्य प्राइवेट सेक्रेटरी के रूप में श्री प्यारेलालजी सामने आये। गांधीजी के मानस को उन्होंने अच्छी तरह से समझ लिया था और बापू से किसी भी नेता की जो बातचीत सेवाग्राम में होती थी उसकी रिपोर्टिंग वे बराबर कर देते थे और समाचार पत्रों के संवाददाताओं को वे बराबर टाइप करवाकर प्रेस के लिए मैटर दे देते थे।

उनके लिखने की अपनी विशेष शैली थी। अंग्रेजी भाषा पर उनका बहुत प्रभुत्व तो था ही, साथ ही वे उर्दू, हिंदी, गुजराती भाषा में अच्छी तरह लिख लेते थे और यही कारण है कि गांधीजी के 'हरिजन' साप्ताहिक के लिए वे बराबर लिखते थे।

आपका संपर्क देश के बड़े-बड़े नेताओं से था और वे ही सबको गांधीजी से मिलने का समय देते थे। विदेशी अखबारों के संवाददाताओं से प्यारेलालजी का निपटना खूब आता था। गांधीजी के बड़े-बड़े वक्तव्य तैयार करने में श्री प्यारेलालजी बहुत ही परिश्रम करते थे और एक भी शब्द व्यर्थ का नहीं आने पाता था।

आप सन् 1920 से गांधीजी के साथ थे। लाहौर में गांधीजी से वे जब मिलने गये तो गांधीजी ने उन्हें अपने पास रख लिया और तब से वे गांधीजी के हो गए थे। उनके पिता डिप्टी कलेक्टर थे और बड़े ही प्रतिष्ठित व्यक्ति थे। बापू के साथ वे साबरमती आश्रम में रहे और महादेव भाई देसाई के नेतृत्व में ट्रेंड हुए। दांडी कूच के समय प्यारेलालजी बापू के साथ थे। सेवाग्राम में वे करीब दस वर्ष तक रहे और बापू जब दिल्ली व बंगाल पदयात्रा के लिए गए तो उनके साथ थे।

मैं उन दिनों सेवाग्राम में गांधीजी की खबरें हिंदी, मराठी, अंग्रेजी व उर्दू के अखबारों को भेजता था और यूनाइटेड प्रेस ऑफ इंडिया का भी प्रतिनिधि था। गांधीजी की कोई खबर रह न जाए। इसका बराबर ध्यान रखना पड़ता था और प्यारेलालजी से दिन-रात संपर्क रखना पड़ता था।

एक दिन प्यारेलालजी ने मुझे अपने पास बुलाया और कहने लगे कि देखिए शुक्लजी, आप सेवाग्राम आश्रम में रोज आते हैं, बापू की खबरें इकट्ठा करते हैं, मैं भी आपको खबरें देता हूं। आज आपको इसलिए बुलाया है कि आप पर बापू किसी दिन नाराज न हों क्योंकि आप यहां पर मिल के कपड़े पहन कर आते हैं। आप खादी पहना करें, यह मेरी आपको सलाह है। मैंने इसके लिए प्यारेलालजी को धन्यवाद दिया और कहा कि आज से मैं पूर्णरूप से खादी पहनूंगा और यह सुनकर वह बहुत ही प्रसन्न हुए। तब से मैं आजतक खादी पहनता हूं।

उन्होंने अपनी छोटी बहन डॉ. सुशीला नैय्यर को भी सेवाग्राम में बुला लिया था और वे बापू के स्वास्थय का बराबर ध्यान रखती थीं। साथ ही अपने भाई के कामों में भी सहयोग दिया करती थीं। वे भी बापू की निजी सचिव बन गई थीं। वे भी आगाखां भवन में बापू के साथ रहीं और अंत तक बापू का काम करती रहीं।

प्यारेलालजी बहुत ही व्यस्त रहते थे। वे बहुत ही सादगी के साथ रहते थे। धोती व सफेद कुर्ता– बस यही उनकी पोशाक थी। काम में इतने व्यस्त हो जाते थे कि खाने–पीने की भी परवाह नहीं होती थी। गांधीजी की डाक बोरों में हर दिन भर कर आती थी। इसके लिए डाक विभाग ने सेवाग्राम में एक पृथक डाकघर भी खोल दिया था। उस डाक को पढ़ना और गांधीजी को बताकर उत्तर देना, यह साधारण बात नहीं थी। बहुत–सी डाक तो प्यारेलालजी स्वयं ही निपटा देते थे। बापू का समय व्यर्थ की चीजें पढ़ने में न जाए, इसलिए वे आवश्यक अशं पर लाल पेंसिल से निशान लगा देते थे और बापू वही पढ़ते थे। आजादी मिलने से पहले सेवाग्राम की ओर सारे संसार की नजरें थीं। देश के कोने–कोने से नेतागण बापू से मिलने आते थे और प्यारेलालजी पर बड़ी जिम्मेदारी थी। उनको एक मिनट की भी फुर्सत नहीं रहती थी। उनका स्टेनो परशुराम दिनभर टाइपराइटर पर अपनी उंगलियां दौड़ाया करता था। टेलीफोन की घंटी मिनट–मिनट पर बज उठती थी। कभी नेहरू जी का फोन प्रयाग से आ जाता तो कभी राजाजी मद्रास से बोलते। कभी मौलाना आजाद कलकत्ते से बात करते तो कभी पंडित रविशंकर शुक्ल नागपुर से। सबसे प्यारेलालजी ही निपटते थे।

यों तो प्यारेलालजी की मदद के लिए श्री नरहरिभाई पारीख, ओमप्रकाश गुप्त, राजकुमारी अमृतकौर व सुशीला नैय्यर आदि भी अपना सहयोग देते थे। बात यह थी कि सेवाग्राम में बहुत से लोग बापू से सलाह–मशविरा करने आते थे और उनका पूरा रिकॉर्ड रखा जाता था। प्रेस में छपने के लिए क्या दिया जाए और क्या न दिया जाए। इसका निर्णय प्यारेलालजी किया करते थे। एसोसिएट प्रेस ऑफ इंडिया की ओर से तार से खबरें भेजने का अधिकार पत्र प्यारेलालजी को दिया गया था और विदेशों के लिए भी प्यारेलालजी लेख आदि भेजते थे। उस

जमाने में समाचार–पत्रों में गांधीजी के बारे में काफी छपता था और कहां क्या छपता हैं, इसकी पूरी जानकारी प्यारेलालजी को रहती थी।

प्यारेलालजी कभी बीमार पड़ जाते तो बापूजी उनका इलाज करते थे और उन्हें अच्छा कर देते थे। प्यारेलालजी बापूजी में पूर्णरूप से समा गये थे। बापू उन पर खूब विश्वास करते थे और इसलिए उन पर 'हरिजन' के संपादन का काम सौंपा गया था।

स्वराज्य के पूर्व जब गांधीजी ने बंगाल की यात्रा की तो प्यारेलालजी उनके साथ थे। अंत तक वे बापू के साथ रहे। उन्होंने 'लास्ट फेज़' नामक पुस्तक दो खंडों में लिखी है, उसका न सिर्फ भारत में किंतु विदेशों में भी स्वागत हुआ है। उनके निधन से देश का एक महान लेखक, गांधीजी का अंतरंग साथी व देशभक्त की अपूर्णीय क्षति हुई हैं। उनका जीवन एक तपस्वी का जीवन रहा है। सेवाग्राम में जब कभी उनसे कुछ समय बातें करने का मौका मिलता तो वे बड़ी ही नम्रता व शांति से बात करते थे। अहंकार उनमें छू तक नहीं गया था। बापूजी जो काम उन्हें सौंपते, वे उसे ठीक से करते।

बापू जी के बाद कई कार्यकर्ता मुख्यमंत्री बन गए, कई गवर्नर बन गए, पर प्यारेलाल जी ने कभी किसी पद की चाह नहीं की। वे अंत तक कलम चलाते रहे और गांधीजी के बारे में लिखते रहे।

आचार्य विनोबाजी ने तो उन्हें 'बाल्मीकि' की उपाधि दी थी और उनके निधन पर सिर्फ एक वाक्य कहा– "वे गांधीजी के सर्वोत्तम भक्त थे।" और यथार्थ में वे गांधीजी के भक्त थे। कई लोगों ने उनसे कहा कि वे अपने बारे में कुछ लिखें पर उन्हें बापू के बारे में लिखने से ही फुर्सत नहीं मिली अपने बारे में क्या लिखते ? लेकिन उनके बारे में अगर कोई लिखने का अधिकारी है तो उनकी छोटी बहन डॉ. सुशीला नैय्यर। इनके बारे में जरूर लिखा जाना चाहिए। ताकि भावी पीढ़ी

प्यारेलालजी को ठीक से पहचान लें। यह तो निश्चित है कि जिस तरह रामकृष्णजी के साथ विवेकानंदजी का नाम जुड़ा है, उसी तरह महात्मा गांधी के नाम के साथ प्यारेलालजी का नाम जुड़ा रहेगा। यह क्या कम गौरव की बात है ?

हम प्यारेलालजी के चरणों में अपनी नम्र श्रद्धांजलि अर्पित करते हैं।

उमाशंकर शुक्ल। वर्धा स्थित पत्रकार।

17
के. अरुणाचलम

प्यारेलालजी का, जो गांधीजी के जीवन और दर्शन के विश्वसनीय और अधिकार-पूर्ण इतिहासकार तथा व्याख्याता थे, 82 वर्ष की अवस्था में देहावसान हो गया और वे अपने गुरू चरणों में पहुंच गए। गांधीजी की प्रयोगशाला में अपना जीवन लगाने वाले यह साथी और शोधक पिछले तीस वर्षों से उनकी जीवनी लिखने में व्यस्त थे। एक-दो मौकों को छोड़कर वे दत्त-चित होकर उसी काम में लग गए थे। उनका पूरा ध्यान इसी महत्वपूर्ण और चिरस्थायी कार्य में लगा था। उसका सबसे महत्वपूर्ण भाग तो पूरा कर दिया, फिर भी बहुत कुछ करना शेष था। अब उनके चले जाने के बाद इस अभाव की कमी बनी रहेगी। किसी ऐसे अन्य व्यक्ति की खोज निकालना जो इस काम को प्यारेलालजी की योजना के अनुसार कर सके, कठिन है।

श्री प्यारेलालजी का जन्म 1899 में हुआ था। अंग्रेजी साहित्य में बी. ए. (आनर्स) उन्होंने 1919 में पंजाब विश्वविद्यालय से प्राप्त की। वे एक उत्साही स्वतंत्रता संग्रामी थे। 1920 में जब एम. ए. कर रहे थे, वे अध्ययन छोड़कर गांधीजी के सचिवालय में काम करने आ गये थे और गांधीजी की सहायता जनवरी 1948 तक, उनके जीवित रहने तक, करते रहे थे। डांडी कूच में जो 79 व्यक्ति गांधीजी के साथ थे, उनमें एक प्यारेलालजी भी थे। वे महादेव और मीरा बहन की भांति गांधीजी के साथ इंग्लैंड गये थे, लौटते समय यह दल पांच दिन

रोम्यां रोलां के पास रहा था और रोम्यां रोलां महादेव देसाई तथा प्यारेलाल के गुणों से अत्यंत प्रभावित हुए थे।

1938 के जाड़ों में प्यारेलालजी बापू के साथ पश्चिमोत्तर प्रांत में गए थे, जब गांधीजी ने उस प्रदेश में विस्तीर्ण शांति–यात्रा भी की। 1946 में जब गांधीजी 'करो या मरो' मिशन पर निकले थे तो उस समय भी प्यारेलालजी उनके साथ थे। इन दो मिशनों के बारे में प्यारेलालजी ने लिखा है कि "आज विश्व के सामने जो अणु चुनौती है, उसका गांधीजी का उत्तर इनमें है। शक्तिशाली की हिंसा का सिद्धांत और व्यवहार की, जिसको अंतिम दिनों गांधीजी पूर्ण बनाने में लगे थे, बारीकियों को यह मिशन सामने रख देते हैं।"

श्री महादेवभाई की मृत्यु के उपरांत गांधीजी के मार्गदर्शन श्री प्यारेलालजी ने 'हरिजन' साप्ताहिक का संपादन किया था। उन्होंने अनेक पुस्तकें लिखी हैं, जैसे 'एपिक फास्ट', 'स्टे्टस ऑफ इंडियन प्रिसेंज', 'ए पिलग्रिमेज ऑफ पीस', 'ए नेशन बिल्डर एट वर्क', 'महात्मा गांधीः पूर्णाहुति' (दो जिल्दों में) और 'महात्मा गांधीः अर्ली फेज़' के दो भाग। गांधीजी की प्रयोगशाला में उनके द्वारा किए गए अनुसंधान कार्य के ये आलेख हैं और उसी भावना से उनका पठन होना चाहिए।

पूर्णाहुति संबंधी अपने एक प्राक्कथन में विनोबाजी ने लिखा था, "हमको दो भागों में महात्मा गांधीः दि लास्ट फेज़ देकर श्री प्यारेलाल ने विश्व की एक ऐसी अनुपम सेवा की है, जो अन्य कोई नहीं कर सकता था। मैंने गांधीजी के जीवन के पूर्णाहुति की तुलना शांति–पर्व और स्वर्गारोहण पर्व से की है। मैं यह कहने का साहस करता हूं कि श्री प्यारेलालजी की पुस्तक में, जिसकी आगे आनेवाले वर्षों में गणना उत्कृष्ट ग्रंथों में की जाएगी, इस आधुनिक महाकाव्य का सजीव चित्रण है।"

श्री प्यारेलालजी ने समय के अनुसार संस्थाओं के कार्य की ओर इंगित करते हुए लिखा है, "लघु रूप में इस प्रकार के समाज का एक कार्यशील नमूना पेश करने के लिए एक ऐसा समाज, जो प्रेम के कानून के व्यवहार पर आधारित है तथा कार्य–रूप में मुख्य आध्यात्मिक यम–नियमों के उदाहरणों को पेश करने के लिए जिन पर अहिंसा का व्यवहार आधारित है, गांधीजी ने आश्रम या सामूहिक पद्धति की स्थापना की थी। इसका इस्तेमाल उन्होंने लोगों में बुनियादी आध्यात्मिक आचरण–नियमों के खमीर को प्रवेश देने के लिए किया था, जिन्होंने सत्याग्रह आंदोलनों के लिए शक्ति और प्रेरणा दी थी। यह आश्रम शुद्ध नमूने नहीं थे। फिर भी जहां कहीं भी वे खड़े किए गए थे, उन्होंने नया वातावरण निर्मित किया था। गांधीजी का अनुभव था कि अपने अनेक मिलावटी रूपों मे भी प्रेम–नियम का आचरण जब लाखों लोगों के जीवन में चरितार्थ हो जाता है, तो वह दोनों लड़ाकू पक्षों के संबंधों के बुनियादी ढांचे में परिवर्तन ले आता है और संपूर्ण दृष्टि से उसका परिणाम आश्चर्यजनक होता है। देशभर में स्थापित ये आश्रम ही थे, जिन्हें आजादी की लड़ाई में गांधीजी की सहायता अहिंसक अभियानों को संगठित रखने तथा बनाये रखने में की थी। जहां कहीं आश्रम थे, लोग सत्याग्रह के नियमों को सीख लेते थे। उनके अहिंसक जन आंदोलन के संगठन के लिए वे उपयुक्त कार्यकर्ता ही तैयार नहीं करते थे, बल्कि अहिंसक संगठनों की भी स्थापना भी करते थे। यहां तक की गांधीजी जिस किसी संगठन को हाथ में लेते थे चाहे वह कांग्रेस हो, हरिजन सेवक संघ हो, या प्राकृतिक उपचार गृह हो, उसको आश्रम का रूप दे देते थे।" आज देशभर में लगभग दो हजार ऐसे संगठन है, जो गांधी–निष्ठ मूल्यों से प्रेरित किसी न किसी प्रकार के रचनात्मक कार्य में लगे हैं। श्री

प्यारेलालजी की दिवंगत आत्मा के प्रति सबसे उचित श्रद्धांजलि यही होगी कि ये सभी संस्थाएं सामूहिक रूप से अपनी शक्ति कार्यक्रम को पूरा करने में लगाएं। प्यारेलालजी तथा उनके गुरु के अपूर्ण कार्य को 'संस्थाकुल' जोरों के साथ पूरा करने में लगे।

संस्थाकुल, दिसंबर, 1982

18
गुलाबचंद जैन

महात्मा गांधी के प्राइवेट सेक्रेटरी श्री प्यारेलाल नैय्यर का 82 वर्ष की आयु में गत 27 अक्टुबर 1982 के दिन नई दिल्ली में स्वर्गवास हो गया। उनके साथ जो पचास या पचपन वर्ष का निकट परिचय था उसकी स्मृति ताजा होकर घूमने लगी।

भारतवर्ष में सन् 1930 में जब महात्मा गांधी का असहयोग आंदोलन जोर-शोर से चल रहा था, उन दिनों विदेशी वस्तुओं और शराब तथा विदेशी कपड़े का बहिष्कार बहुत प्रचण्ड रूप से चलता था, जिसको सफल बनाने के लिए सैकड़ों महिलाएं, पुरुष, तथा बच्चों की टोलियां शराब तथा विदेशी कपड़ों की दुकानों पर पिकेटिंग करते हुए गिरफ्तार होकर अंग्रेजी राज के जेलखानों को सहर्ष भरकर सजाया करते थे। इस बहिष्कार के साथ-साथ उस समय विदेशी कपड़ों की होली और शुद्ध खादी (हाथ की कताई तथा हाथ की बुनी) और स्वदेशी कपड़े एवम् वस्तुओं का प्रचार खूब चलता था।

उस समय तेजस्वी नवयुवक श्री प्यारेलाल को खादी की धोती और कुर्ते तथा गांधी टोपी और चप्पल पहने हुए देखा। उनके मध्यम दर्जे का कद और गोरा रंग था। फिर कई बार खादी आंदोलन के संबंध में मिलने का अवसर मिला। अनेक बार कई कार्यक्रमों के संबंध में पत्र-व्यवहार का अवसर भी मिला। कुछ समय बाद वृद्ध माता श्रीमती तारा देवी से निकट परिचय प्राप्त करने का सुअवसर मिला। उन्हीं दिनों उनकी छोटी बहन डॉ. सुशीला नैय्यर से भी जान पहचान हो गई।

फिर जब 1931 में महात्मा गांधी के साथ राउन्ड टेबिल कांन्फ्रेंस से लंदन से वापिस लौटे थे। उन दिनों बंबई में मणि भवन में स्वर्गीय आचार्य काका साहेब कालेलकर के साथ आपसे मिलने का अवसर मिला था। उन दिनों आपको गांधीजी के साथ निरन्तर काम में व्यस्त देखा था। अंग्रेजी सरकार ने फिर तारीख 04.11.1932 के दिन महात्माजी को बंबई में गिरफ्तार कर लिया और कांग्रेस को गैर-कानूनी करार दे दिया। इसके पश्चात हम सब लोग कांग्रेस आंदोलन में जेल चले गए। फिर 1935-36 में महात्मा गांधी ने हरिजन सेवक संघ बस्ती की नींव किंग्सवे कैंप, दिल्ली में रखी। हरिजन आंदोलन के संबंध में गांधीजी उन दिनों काफी समय दिल्ली में रूके थे। वहां पर उनका साथ स्वर्गीय माता कस्तूरबा गांधी, स्वर्गीय ठक्कर बापा, स्वर्गीय महादेव देसाई, मीरा बहन आदि से भी निकट परिचय प्राप्त करने का अवसर मिला। हरिजन बस्ती में विशेष रूप से कई सप्ताह तक श्री प्यारेलालजी के साथ रहने और वहां सेवा करने का अवसर मिला। उन दिनों आप सर्वदा अपने काम में व्यस्त रहते थे। बिना काम किसी से बात नहीं करते थे। तब मुझे पता चला कि वह बहुत चुपचाप रहने वाले गंभीर स्वभाव के हैं।

जिस समय अकस्मात आपके छोटे भाई मोहनलाल नैय्यर साइकिल पर चलते हुए नई दिल्ली में ट्रक दुर्घटना के शिकार हुए थे उस समय ठीक समय पर डाक्टरी सहायता न मिलने और खून बहने से उनकी मृत्यु हो गई। यह घटना लगभग 20 या 25 वर्ष पहले की है। उस समय मैंने बहन डॉ. सुशीला को लिखा था कि आप केंद्रीय भारत सरकार की स्वास्थय मंत्री बनी हैं। मैं आपसे आशा करता हूं कि देश में सरकारी अस्पतालों में सेवा का भाव जागृत करके ठीक समय पर यदि जख़्मी को डॉक्टरी सहायता मिल जाए तो जान बचाई जा सकती है। उस समय उन्होंने उत्तर में मुझे लिखा था कि "भगवान मुझे सेवा करने का बल दें।"

गत दो वर्ष में महात्मा गांधी के निकट सहयोगी और अनेक गांधीवादी इस संसार से चले गए। स्वर्गीय आचार्य विनोबा भावे, स्वर्गीय आचार्य काका कालेलकर, स्वर्गीय आचार्य जे. बी. कृपलानी, स्वर्गीय मिस स्लेड (मीरा बहन), स्वर्गीय प्रज्ञाचक्षु, पं. सुखलाल, स्वर्गीय बेचरदास आदि। आपका नाम सर्वदा गांधी युग के स्वतंत्र भारत के इतिहास में चमकता रहेगा कि आपका सारा जीवन ही बिना किसी लालसा के देश के लिए बलिदान कर दिया। आपने गांधीजी पर कई प्रामाणिक पुस्तकें लिखी। अनेक लेख लिखे। 'यंग इंडिया' और 'हरिजन' के संपादन में आपका बहुत हाथ रहा है। स्वराज्य प्राप्त होने पर भी आप आज की सत्ता की राजनीति से कैसे दूर रहे। यहां तक उन्होंने अंत समय तक सरकारी सम्मान–पेंशन भी लेना पसंद नहीं किया। वे स्वर्गीय महादेव देसाई के बाद गांधीजी के सबसे निकट विश्वसनीय व्यक्ति थे। यदि आप कुछ और वर्श जीवित रहते तो गांधीजी के जीवन की अनेक प्रामाणिक बातें प्रकाश में आतीं और भारतीय इतिहास की प्रामाणिक कड़ी बनतीं। आजकल 'गांधी' फिल्म खूब जोर–शोर से चल रही है। इस 'गांधी' फिल्म में आपका सहयोग न लेने की बहुत बड़ी कमी खटकती है। इस विषय पर समाचार–पत्रों में चर्चा भी हुई है। मैं इस गांधी युग के महान निष्काम, विद्वान, त्यागी, सत्य और अहिंसा के पुजारी महान देश सेवक के प्रति अपनी श्रद्धांजलि अर्पण करता हूं। आज की पीढ़ी इस महान देशभक्त के जीवन से सर्वदा प्रेरणा लेती रहेगी। स्वतंत्र भारत के इतिहास में आपका नाम सर्वदा अमर रहेगा।

दिनांक– 28.04.1983

19
प्रभाकर माचवे

महात्मा गांधी के सन् 1930 के दांडी मार्च (नमक–सत्याग्रह) के चित्र जिस किसी ने देखे हों, उनमें उनके पीछे एक दुबले–पतले धोती–कुर्ता पहने गांधी टोपी वाले मुच्छल जवान को भी देखा होगा जो बापू के अनेक सेक्रेटरियों में से एक थे।

मेरे प्यारेलालजी के प्रति विशेष मित्रता उनके अनेक भाषा–प्रेम के कारण हुई। वे जन्मना पंजाबी थे। उर्दू तो जानते ही थे, गुजराती, हिंदी अच्छी तरह लिख–बोल पढ़ लेते थे। अंग्रेजी पर उनका असाधारण अधिकार था। थोड़ी बहुत फ्रेंच भी पढ़ लेते थे। आश्रम (सेवाग्राम) में, मैं सन् 1940 से 1942 तक बहुत निकट रूप से उनके सपंर्क में आया। मैं आश्रम का 'जमाई' जो था। वहां पुस्तकों का संग्रह महादेव देसाई और प्यारेलालजी के पास सबसे अच्छा था। काका साहब की हिंदुस्तानी प्रचार सभा, वर्धा में और अच्छे संग्रह थे। मुझे याद है मैथेमेटिक्स फॉर दि मिलियंस के लेखक लैसेलार हौगबर्न की डेंजरस थॉट्स तब प्यारेलालजी ने ही मुझे पढ़ने को दी थी।

प्यारेलालजी बौद्धिक थे तो उनसे बहस–मुवाहसे में आनंद आता। वे सामाजिक विज्ञान, इतिहास दर्शन पढ़े हुए थे। अतः किशोरलाल मशरूवाला की तरह एकांतिक तर्कवादी नहीं थे, महादेवभाई की तरह 'बापू वाक्य प्रमाणम्' वाले वे नहीं थे। उनके व्यक्तिवाद की ख्याति यह थी कि स्वयं उनकी बहन डॉ. सुशीला नैय्यर से भी उनकी सब बातों में पटती नहीं थी। जब सुशीलाजी स्वास्थय मंत्री हुईं तब प्यारेलालजी

और सुशीलाजी दिल्ली में ही रहते थे, पर कम मिलते-जुलते थे। एक बार एक साहब सुजानसिंह पार्क में प्यारेलालजी के पास सिफारिशी चिट्ठी लेने आये, सुशीलाजी के लिए, उन्होंने साफ मना कर दिया। वे अपने शंकर मार्केट के छोटे से ऑफिस में वर्षों से गांधीजी की जीवनी लिखने में लगे थे। महात्मा गांधी- द लास्ट फेज़ (दो खंड) प्रकाशित भी हो चुके थे। सस्ता साहित्य मंडल से पूर्णाहुति उसका हिंदी अनुवाद छपा है।

उनका बड़ा आग्रह था कि मैं लास्ट फेज़ का अनुवाद करूं। मेरी सरल हिंदी पर उन्हें बड़ा भरोसा था। सेवाग्राम में सन् 1940 से, मैं हरिजन के लिए कई अनुवाद अंग्रेजी से हिंदी में कर चुका था। मैं प्यारेलालजी की इच्छा पूरी नहीं कर पाया। वह इच्छा मैंने उनकी छोटी पुस्तक खान अब्दुल गफ्फार खां की जीवनी थ्रोन टु दि वोल्वस के हिंदी अनुवाद से की। मैं रवींद्र नगर में रहता था, वे सुजानसिंह पार्क में, अक्सर भेंट हो जाया करती थी। इंडिया इंटरनेशनल में जे. पी. का व्याख्यान था। तब धर्म को लेकर हमारी बड़ी बहस हुई। सारे गांधीवादी अंततः रहस्यवाद या नव्य-अध्यात्मवाद के समर्थक हो जाते थे। मैं उसे वैज्ञानिक ढंग से जांचना चाहता था। यही मतभेद का मुद्दा होता।

पर जीवन तर्क से नहीं चलता। बापू के जीवनकाल में उनकी बात मानकर प्यारेलालजी ने विवाह नहीं किया। बापू के निर्वाण के बाद एक बंगाली विधवा से उन्होंने विवाह किया और 'नार्मल' गृहस्थ का जीवन बिताने लगे थे। इस मामले में वे विनोबा या काका साहब से अधिक नार्मल थे। उन्होंने एक बार मजाक में कहा था, "भारत की समस्याएं लाल बहादुर अधिक समझ पाये, गृहस्थ और अनेक बच्चों के बाप थे। देश के मसले ब्रह्मचारी या विदुर-विधवाएं पूरी तरह नहीं जान सकती हैं।" मैंने कहा, "क्या आपकी बहन भी ?" वे मुस्कुराकर बोले, "डॉक्टरी की बातें, प्राकृतिक

चिकित्सा वगैरह वह जानती हैं, पर देश केवल शरीर नहीं।"

प्यारेलालजी 82 वर्ष की आयु में हृदयघात से चल बसे। उनके पास अलमारियों में बंद अमूल्य सामग्री* गांधीजी के जीवन और गांधीजी के साथियों के बारे में संग्रहित पड़ी है। उसका क्या होगा ? क्या वह किसी म्यूजियम में रख दी जायेंगी— या उस पर आगे कोई काम कर सकेगा ?

मैं उनके प्रसन्न बदन, हंसमुख चेहरे को याद करता रहूंगा। अब वैसा हर दिल—अजीज, खुले दिमाग का इंसान— बराबरी मानने वाला कहां मिलेगा ? देश में उदार बौद्धिकों की नस्ल ही खत्म होती जा रही है यही अफसोस है।

---

* यह सामग्री नेहरू स्मारक संग्रहालय एवं पुस्तकालय को भेजी गई।

20
हरिभाऊ शेंडे

1936 में गांधीजी सेगांव (सेवाग्राम) आए थे। उस वक्त मेरे जैसे नौजवान लड़कों को बहुत अचरज लगा था। इतना बड़ा आदमी हमारे सेगांव जैसे छोटे से गांव में क्यों आया ? मेरा तबसे संपर्क गांधीजी के साथ आया। बाद में गांधीजी के दफ्तर में एक छोटे से सेवक के रूप में काम करने लगा। आज भी मैं गांधी आश्रम में ही कार्यरत हूं।

पूज्यनीय प्यारेलाल भाईजी से मेरा संबंध 1938 में आया। उस वक्त मैं कनू भाई गांधी के साथ दफ्तर में काम करता था। पूज्यनीय प्यारेलाल भाईजी गांधीजी के निजी सचिव के रूप में काम करते थे।

प्यारेलाल भाईजी के साथ मेरा संबंध प्रतिदिन आता था। गांधीजी के सभी निजी पत्र-व्यवहार भाईजी ही देखते थे। गांधीजी के सभी पत्र प्यारेलाल भाईजी देखने के बाद मुझे बुलाकर वे पत्र वर्धा के डाकघर ले जाने के लिए कहते थे।

प्यारेलाल भाईजी आलमारी में रखी हुई किताबें मेरी मदद से ही निकालते थे। कुछ भी काम रहा, तो वे मुझे ही बुलाते थे। भाईजी का काम बताने का ढंग निराला था। वे कभी भी नौकरों पर गुस्सा नहीं निकालते थे। प्रेम से ही उनसे काम लेते थे। मैं तो उस समय एक सादा सेवक था। तब भी कभी मुझसे 'नौकर' जैसा काम नहीं लिया। यह एक उनकी विशेषता थी। हां, कभी कोई गलत काम होने पर यदि झूठ बोले तो वे थोड़े गरम हो जाते थे किंतु फिर प्रेम से बातचीत करते थे।

भाईजी 1946 तक सेवाग्राम आश्रम में रहे। बाद में वे बीच–बीच में सेवाग्राम आश्रम में आते थे तब वे मुझे ही बुलाते थे और कुछ महत्वपूर्ण ग्रंथ मेरी मदद से निकालकर देहली ले जाते थे।

प्यारेलाल भाईजी के संबंध में एक घटना मैं कभी भी नहीं भूल सकता। बड़ा लड़का गोविंद उस समय तीन–चार साल का था। उसे बहुत बुखार था। मैं उस कारण से बहुत चितिंत था। मेरे चिंतित रहने का कारण भाईजी ने पूछा तब मैं मैंने कारण बताया। भाईजी ने कनू गांधी और नारायण देसाई को मेरे घर भेजा। बाद में, मैं गोविंद को आश्रम में लाया। उस समय अस्पताल आखिरी निवास में एक छोटे से कमरे में था। डॉ. सुशीला नैय्यर, शंकरन् नायर, और प्रभाकरजी आदि अस्पताल का काम देखते थे। डॉ. सुशीला नैय्यर जी ने गोविंद की जांच करके दवाई दी। दवाई खाने के आधे घंटे के बाद ही दवाई का अच्छा परिणाम देखने को मिला। आज वही गोविंद शिक्षण अधिकारी बनकर शिक्षण क्षेत्र में काम कर रहा है। यदि गोविंद को दवाई समय पर न मिलती तो क्या गोविंद शिक्षण अधिकारी बन सकता था ? इस बात का जब कभी स्मरण हो आता है तो भाईजी की मूर्ति सामने दिखने लगती है।

सेवाग्राम वर्धा।

21
कंचन बहन

एक बार एक छोटी परंतु बड़ी महत्व की बात हुई। भाईजी एक धोती के चार टुकड़े लेकर मेरे पास आए, क्योंकि सिलाई मशीन मेरे पास रहती थी। भाईजी को वे टुकड़े जोड़ने थे। इसीलिए टुकड़े लेकर आए और बोले, मैं खड़ा रहता हूं तू अभी मुझे ये जोड़ दे, कैसे जोड़ना है यह मैं बताता हूं। मैं यह देखकर बोली, "भाईजी यह आपको नहीं सजेगा। आप बापू के सेक्रेटरी होकर ऐसी धोती पहनोगे लोग क्या कहेंगे।" यह मेरा बोलना था कि भाईजी ने मेरा कान पकड़ा और बोले, "तू बड़ी पैसेवाली है, मैं गरीब हूं। यहां सेवाग्राम में हम मौज–मजा करने नहीं आयें हैं। यहां के लोगों को यह सिखाना है कि फटे–पुराने कपड़े सीकर–साफ करके पहन सकते हैं। यहां के लोगों के पास न पूरे कपड़े हैं, न खाने को। और हम ठाठ–बाठ से रहेंगे तो यह लोग भी हमारी नकल करेंगे। हम तो यहां सब लोगों को सबक देने आये हैं।"

पूज्यनीय बापूजी जेल से आखिरी बार छूटने के बाद बंगाल का दौरा करने वाले थे। मेरी भी इच्छा हो गई। बापू से बात हुई और मैं तैयार हो गई। पूज्यनीय बापूजी के साथ घूमने में मजा आता था। बड़े लोगों के दर्शन होते थे। इस तरह से कई प्रकार की चीजें भी देखने को मिलती थीं। इस उद्देश्य से मैं बापू के साथ प्रवास में जाना पसंद करती थी।

इस प्रवास में मजा आया पर मैं खाने–पीने के नियम नहीं मानती थी। इस कारण से बीमार हो गई और बीमारी ने गंभीर रूप ले लिया। मेरी आखिरी घड़ी आई हो ऐसी हालत हो गई। रात के दो बजे पूज्यनीय

बापूजी, भाईजी, बहन सुशीलाजी देखने आए, और बहनजी ने बापूजी से कुछ बातें कीं और लिया इजेंक्शन और मुझे देना शुरू किया, तीन–तीन घंटे में इंजेक्शन। उस समय का मुझे ख्याल है, भाईजी मेरे पास बैठे हैं और आक्सीजन की नली उनके हाथ में थी। शायद भाई जी रात भर मेरे नजदीक बैठकर मेरी देखरेख करते रहे। इन दोनों भाई–बहन के प्रयत्न से मैं आज अपने दो बच्चों के साथ अपनी गृहस्थी में मस्त हूं।

मेरी गृहस्थी जमाने में इन दोनों का सहयोग रहा है। मेरे पति मुन्नालालजी तो हमेशा यह कहते थे कि बहनजी और भाईजी के कारण ही तू जिंदा है। दोनों का उपकार तो मैं कभी नहीं भूलूंगी।

कंचन बहन भााह, आश्रम कार्यकर्ता मुन्नालाल भााह की पत्नी।

22
सरयू (अक्का) धोत्रे

श्री प्यारेलाल भाई जी के निर्वाण की खबर सुनते ही मन सुन्न और दुखी हुआ। मन अनेक संस्मरणों की माला फेरता रहा। उनका व्यक्तित्व एक तरह से शर्मीला था। रंग गोरा, आंखें चमकदार, मुद्रा सौम्य, सीधी वेशभूषा और बाल सुलभ निष्कपट चेहरे के प्यारेलालजी मनः चक्षु के सामने आए।

"बापू ऐसा कहते थे", ऐसा प्रत्यक्ष अनुभव से कहने वाले एक अधिकारी व्यक्ति प्यारेलाल जी थे। उनकी तरह तत्व–ज्ञान ग्रहण की हुई हस्ती अब कोई नहीं रही।

प्यारेलालजी और हमारे परिवार को बहुत सालों का परिचय रहा है। उनका जीवन बापूजी के सिद्धांतों से कितना प्रभावित था, उसकी एक निशानी अब भी मेरे पास है। बापूजी के सेक्रेटरी होने के नाते उन्हें निरंतर लेखन करना पड़ता था। किसी धनिक व्यक्ति ने प्यारेलालजी को प्यार से एक कीमती पेन भेंट किया। कुछ दिनों तो उन्होंने उससे काम लिया, परंतु मन अस्वस्थ रहता था कि 'मैं बापू का सेक्रेटरी होकर भी इतना कीमती पेन इस्तेमाल कर रहा हूं, यह ठीक नहीं।' आखिर भाईजी की धोत्रेजी से बात हुई होगी। धोत्रेजी ने 'वह पेन मुझे बेच दो और वह पैसा हरिजन फंड में जमा कर दो', ऐसी सलाह दी। 50 रुपये में वह पेन खरीदा गया और पैसा हरजिन फंड में जमा हुआ, तब कहीं जाकर प्यारेलालजी का मन स्वस्थ हुआ। बापूजी के प्रति वे कितने ओतप्रोत थे, उसकी निशानी वह पेन है।

बच्चों का प्यारेलालजी को बहुत आकर्षण था। मेरी बड़ी लड़की शबरी से वे बहुत खेला करते थे। 'राम की शबरी' कहकर उसे पुकारते थे। उस समय उनका आनंद देखते ही बनता था। उनकी स्मरण शक्ति भी जबरदस्त थी। सन् 1967 में जब धोत्रे जी का अवसान हुआ तब उनका बड़ा स्नेह भरा सांत्वना पत्र आया था। धोत्रेजी का संस्मरण लिखने का जब उन्हें अनुरोध पत्र भेजा गया तो शबरी ने 'अक्का की लड़की शबरी' ऐसी दस्तख्त की थी। प्यारेलालजी का जो जवाबी पत्र आया वह वाचनीय है। उससे उनकी एक और झलक प्रस्तुत होगीः–

"सरयू ताई की लड़की यह लिखकर अपना परिचय 'शबरी' दे यह क्या बात ? शबरी को यह कहां याद होगा कि मैंने उसे बहुत बार अपनी गोद मे खिलाया है और धोत्रेजी के साथ उसके सामने 'राम के बेर' भी भेंट किए हैं। मगर उस समय शबरी के मुंह में दांत नहीं थे तो वह बेर चखकर अतिथियों को कैसे खिलाती ? मुंह से उगल–उगलकर ही सामने रख देती थी।"

प्यारेलालजी का यह पत्र कितने प्यार से भरा है। आत्मीयता का परिचय इन सूचनाओं से भी मिलता है। "धोत्रेजी के लेखों, संस्मरणों, पत्रों आदि का संग्रह पूरा हो तब छपने के पहले उस पर नजर डालने की मेरी इच्छा है।" मुझे दुख है कि उनकी यह इच्छा मैं पूरी नहीं कर पाई। उनकी पैनी नजर से 'स्मृति–सुगंध' पुस्तक की सुगंध में वृद्धि तथा अनोखी रोचकता अवश्य आती।

प्यारेलालजी 28 वर्षों तक बापूजी के साथ थे। उनके पास बापूजी के विचारों का, प्रसंगों का बड़ा खजाना था, जिसका कोई हिसाब नहीं। बापूजी के जीवनरूपी महानगर में डूबकी लगा–लगाकर अनोखे मूल्य रत्न निकालकर जनता के सामने रख रहे थे। जिन्होंने 'महात्मा गांधी– द लास्ट फेज़' पढ़ा होगा उनको प्यारेलालजी की प्रखर बुद्धि

तथा निष्ठा का परिचय होगा। सत्य की कसौटी पर कसकर सारा लेखन होता था। बापूजी की जीवनी के चार खण्ड प्रसिद्ध हुए हैं। आगे का काम अधूरा ही रह गया।

गांधीमय प्यारेलालजी ईश्वर के प्यारे हो जाने से गांधीजी के तत्वज्ञान का प्रकाश दिखाकर हम सभी को अंधकार से मुक्ति देने वाला अब कोई नहीं रहा। इसकी दर्द भरी कसक मन में उठे बिना नहीं रहती।

श्री प्यारेलालजी भाई की पुण्य–स्मृति को मेरी भावपूर्ण श्रद्धांजलि।

सरयू धोत्रे, कार्यकर्ता धोत्रेजी की पत्नी।

III
"पत्ता टूटा डाल से"
प्यारेलाल जी की संक्षिप्त जीवनी

"पत्ता टूटा डाल से"
प्यारेलाल जी की संक्षिप्त जीवनी
डॉ. सुशीला नैयर

कबीर जी ने कहा है
पत्ता टूटा डाल से, ले गई पवन उड़ाय,
अबके बिछुड़े कब मिले, मिले दूर पड़ जाय।

कहां से आते हम, कहां जाते हैं, कौन कह सकता है? जो गए हैं वह आकर बताते नहीं, और हम अपनी कल्पना के स्वप्न खड़े करते रहते हैं जब तक हमारी बारी जाने की नहीं आती।

पिछले 27 अक्टूबर, 1982 के दिन सुबह प्रार्थना के बाद मैं सेवाग्राम में विनोबाजी के पास गई। विष्णु-सहस्रनाम का पाठ चल रहा था। चार-पांच दिन पहले ही मैं देहली से आई थी। पता नहीं क्यों मेरा मन इन दिनों बहुत खिन्न था। आने से पहले देहली में भाई जी को मिलने के लिए उनके ऑफिस में गई थी। मैंने पूछा, "ब्लड-प्रेशर" लेना है क्या, ले लूं?" बोले, "हां ले लो। यह तो मैं भूल ही जाता हूं कि तू डॉक्टर भी है।" मैंने हंसकर कहा, "घर की मुर्गी दाल बराबर वाली बात है ना।" भाईजी बोले, "नहीं ऐसी बात नहीं है।" मैंने कहा, "चलो जो भी बात हो, आपका रक्त दबाव बहुत ऊंचा है। आपको नियम से दवाई लेनी पड़ेगी। बृजलाल जब आप कहेंगे आपको उनके पास ले जाएगा।" कहने लगे, "डॉ. भाटिया से समय तय नहीं किया क्या?" मैंने कहा,

"फोन किया तो था। वे बाहर जा रहे थे। सोमवार को फिर फोन करने के लिए कहा है। सामाजी फोन करके समय तय करेंगे और आपको बताएंगे।" सीढ़ी तक वे मेरे साथ आए। मैंने नीचे आने से उन्हें रोका। बड़े प्यार से उन्होंने मुझे विदा किया। मैं क्या जानती थी कि यह मेरी उनसे अंतिम भेंट थी।

हवाई अड्डे पहुंची। मगर अंदर से बार-बार आवाज उठ रही थी "क्यों जा रही हो?" जनता पार्टी की मीटिंग 30 तारीख को होने वाली थी, वह करके जाना ठीक रहेगा। ऐसा विचार आया। मगर फिर सोचा अब तो टिकट पक्की हो चुकी है, जाना ही चाहिए। काम तो सेवाग्राम में रहता ही है, सो चली आई। सेवाग्राम आने पर भी मन अस्वस्थ था। 26 तारीख को मणिमाला बहन ने कहा, "आपको क्या हुआ है? आप बहुत अस्वस्थ हैं।" मैंने कहा, "पता नहीं क्या है, मेरा मन बहुत उदास है।" वह बोली, "आप तिरुपति हो आइए।" मैंने कहा, "तिरुपति जाने का समय तो नहीं है, कल सुबह विनोबाजी के पास जा आते हैं।" सो 27 की सुबह हम विनोबाजी के पास गए।

बाबा हमेशा कहा करते थे, "प्यारेलाल को सेवाग्राम बुलाओ।" भाईजी से मैं जब उनका संदेशा कहती थी तो वह कह देते थे, "हां जरूर आऊंगा।" मगर किसी न किसी कारण वे आ नहीं पाते थे। अबकी बार उन्होंने कहा था, "नवंबर में जब तुम्हारे यहां अक्यू-पंचर वाले जापानी विशेषज्ञ आएंगे तब मैं जरूर आऊंगा और 15 दिन रहूंगा। तुम्हारे डॉक्टरों से और विद्यार्थियों से बातचीत भी करूंगा।" मैंने सोचा बाबा को बता दूं कि भाईजी ने अबकी बारी 15 दिनों के लिए आने का वायदा किया है।

बाबा के पास बैठी और विष्णुसहस्रनाम के बाद उनकी तबीयत वगैरह के बारे में पूछा, मगर भाईजी के आने की बात न जाने क्यों मैंने उनसे

नहीं की। इतने में कुछ और लोग आ गए। मेरा मन तो बेचैन था ही। उठ खड़ी हुई। मणिमाला बहन मेरे पीछे बैठी थी। वह कब उठकर फोन सुनने को गई मुझे पता नहीं चला। मैं उठी तो वह फोन से वापिस आकर खड़ी हुई थी। चलने का इशारा किया। बाबा मेरी तरफ देखकर हंसे और बोले–"झांसी की रानी।" उनसे लिखकर ही बात होती थी। मैंने लिखकर उत्तर देने का सोचा, मगर फिर मन नहीं हुआ और कमरे से बाहर आ गई।

मेरे साथ एक नई बहन उस दिन पवनार गई थी। उन्हें मैं वहां की मूर्तियां दिखाने लगी तो ड्राइवर बापूराव बोला, "अब चलिए ना।" मैंने कहा, "अभी चलते हैं।" मन में सोचने लगी आज यह क्यों जल्दी मचा रहा है। गाड़ी मैं बैठी तो मणिमाला बहन ने कहा, "आपको आज देहली जाना है। मैंने कहा, "क्यो?" जनता पार्टी की मीटिंग स्थगित हो गई थी। 30 तारीख को भणसाली भाई के बारे में उनके गांव ढाकलीवालों में शोक सभा का आयोजन किया था। वहां जाने का मैंने सोच रखा था। आज देहली जाने का कोई कारण नहीं था। मणिमाला बहन ने उत्तर दिया, "भाई जी की तबीयत ठीक नहीं है। आल इंडिया इंस्टीट्यूट में उन्हें भर्ती कराया गया है।" "क्या तार आया है?" मैंने पूछा। वह बोली, "थापर वालों से, नागपुर से फोन आया है। उन्हें देहली से देवचंद्र भाई का फोन आया है।"

उस समय करीब 11.30 बजे थे। सेवाग्राम पहुंचते–पहुंचते करीब 12 बज गए। करीब 12.30 पर जी.टी. ट्रेन जाती थी। जल्दी से कुछ सामान उठाया और स्टेशन पहुंची। गाड़ी में बैठी, जगह मिल गई। मन में सोच रही थी भाईजी को शायद कारोनरी एटैक आया होगा। उन्हें एंजाइना तो हुआ ही करता था। मगर जैसे–जैसे दिन आगे बढ़ा, मेरी बेचैनी बढ़ने लगी। मन में आया, "कारोनरी की जगह यदि स्ट्रोक हुआ

होगा तो? रक्तचाप भी तो ऊंचा था। भाईजी जैसा स्वतंत्र मिजाज का व्यक्ति इस प्रकार की अपंगता कैसे बर्दाश्त करेगा?''

जैसे तैसे दिन बीता, रात बीती। सुबह पांच बजे से पहले ही उठकर मैं नहा–धोकर तैयार हो गई ताकि स्टेशन से सीधी अस्पताल जा सकूं। 28 तारीख प्रातः निजामुद्दीन स्टेशन पर देवचंद्र भाई और प्रकाश बहनजी आए हुए थे। मैंने पूछा, ''भाईजी का क्या हाल है?'' प्रकाश बहन जी बोली, ''सीरियस है।'' मैंने पूछा, ''क्या कमरे में हैं या इंटेसिव केयर यूनिट में?'' वह सिर नीचा करके बोली, ''इंटेसिव केयर यूनिट में हैं, बेहोश हैं, स्ट्रोक हुआ है।'' मैंने कहा ''सीधे अस्पताल चलो।'' वह कहने लगी, ''पहले घर चलों, नहा–धोकर चाय का प्याला पी लो।'' देवचंद्र भाई ने गाड़ी मेरे घर की तरफ मोड़ी थी, वापस कर ली। दोनों कहने लगे भाईजी के घर सुजान सिंह पार्क होकर अस्पताल जाएंगे। मैंने पूछा क्यों, वहां क्या काम है? प्रकाशजी बोलीं, ''भाभी को लेना है।'' मेरे मन में आया भाई जी की हालत सीरियस है, भाभी घर में कैसे होंगी? फिर सोचा इंटेसिव केयर यूनिट में तो मरीज के पास एक ही रह सकता है। कल्याणी वहां बैठी होगी और भाभी नहाने–धोने घर गईं होंगी।

गाड़ी सुजान सिंह पार्क जाकर रूकी। मैंने दरवाजा खोला और कहा, ''देवचंद्र मेरा बटुआ यहीं पड़ा है, मैं ऊपर से भाभी को बुलाकर लाती हूं।'' देवचंद्र गाड़ी बंद करने लगे। प्रकाश बहन से बोले, ''आप दोनों चलो मैं आता हूं।'' मुझे लगा क्यों सब ऊपर आ रहे हैं? फिर सोचा भाभी को भी हार्ट अटैक कुछ समय पहले आया था। शायद उसे सहारा देकर लाना होगा। वह बहुत कमजोर हो गई थी ना।

सीढ़ी से ऊपर चढ़ी। दूसरी मंजिल की सीढ़ी के ऊपर कई जूते–चप्पल दिखे। किसी की आंख में पानी दिखा। दो कदम आगे बढ़ी तो दरवाजा खुला हुआ था। सामने भाईजी का शव पड़ा था। वज्रपात होना ही था।

मेरा सब संयम समाप्त हो गया। मगर शीघ्र ही महादेवभाई की मृत्यु का चित्र और बापूजी का प्रार्थना का आग्रह आंख के सामने आया। उठी, गीता लेकर पाठ करने लगी। कई लोग आ रहे थे। इंदिराजी भी आई। राष्ट्रपति की ओर से फूलों का शोक-चक्र भी आया। अनेक पुराने साथी, मित्र और परिवार के लोग आए। भाईजी शांत सो रहे दीखते थे। उन्हें स्नानादि कराने के बाद दोपहर दो बजे निगमबोध घाट पर ले गए। अग्नि की लपटों में शरीर भस्मीभूत हो गया। ईशोपनिषद का वाक्य—

"यह प्राण उस चेतन अमृत मय तत्व में,
हो जाए लीन, शरीर भस्मीभूत हो।"

का सामने साक्षात्कार हो रहा था। जेल में महादेवभाई और कस्तूरबा की चिताएं। फिर बापू, माताजी और मोहन भाई साहब की चिताओं के चित्र आंखों के सामने आ गए। आज भाईजी उनके साथ हो गए। कल प्रातः सेवाग्राम में जब मैं प्रार्थना करने बैठी थी तब आभास हुआ कि माताजी और मोहनभाई साहब मेरे पीछे खड़े हैं। एकाएक भाईजी उनके साथ आकर खड़े हो गए। मैंने एकदम आंख खोल दी।" नहीं, नहीं भाईजी इनके साथ नहीं हैं।" अपने मन में कहा। शायद भाईजी उस समय जीवन-मृत्यु के बीच लटक रहे होंगे।

***

भाईजी मेरे लिए पिता तुल्य थे। वे परिवार में सबसे बड़े थे। मैं सबसे छोटी थी। मेरे लिए वे गुरु रूप भी थे। जीवन के मूल्य हमारी मां ने तो हम सबसे दिए ही, मगर भाईजी ने मुझे अनेक छोटी-छोटी व्यवहारिक

बातें सिखाई। बापू के पास मैं भाईजी के कारण पहुंची। मुझे उस दिन का स्मरण हो आया जब 1920 या 1921 की दीवाली के दिन भाईजी फिरोजपुर आए थे। मैं माताजी के साथ अपने मामा के यहां कॉलेज छोड़कर गई हुई थी, मे बहुत छोटे खद्दर के कपड़े पहने हुए थे। खद्दर की पगड़ी भी पहनी थी और माताजी से विदा लेने के लिए आए थे। वे पढ़ाई छोड़कर बापूजी के पास जा रहे थे। वे एम.ए. की परीक्षा के बाद इंडियन सिविल सर्विस में जाएंगे। ऐसा मेरे चाचाजी और माताजी ने सोच रखा था। मेरे पिताजी के कार्य से उनके अंग्रेज अफसर इतने प्रसन्न थे कि वे हर तरह से उनके बेटे की मदद करना चाहते थे। मगर बेटे ने दूसरा ही रास्ता चुन लिया था। मेरी मामाजी बेटे को विदा करके रात भर रोती रहीं। मैं माताजी से चिपक कर सोती थी। माताजी रोती थीं इसलिए मैं भी रोती थी।

भाईजी से छोटे मेरे दूसरे बड़े भाई मोहनलालजी को नंदलाल चाचाजी पढ़ने के लिए अपने साथ रोहतक ले गए थे। चाचाजी वहां पर जिला मैजिस्ट्रेट थे। मेरे पिताजी अपने पांच भाईयों में सबसे बड़े थे। वे पंजाब में ईएसी (एक्स्ट्रा असिस्टेंट कमिश्नर) थे और परिवार के कई युवकों के शिक्षण का भार उन्होंने उठाया था। मगर सबसे छोटे भाई चाचा नंदलालजी से उनका विशेष लगाव था।

पिताजी की शायद 57 या 58 वर्ष की आयु में स्ट्रोक से मृत्यु के समय भाईजी लाहौर के हाईस्कूल में पढ़ते थे। 14–15 वर्ष की उनकी उम्र थी। पिताजी की पहली शादी से कोई संतान नहीं थी। करीब चालीस वर्ष की आयु में अपने माता–पिता के आग्रह के वश उन्होंने दूसरी शादी मेरी माताजी से की थी। माताजी 13 वर्ष की थी। भाईजी के जन्म के समय माताजी बहुत अनजान थी। नंदलाल चाचाजी की भी करीब उसी समय दूसरी शादी हुई थी। उनकी पहली पत्नी की क्षयरोग

से मृत्यु हो गई थी। हमारी चाची बहुत समझदार, पढ़ी–लिखी और कट्टर आर्यसमाजी थीं। मेरी माताजी सिखों की बेटी थीं। गुरु अमरदास की वंशज थीं। शादी से पहले गुरुमुखी ही जानती थीं। चाचीजी से उर्दू हिंदी सीखी थी। थोड़ी सी फारसी भी उन्होंने पढ़ी थी। गुलिस्तान बोस्तान पढ़ा था। कुछ शब्द अंग्रेजी के भी जानती थीं। चाचाजी हमारे परिवार में स्त्री शिक्षा लाई और आर्य समाज का संदेश भी लाईं। वे स्वयं पक्की शाकाहारी थीं और उनकी प्रेरणा से हमारा परिवार शाकाहारी बन गया। घर में संध्या–हवन होने लगा। जपजी और सुखमनी साहेब का पाठ माताजी द्वारा होता ही था। पिताजी सनातनधर्मी थे। सो रामायण भी पढ़ी जाती थी। हमारे दादाजी और पिताजी पक्के सनातन धर्मी थे, मगर घर में जैन साधु और साध्वियों का भी अक्सर आगमन होता रहता था।

पिताजी की मृत्यु के समय माताजी की उम्र तीस–एक साल ही होगी। वे बहुत सुंदर थी। पिताजी की मृत्यु के समय, मैं अभी मां का दूध पीती थी। मुझे पिताजी का स्मरण नहीं है। मेरे पिता का स्थान तो बापूजी ने ही लिया। मेरे बचपन में हवन के बाद माताजी समाधि लगाकर भजन किया करती थी। तब मैं टकटकी लगाकर उनके चेहरे को देखा करती थी। अग्नि के ताप से उनका गोरा और लाल रंग, तीखे नक्श और शांत सौम्य मुद्रा बहुत ही सुंदर दीखती थी। हमारे घर में अक्सर धार्मिक प्रचवन, उपनिषद, रामायण, गुरुग्रंथ साहब का पाठ करने वाले लोग आते रहते थे।

भाईजी बचपन से बहुत ही लाड़ले थे। हमारे पिताजी की मान्यता थी कि बड़े घर के बच्चों को अपने हाथ से पैसा नहीं खर्च करना चाहिए। कुछ लेना हो तो नौकर को भाईजी के साथ भेजा जाता था और वही पैसा चुकाता था। इसका नतीजा यह हुआ कि भाईजी को पैसे के बारे

में जीवन भर ठीक सूझ–बूझ नहीं हो पाई। खाने के बारे में भी वे मां को बहुत परेशान करते थे। चाची की पहली लड़की भाईजी से दो साल बड़ी थी। खिलौने दोनों बच्चों के लिए एक जैसे आते थे। भाईजी सबसे पहले यह देखना चाहते थे कि खिलौने के पेट में क्या है। उसे खोलते या तोड़ देते। फिर बहन के पास जाते, कहते, ''मुन्ना, मैंने अपने खिलौने एक की जगह बहुत से बना लिए हैं, ला तेरे भी बहुत से बना दूं।'' और उसके खिलौने भी लेकर तोड़ डालते थे।

चाचाजी उन्हें अपने पास ले गए। चाची जी ने उनकी लाड़ से बिगड़ी आदतों को सुधारने का प्रयास किया। वे समय पर खाना खाने नहीं आते थे। चाची उनका खाना उठाकर जाली की आलमारी में रख देती थी। खेलने के बाद जब उन्हें भूख लगती तो वे चाची के पास आते, कहते, ''चाची, भूख लगी है,।'' तब वह कहती, ''देख मैं थक गई हूं, आराम कर रही हूं। जाली से खाना निकाल कर खा ले।'' और वे खा लेते।

जब भाईजी को लाहौर डीएवी स्कूल में दाखिले के लिए मेरे पिताजी लेकर गए, तो प्रिसिंपल के पास एक फारसी की कविता में अपने मन के भाव उन्होंने व्यक्त किए, जिसका अर्थ था, ''मैं अपनी सबसे कीमती चीज, अपने दिल का टुकड़ा, आपको सौंप कर जा रहा हूं।'' यह बात मुझे कई बार भाईजी के परम मित्र श्री प्यारेलाल गुप्त जी ने सुनाई होगी।

श्री प्यारेलाल गुप्त रेवाड़ी के रहने वाले थे। वे भाईजी से दो चार साल बड़े थे। मगर दोनों में गहरी दोस्ती हो गई जो अंत तक कायम रही। प्यारेलाल गुप्त जी भाईजी को छोटे भाई के समान स्कूल से ही संभालते रहे। जब 1932 में दूसरी गोलमेज परिषद से लौटने के बाद मेरी माताजी और भाई दोनों जेल चले गए, मैं बोर्डिंग हाउस में पढ़ती थी। प्यारेलाल गुप्त जी ने मुझे मनी आर्डर भेजा। हमें घर में सिखाया गया था कि किसी से कभी कुछ लेना नहीं चाहिए। सो मैंने उन्हें वह

वापिस लौटा दिया। तब उन्होंने मुझे लिखा कि यह रुपये तुम्हारे भाई प्यारे प्यारेलाल ने तुम्हें भेजे हैं और मनी आर्डर भेजा। इस तरह से मुझे वे 50 रुपये हर महीने मेरी पढ़ाई के लिए भेजते रहे। मुझे बाद में भाईजी से पता चला कि यह पैसा वह अपने पास से ही मुझे भेजते थे। उन्होंने मुझे हमेशा छोटी बहन समझा और भाईजी का बोझ हर तरह से हल्का करने का उन्होंने भरसक प्रयास किया। मगर अपने लिए कभी कुछ नहीं मांगा। एआईसीसी के सैशन का टिकट तक नहीं मांगा। वे टिकट खरीद कर सपरिवार सभाओं में जाते रहे। भाईजी से दो साल पहले प्यारेलाल गुप्त जी चल बसे। भाईजी उसके बाद बंबई नहीं गए। बोले, ''किसके पास जाऊं?'' प्यारे लाल गुप्त के बिना उनके लिए बंबई सूनी हो गई थी।

* * *

नंदलाल चाचाजी ने जो प्यार मेरे पिताजी से पाया था वह सब अपने भतीजे (भाइजी) पर उडेला। जब भाईजी ने घर छोड़ दिया तो चाचाजी को बहुत सदमा पहुंचा। उनकी कमर मानो टूट गई। माताजी तो रो लेती थी, रात को अक्सर बिस्तर से उठकर चक्कर काटती रहती थीं। ''मेरा बेटा कहां सोया होगा? उसके पास बिस्तर भी होगा या नहीं?'' खाना खाते समय उन्हें बेटे की याद आ जाती थी और वहीं खाना छोड़ देती थीं। सोचतीं, ''मेरे बेटे ने खाना खाया होगा या नहीं?'' मगर चाचाजी कुछ भी कहे बिना भीतर ही भीतर अपने दुख में जलते रहते थे। धीरे–धीरे उनके स्वास्थ्य पर उसका असर होने लगा। उन्हें बार–बार खांसी, जुकाम, बुखार 'फ्लू' होने लगा। आखिर में पता चला कि उन्हें क्षय रोग था।

भाईजी के गांधी के पास जाने के कुछ समय बाद एक दिन मैं अपने गांव कुंजाह में अपने घर के सामने खेल रही थी। एक महिला जिसका हम सब निक्को बुआ कहते थे और जो हमारी चचेरी बहन पार्वतीजी की सहेली थी, जा रही थीं। पार्वती बहन बाल-विधवा थीं। मेरी माताजी से थोड़ी छोटी थीं और मेरी माताजी के साथ ही रहती थीं। हम बच्चों की बड़े प्यार से देखभाल करती थीं। हमें कहानी सुनातीं, पढ़ातीं और खाना खिलाती थी। उस दिन पार्वती बहन और निक्को बुआ के साथ दो-चार और भाई बहन थे। सब महात्मा गांधी का दर्शन करने के लिए गुजरात शहर जा रहे थे। गुजरात वहां से चार मील दूर था। मैंने कहा, "मैं भी चलूंगी।" निक्को बुआ बोलीं, "तुझे गोद में कौन उठायेगा? सवारी मिलेगी या नहीं? हमें पता नहीं।" मगर मैं कहां रूकने वाली थी। मैं उनके साथ चल पड़ी— मैं भी चलूंगी, चलूंगी चिल्लाते हुए उनके पीछे चलती गई। मगर कहां इतना चल सकती थी। थोड़े समय बाद एक भाई ने मुझे कंधे पर उठा लिया और गुजरात पहुंचने से पहले ही मैं उनके कंधे पर सो गई। गुजरात में मुझे जगाया गया 'महात्मा गांधी का दर्शन कर लो।' मगर मुझे कुछ पता नहीं चला कि कौन से महात्मा गांधी थे। मेरे लिए महात्मा गांधी का अर्थ था मेरे भाई। वे मुझे वहां दिखे नहीं। हम लोग वापस घर चले आए। शायद वापसी में सवारी मिल गई थी।

कुछ समय बाद मेरे मंझले भाई मोहनलाल, जो चाचाजी के पास पढ़ने के लिए रोहतक गए हुए थे, वहां बीमार पड़ गए। मेरी माताजी मुझे साथ लेकर वहां गई। मोहन भाई का बुखार तो कुछ दिनों बाद उतर गया मगर खांसी बहुत थी। माताजी चिंता में थी कि क्षय रोग तो नहीं हो गया। एक दिन सुना कि महात्मा गांधी रोहतक आ रहे हैं और हमारे घर के नजदीक ही औरतों की सभा में भाषण देंगे। माताजी सभा

में जाना चाहतीं थी। चाचाजी को घर की औरतों का सभाओं में जाना पसंद नहीं था। हमारे घर में उस जमाने में पर्दा होता था। माताजी ने चाचाजी को बिना बताए सभा में जाना तय कर लिया। चाचाजी कचहरी गए हुए थे। माताजी ने लहंगा पहना, बड़ा सा चादर ओढा और मेरी उंगली पकड़कर चल पड़ी। नजदीक ही एक बड़े से अहाते में औरतें खचाखच भरी थी। दूसरे किनारे पर मंच था उस पर बापूजी थे। औरतें और बच्चे इतना शोर कर रहे थे कि गांधीजी ने अपना भाषण बंद कर दिया और फंड इकट्ठा करने के लिए हाथ फैला दिया। कई औरतें जेवर उतारकर देने लगी। माताजी भीड़ को चीरती हुई मुझे खींचकर मंच तक पहुंच गई और बापूजी को प्रणाम करके बोली, ''मैं प्यारेलाल की माता हूं। मुझे आपसे मिलना है।'' बापूजी ने करीब एक सप्ताह बाद लाहौर में चौधरी रामभजन दत्त की कोठी पर माताजी को मिलने का समय दिया। मेरे माता–पिता उन दिनों लाहौर में रहते थे। माताजी मोहनलाल तथा मुझे साथ में लेकर उनके घर लाहौर पहुंच गई। मुलाकात के दिन माताजी दोनों बच्चों को साथ लेकर चौधरी रामभज दत्त की कोठी पर काफी समय पहले ही पहुंच गई। मुझे भाईजी अपने कमरे में ले गए। वहां कई और लोग भी थे और ढेर सी डाक पड़ी हुई थी। मुझे भाईजी ने तस्वीरों की एक किताब दे दी। माताजी कस्तूरबा से बातें करती रहीं। फिर वे बापूजी को मिलने चली गई। शाम हो रही थी। मैं शायद इस बीच सो गई थी। एकाएक देखा कि कमरे में कोई नहीं है। मैं इधर–उधर माताजी और भाईजी को ढूंढने लगी। एक कमरे में मुझे बत्ती दिखी वहां से बातों की आवाज भी आ रही थी। मैं उधर गई तो भीतर माताजी दीख गई। मैं दौड़कर उनके पास पहुंच गई। वे महात्मा गांधी के सामने बैठी थी। बापूजी ने मुझसे कहा, ''है! यहां पर जूते? जूते उतारकर आओ।'' सो मैं तुंरत जाकर जूते उतार आई।

भाईजी भी वहीं बैठे थे। वे मुझे बाहर ले जाने के लिए उठे। मगर बापू ने उन्हें रोक दिया। आगे होकर बापूजी ने मेरा हाथ पकड़ा और अपनी ओर खींचा। फिर अपनी गोद में बिठा लिया। माताजी उनसे कह रही थी, "मेरा दूसरा लड़का बीमार है।" बापू जी ने मोहनलाल की ओर देखा और बोले, "एक महीने में ठीक हो जाएगा।" माताजी को बापूजी खादी पहनने को कहने लगे। माताजी बोली, "मेरे सिर पर मोटा कपड़ा सहज नहीं होता। जलन होने लगती है।" बापू बोले, "सिर पर आनेवाले भाग में जाली बना लो।' मेरी फ्राक छूकर बोले, "इसे क्यों ऐसे कपड़े पहनाती हो? इसे तो खादी पहनाओ।" फिर बोले, "इसे मैं अपने साथ ले जाता हूं।" माताजी बोली, "यह कैसे हो सकता है? मेरा घर है, उसे कैसे छोड़ दूं?" बापू हंस कर बोले, "हां मेरा भी घर हुआ करता था।"

वापस घर लौटने पर माताजी ने हमें बताया कि कस्तूरबा से बातें करके उन्हें बहुत सांत्वना मिली थी। एक तो उन्हें शांति हुई होगी कि उनका बेटा बापू के पास मां के स्नेह से सर्वथा वंचित नहीं था और फिर कस्तूरबा के अनुभवों से भी माताजी को प्रेरणा मिली होगी। कई बार माताजी ने हमसे कहा, "गई तो मैं थी महात्माजी से अपना बेटा वापस मांगने, सोचकर गई थी कहूंगी' आपके पास तो मेरे प्यारे के जैसे अनेक है, मेरे पास तो एक ही यह बड़ा बेटा है जो इस विधवा का सहारा है। मेरे यतीम बच्चों को देखनेवाला है' मगर उनके सामने जाकर मैं सब बातें भूल गई और कह आई, "कुछ वर्ष भले मेरा बेटा आपकी सेवा करे, अंत में इसे घर भेज दीजिएगा।" बापू ने कहा, "हां, अंत में जरूर घर आ जाएगा।"

इस घटना के एक दो वर्ष बाद मैं और मोहनभाई दोनों कुंजाह में बीमार पड़ गए। एक को मलेरिया था और दूसरे को टाइफायड ज्वर। डॉक्टर ने दोनों को अलग-अलग कमरों में रखने के लिए कहा था।

माताजी बेचारी दोनों के बीच दिन रात चक्कर काटती रहती थीं। एक के सिर ठंडे पानी की पट्टी रखतीं। एक को पानी पिलातीं तो दूसरे को दवा पिलातीं। भाईजी समाचार पाकर कुंजाह आए और हम दोनों को माताजी के साथ लाहौर इलाज के लिए ले गए। उन्होंने मन में सोचा था कि यदि हम दोनों नहीं बचेंगे तो माताजी को वे अकेले वापस नहीं भेजेंगे। साथ ही ले जाएंगे। मगर हम दोनों लाहौर के डॉक्टर की दवा से अच्छे हो गए। हम अपने गांव वापस आ गए। भाईजी फिर बापूजी के पास चले गए। कन्याकुमारी से भाईजी ने माताजी को एक पत्र लिखा, ''भारत मां के चरणों में बैठकर आपको पत्र लिख रहा हूं। भारत मां की सेवा में आपकी सेवा भी तो आ ही जाती है ना।'' कुछ समय के बाद चाचाजी बीमार पड़े। भाईजी फिर आए। चाचाजी की महीनों सेवा की। उनकी मृत्यु के बाद वे वापस बापूजी के पास चले गए।

मोहनलाल ने मैट्रिक पास कर ली थी। भाईजी की बातों का उनके मन पर भी असर था। सो उन्होंने कॉलेज में पढ़ने से इंकार कर दिया और गुरुकुल कांगड़ी में पढ़ने जाना तय किया। मगर वहां जाकर वे बीमार पड़ गए और उन्हें वापस आना पड़ा। एक दिन कहीं से घर लौट रहे थे। रास्ते में कुछ लड़के गिल्ली डंडा खेल रहे थे। किसी की गिल्ली मोहन भाई की आंख पर लगी। रात भर उन्हें बहुत तकलीफ हुई। परिणामस्वरूप ट्रामेटिक कंट्रेक्ट हो गया। भाईजी फिर आए और उन्हें मांगे ले गए। आंख का ऑपरेशन कराया। मगर आपरेशन के बाद एक आंख से मोहनभाई काम ले सकते थे। उन दिनों कान्टेन्ट लेंस नहीं था। और एक दिन क्रिकेट की गेंद मोहनभाई की नाक पर लगी। नाक का सेप्टम ठीक करने के लिए उनकी नाक का आपरेशन कराना पड़ा। इन सब झंझटों में मोहनभाई ने आगे की पढ़ाई का विचार उस समय छोड़ दिया और लाहौर में रेलवे की नौकरी कर ली। बाद में उन्होंने प्राइवेट

पढ़ाई करके बी.ए. पास किया। माताजी के साथ मैं भी लाहौर आ गई। वहां पर 1929 में लाहौर कांग्रेस हुई। कई नेता लोग हमारे घर भाईजी के साथ खाने को बुलाए गए। कस्तूरबा, महादेवभाई, देवदास भाई और मीरा बहन, इन सबके हमें दर्शन हुए। वे सब हमारे घर पर भोजन करने के लिए आए। इससे माताजी बहुत प्रसन्न हुई। मुझे इस बात की निराशा रही कि मुझे स्वयं–सेवकों में भर्ती नहीं किया गया। मैं छोटी थी शायद इसीलिए। मगर हमने कांग्रेस का सब वर्णन भाईजी से सुना। कैसे रावी के किनारे रात को 12 बजे के पूर्ण स्वतंत्रता प्राप्ति के ध्येय का प्रस्ताव पास हुआ और उसके बाद जवाहरलालजी तथा स्वयंसेवक राष्ट्रीय झंडे के चारों ओर खुशी से नाचे।

मोहनलालजी का तबादला देहली हो गया। मैं लाहौर में पढ़ती थी। माताजी गर्मी की छुट्टियों में मेरे साथ देहली आ गई। वहांसे 1930 में गर्मी की छुट्टियों में भाईजी मुझे पहली बार साबरमती आश्रम अपने साथ ले गए। रास्ते भर ट्रेन में मुझे प्रार्थना के श्लोक उन्होंने सिखाए। आश्रम के बारे में बताया। जाते समय तीन जोड़ी खादी के कपड़े माताजी ने मुझे बनवा दिए थे। मगर मैं खादी पहनने का व्रत नहीं लूंगी यह वचन मुझसे ले लिया था। माताजी ने मेरे लिए बहुत से नए कपड़े बनाए थे क्योंकि मैं कॉलेज में जानेवाली थी। वे नहीं चाहती थीं कि लौट कर मैं उन्हें पहनने से इंकार करूं। मगर हुआ वही। आश्रम का मेरे मन पर गहरा असर हुआ। वहां मैं कपड़े धोना भी सीख गई थी। सो लौट कर रोज अपने कपड़े धोकर पहन लेती थी और पढ़ने चली जाती थी। साल भर के बाद माताजी ने मुझे और खादी के कपड़े बनवा दिए। मैंने खादी पहनने का व्रत तो नहीं लिया मगर पहनी तब से खादी ही है।

मेरी गर्मी की छुट्टियां खत्म होने जा रही थी। बापूजी को भोपाल होकर आगरा आना था। मुझे भी साथ ले आए। भाईजी मुझे आगरा

से देहली पहुंचा गए। और वहां से, माताजी और मैं लाहौर आ गए। अगले वर्ष फिर मैं छुट्टियों में साबरमती गई। बापूजी आश्रम में नहीं थे। नमक सत्याग्रह के सिलसिले में वे शायद जेल में थे। मैं आश्रम के छात्रावास में प्रमा बहन कटक के कड़े नियम में रही। इतने में बापूजी आ गए और गुजरात विद्यापीठ में ठहरे। नमक सत्याग्रह पर जाते समय उन्होंने कहा था कि अब वे स्वराज्य लेकर ही आश्रम में लौंटेगे। मैं चरखा कातना, रूई पींजना, पूनी बनाना सीख गई। पिंजाई मुझे ठीक तरह से नहीं आई। शाम को बापूजी आश्रम तक घूमने आते थे। भाईजी उनके साथ होते थे। पहले दिन मैं उनके साथ वापस गई। मगर विद्यापीठ में लड़कियां रात को नहीं ठहर सकती थीं। सो मैं बापू के घूमने निकलने से पहले ही विद्यापीठ पहुंच जाती थी और उनके साथ चलकर आश्रम तक आ जाती थी। वापसी में उनके साथ चलकर नहीं जाती थी। भाईजी मुझसे बहुत कम बात करते थे। मुझे यह चुभता था। वे मुझे बच्चा ही समझते थे। मैं अपने को बच्चा नहीं समझती थी। उसी वर्ष शायद बापूजी दूसरी गोलमेज परिषद के लिए बंबई सें लंदन के लिए रवाना होने वाले थे। मुझे भी भाईजी बंबई तक साथ ले गए। वहां रातभर वे अपना और बापू जी का सामान ठीक करते रहे। मैं भी उनके साथ रात भर जागी। यह मेरा रात भर जाने का पहला अनुभव था। दूसरे दिन उनको रवाना करने जहाज तक गई। लौटते समय मुझे प्यारेलाल जी गुप्त अपने घर ले गए। फिर मुझे उन्होंने देहली पहुंचा दिया।

माताजी ने तय किया कि मैं बंबई भाईजी और बापू को रवाना करने गई थी तो वे और मोहनभाई उनके लौटने पर उन्हें बंबई लिवाने जाएंगे। वे बंबई गई। बापूजी मणिभवन में ठहरे थे। बापूजी के लौटने के दो–चार दिन बाद माताजी घर लौटने से पहले बापूजी को प्रणाम करने गई। मगर बापूजी ने कहा, "अब वापस घर क्या जाना था, अब

तो हमें जेल भेजकर स्वयं भी जेल जाओ।'' माताजी ने इसे बापूजी का आदेश मानकर जेल जाना तय कर लिया। वे कभी घर से बाहर नहीं गई थी। सत्याग्रह चलाने वाले लोग उन्हें जेल भेजने से घबराते थे। मगर माताजी ने किसी को नहीं मानी और आखिर नासिक और यरवदा में छह महीना या उससे अधिक समय की जेल यात्रा की। उनसे जेल का खाना खाया नहीं जाता था। 40 पौंड वजन उतर गया। फिर उन्हें दूध दिया गया तब कुछ तबीयत संभली। मैं उस समय बोर्डिंग हाउस में पढ़ती थी।

माताजी के जेल से छूटने के दिन मोहनभाई और मैं दोनों उनको लेने के लिए पूना पहुंचने की दृष्टि से नासिक गए। वहां से त्रिवेदी साहब (डॉ. मनुभाई त्रिवेदी के पिताजी) हमें पूना ले गए। परिणामस्वरूप हम माताजी के छूटने के बाद पहुंच सके। इससे माताजी को और हमें निराशा हुई। भाईजी भी जेल में थे। माताजी के साथ हम यरवदा में भाईजी को मिलने गए। भाईजी जेल के कपड़े पहने थे। बहुत ही दुबले हो गए थे। जेलर अंग्रेज था, बोला '' गुजराती या अंग्रेजी में बातचीत कर सकते हो, पंजाबी में नहीं।'' भाईजी ने कहा, ''मेरी माताजी दोनों में से एक भी भाषा नहीं जानती; और फिर अपनी मां से मैं अपनी भाषा में ही बात कर सकता हूं। किसी और भाषा में बोलना हमारे लिए अस्वाभाविक होगा।'' करीब दस मिनट हम लोग मौन बैठे रहे। तब वह जेलर ढीला पड़ा और बोला, ''अच्छा आप महात्मा गांधी के आदमी है, मैं आपका विश्वास करूंगा। आप राजनीति की बातें नहीं करना।'' भाईजी ने कहा, ''मेरी मां और भाई-बहन यहां राजनीति की बातें करने के लिए नहीं आए हैं।'' भाईजी ने हमें बताया कि वे इतना कमजोर इसलिए हो गए थे क्योंकि उन्हें ब्लड डिसेंट्री (खूनी पेचिश) हो गई थी। उसमें वे यदि जेल का खाना खाते तो खत्म ही हो जाते। सो उन्होंने करीब हफ्ता

भर कुछ नहीं खाया। फिर रोटी का एक टुकड़ा लेकर मुंह में इतना चबाते थे कि उसका पानी हो जाता था फिर उसे निगलते थे। ऐसे दो चार टुकड़े ही खाते थे। इतने मैं कैदियों के साथ जेल वालों का झगड़ा हुआ। भाईजी ने जेलवालों ने झगड़ा निपटाने में मदद मांगी। भाईजी ने कहा मैं स्वयं जब तक पत्थर तोड़कर देख न लूं कि कितना तोड़ा जा सकता है, मैं कैसे फैसला करूं कि कैदी पूरा काम कर रहे हैं या नहीं? सो एक हफ्ता उन्होंने आठ घंटे रोज पत्थर तोड़ा था। अब उनकी तबीयत ठीक थी। मगर कमजोरी थी, वजन बहुत कम हो गया था।

यह मेरा पहला अनुभव था जेल देखने का। यरवदा जेल की वह दीवारें, भाईजी का वह दुर्बल, जेल के कपड़ों वाला रूप, इन सबका मेरे मन पर गहरा असर हुआ। भाईजी अनेक बार स्वतंत्रता संग्राम में जेल गए, मगर मैं एक ही बार उन्हें जेल में मिलने गई और यही वह पहला और अंतिम अवसर था। कुछ समय के बाद भाईजी को यरवदा में बापूजी के साथ जेल में रख दिया गया था।

माताजी ने पूना से लौटकर देहली में फिर सत्याग्रह किया और गिरफ्तार हुई। इस बार उन्हें लाहौर जेल में छह महीने रखा गया। उस समय श्रीमती सरोजनी नायडू और श्रीमती उमा नेहरू भी उसी जेल में थीं और माताजी से उन दोनों की अच्छी दोस्ती हो गई। भाईजी पर और मुझ पर उन दोनों ने हमेशा स्नेह बरसाया। श्रीमती सरोजनी नायडू तो भाईजी को अपने बेटे के समान ही मानती थीं।

* * *

दूसरी गोलमेज परिषद के बाद ब्रिटिश सरकार ने मुसलमानों और अछूतों को अलग वोट देने का अधिकार देने का ऐलान किया। बापूजी ने

लंदन में ही कह दिया था कि अछूतों को अलग मताधिकार देने का अर्थ होगा, उन्हें हमेशा के लिए अस्पृश्य बना देना। अस्पृश्यता हिंदू धर्म का कलंक है और इसे दूर करना हिंदुओं का धर्म है। अस्पृश्यता का कलंक धोने का अवसर छीनने का विरोध वे अपनी प्राणों की बाजी लगाकर भी करेंगे। अतः बापूजी ने अंग्रेजी हुकूमत के इस सांप्रदायिक फैसले के खिलाफ जेल में ही आमरण उपवास का ऐलान कर दिया। भाईजी इस उपवास में बापूजी की सेवा में थे। उनकी पुस्तक 'ऐतिहासिक उपवास' (एपिक फास्ट) में उन्होंने पूरा वर्णन दिया है कि किस तरह हिंदू धर्म के नेता और अछूतों के नेता डॉ. अंबेडकर ने मिलकर बापूजी का उपवास छुड़वाने का रास्ता निकाला। ब्रिटिश सरकार ने दोनों पक्षों के द्वारा सर्व-सम्मति से स्वीकृत समझौते को मान लिया और बापूजी का उपवास समाप्त हुआ। बापूजी ने अस्पृश्यों को 'हरिजन' नाम दिया। हरिजनों के लिए ब्रिटिश सरकार ने जितनी सीटें दी थी, उस समझौते में उससे अधिक चुनाव की सीटें स्वेच्छा से हिंदुओं ने दस वर्ष तक हरिजनों के लिए सुरक्षित रखना स्वीकार किया और इस बीच अस्पृश्यता को जड़-मूल से निकाल फेंकने का संकल्प किया। दस वर्ष के बाद स्थिति को देखकर यह फैसला किया जाना था कि हरिजनों के लिए सीटें सुरक्षित रखने की अवधि को आगे बढ़ाया जाए या नहीं, यह भी समझौते में मान लिया गया था।

बापूजी ने अस्पृश्यता निवारण के लिए 'हरिजन सेवक संघ' की स्थापना की। यह संस्था हिंदुओं की थी और इसका ध्येय था हिंदू समाज को अस्पृश्यता के पाप के लिए प्रायश्चित के रूप में हरिजन बंधुओं की सेवा के लिए प्रेरित करना, हरिजन बंधुओं का पिछड़ापन दूर करना, हरिजन शिक्षा और समाज सुधार के द्वारा अस्पृश्यता को जड़ मूल से उखाड़ फेंकना, हरिजनों के प्रति हिंदू समाज के हृदय परिवर्तन के चिन्ह-स्वरूप सब मंदिरों

में हरिजनों को प्रवेश दिलाना, हर एक कुएं से वे पानी भर सकें और हिंदू समाज के साथ उनका रोटी-बेटी का संबंध स्थापित हो सके, ऐसी हवा बनाना। भंगी के काम से हरिजनों को मुक्ति मिले, चमड़े का काम गैर हरिजन भी करें। पाखाना सफाई जब तक आवश्यक है, सब लोग अपने हाथों से अपने-अपने घरों में करें, यह सब कार्यक्रम बनाए गए। आश्रम में तो पहले से ही आश्रमवासी अपनी सफाई स्वयं करते थे। सेवाग्राम से बापूजी ने हाथ से फ्लश हो सके, ऐसी वाटरसील वाली टट्टियों का प्रचार आरंभ किया और आश्रम में इस प्रकार के पाखानों की स्थापना की। समय-समय पर जिस सेप्टिक टैंक में मल-मूत्र और धोने का पानी इत्यादि इकट्ठा होता था, उसकी सफाई आश्रमवासी करते थे और जो खाद निकलता था उसे खाद के रूप में खेतों में इस्तेमाल किया जाता था। बाद में तो गोबर गैस का युग आया। पाखाने सुधार के कई और प्रयोग भी किए गए।

मरे हुए जानवरों के चमड़े के इस्तेमाल, उनकी हड्डी, मांस इत्यादि की खाद बनाने के प्रयोग ग्राम उद्योग के अंतर्गत किए गए। श्री वालुंजकरजी ने जो जन्म से ब्राह्मण थे, बापूजी की देखरेख में चमड़े के कार्य की जवाबदारी उठाई। वे नालवाड़ी में रहते थे। सप्ताह में एक दिन बापूजी के पास आपनी समस्याएं लेकर आते थे। कितना ही आवश्यक काम क्यों न हो, बापूजी वालुंजकरजी को घंटे भर का समय अवश्य देते थे। उधर बंगाल में श्री सतीश दासगुप्ता इसी प्रकार के प्रयोग कर रहे थे। वे अपनी समस्याएं लेकर आते थे।

भाईजी ने इस बारे में बहुत कुछ अध्ययन किया और बहुत कुछ लिखा। भाईजी का विश्वास था कि जैसे जूते की दुकान आज सवर्ण करते हैं, ऐसे ही सफाई के बारे में होना आवश्यक है। पाखाना सफाई के विज्ञान को ठीक तरह से विकसित किया जाए और सफाई निरीक्षक (सेनिटरी इंस्पेक्टर) तथा उसकी देखरेख करने वाले हैल्थ अफसरों के

पदों पर भंगियों के बच्चों को तैयार करके रखा जाए।

'हरिजन सेवक संघ' के पहले अध्यक्ष नियुक्त हुए श्री घनश्याम दास बिड़ला और पहले सेक्रेटरी थे श्री ठक्कर बप्पा। हर एक प्रदेश में 'हरिजन सेवक संघ' की स्थापना हुई। देहली में बापूजी जब जाते थे तो किंग्सवे कैंप स्थित हरिजन कालोनी में ही ठहरते थे। हरिजन बच्चों के साथ प्रार्थना इत्यादि में और अन्य प्रवृत्तियों में वे साथ देते थे। बाद में उन्होंने नई दिल्ली की भंगी कॉलोनी के बाल्मीकि मंदिर में भंगियों के बीच रहना शुरू किया। बापूजी की मृत्यु के बाद भाईजी देहली आकर किंगस्वे की हरिजन कालोनी में रहे, बाद में भंगी बस्ती के बाल्मीकि मंदिर, नई देहली में रहे। उनकी शादी भी बाल्मीकि मंदिर में ही हुई थी। मगर यह सब बहुत बाद की बातें हैं।

बापूजी ने अपने साप्ताहिक पत्रों– 'यंग इंडिया' और 'नवजीवन' को भी अंग्रेजी में 'हरिजन' और हिंदी में 'हरिजन सेवक' तथा गुजराती में 'हरिजन बंधु' नाम दे दिए। उनमें वह हरिजन सवाल पर हर सप्ताह लिखते थे। भाईजी और महादेव देसाई तथा अन्य लोग भी इस विषय पर लिखा करते थे।

यरवदा जेल में बापूजी का उपवास छूटने के बाद वे जेल से ही हरिजन कार्य करने लगे थे। मगर सरकार की तरफ से कुछ रूकावटें आने के कारण उन्होंने फिर उपवास किया। तब सरकार ने उन्हें छोड़ दिया। यह शायद 1933 या 1934 की बात है। उसके बाद बापूजी ने जेल की बाकी सजा का समय पूरा होने तक राजनैतिक कार्य नहीं किया और केवल हरिजन सेवा में और खादी कार्य में अपनी शक्ति लगाने का तय किया।

देश भर में 'हरिजन सेवक संघ' के कार्य में अनेक धुरंधर नेता लग गए। बापूजी ने अनेक राज्यों में हरिजन कार्य के लिए यात्रा भी की।

हिंदू धर्म के कट्टर लोग इस हलचल से बहुत नाराज थे। तरह–तरह से अपना विरोध बताने का प्रयास करते रहते थे। उड़ीसा की हरिजन यात्रा के समय कुछ हिंदू धर्म के ठेकेदारों ने सोचा कि गांधी को खत्म कर दिया जाए तो सारी झंझट खत्म हो जाएगी। गांधी हिंदू धर्म का दुश्मन है। उन्होंने गांधीजी पर हमला करने के लिए लठबाज तैयार किए। बापूजी मोटर से यात्रा कर रहे थे। भाईजी उनके साथ थे। उन्होंने हमें बताया कि कैसे एक जगह सामने से लठबाजों की भीड़ ने मोटर का रास्ता रोक लिया। बापूजी ने मोटर खड़ी कराई और शांति से बाहर निकल आए। निर्भय, निर्बेर, शांत भाव से बापूजी पैदल ही चलने लगे। जनता पर जादू का असर हुआ। जो लाठियां उन्हें मारने के लिए लाई गई थी उन्हें पकड़कर हमला करने के इरादे से आए हुए लोगों ने ही बापूजी के लिए भीड़ में से रास्ता बनाया। बापूजी की पार्टी लाठियों के बीच चलने लगी, बाकी लोग लाठियों के बाहर चलने लगे। बड़ी भारी सभा हुई। उस दिन से बापूजी की हरिजन यात्रा ने पैदल यात्रा का स्वरूप ले लिया जिस गांव में पड़ाव होता था, वहां के लोग अगले गांव तक बापूजी की पार्टी को पहुंचाने जाते थे। मोटर में तो थोड़े ही लोग बापूजी के साथ यात्रा में भाग ले सकते थे। अब हजारों लोग उनके साथ चलने लगे और बापूजी का संदेश तेजी से फैलने लगा।

* * *

बापूजी जब साबरमती आश्रम से 79 सत्याग्रहियों के साथ नमक सत्याग्रह के लिए 1930 में निकले थे, उनमें भाईजी एक सत्याग्रही थे और बापूजी के पीछे–पीछे अपना और बापूजी का सामान लेकर चलते थे। बापूजी ने आश्रम से चलते समय ऐलान किया था कि अब वे

स्वराज्य लेकर ही वापस साबरमती आश्रम में आएंगे। मगर स्वराज्य आने में अभी देर थी। साबरमती आश्रम को हरिजन आश्रम बना दिया गया था। बापूजी वहां वापस जाकर फिर कभी नहीं रहे। अहमदाबाद जब वे आते तो गुजरात विद्यापीठ में रहते थे और आश्रम तक शाम को पैदल घूमने जाते थे, जिसका जिक्र मैं पहले कर चुकी हूं। हरिजन यात्रा के बाद बापूजी कहां जाकर रहे यह सवाल उठा। सेठ जमनालाल बजाज ने उन्हें वर्धा आने का निमंत्रण दिया और अपना एक सुंदर बगीचा और मकान उनके रहने के लिए दे दिया। यह बगीचा मगनवाड़ी के नाम से प्रसिद्ध हुआ। यहीं से बापूजी ने 'ग्रामोद्योग संघ' की स्थापना की। श्री जे.सी. कुमारप्पा और उनके छोटे भाई श्री भारतन कुमारप्पा विलायत से अर्थशास्त्र पढ़कर आए थे। बापूजी के विचारों से दोनों भाई इतने प्रभावित हुए कि वे बापूजी के ही हो गए। मगनबाड़ी 'ग्रामोद्योग संघ' का केंद्र बन गई। जे.सी. कुमारप्पा ने शादी नहीं की। भारतनजी ने की मगर उनके साधुओं जैसे जीवन को उनकी पत्नी स्वीकार नहीं कर सकी, और वह शादी टूट गई। भारतनजी को इससे गहरी चोट लगी। वे अपने बड़े भाई से पहले ही स्वर्ग सिधार गए।

भाईजी साबरमती आश्रम छोड़ने के समय 30–32 वर्ष के थे। करीब 19–20 वर्ष की उम्र में जब वे गवर्नमेंट कॉलेज, लाहौर में विद्यार्थी थे, हमारी चाची की छोटी बहन की बेटी के प्रति उनके मन में आकर्षण पैदा हुआ था। मगर उस लड़की का परिवार हमारी ननिहाल की जात–बिरादरी का था। खून का रिश्ता आठ दस पीढ़ी से नहीं था। तो भी हम लोगों की उस जमाने की जाति प्रथा के अनुसार, वह रिश्ता स्वीकृत नहीं हुआ। जिस लड़के से उस लड़की का रिश्ता होने की बात चल रही थी, उसे भाईजी जानते थे। शायद वह उनके साथ ही गवर्नमेंट कॉलेज, लाहौर में पढ़ता था, भाईजी ने कहा– "मेरे साथ नहीं

करते तो उसके साथ रिश्ता न करें। वहां सुखी नहीं होगी।'' मगर वह रिश्ता हुआ, शादी हुई और वह बहन बहुद दुखी भी हुई। मगर भाईजी तो इस बीच घर छोड़कर चले गए थे, गांधीजी के पास पहुंच गए थे।

साबरमती आश्रम के एक प्रमुख कार्यकर्ता के भाई की बेटी उनके पास आश्रम में रहती थी। भाईजी से शायद 15 वर्ष छोटी थी। भाईजी के पास आती-जाती रहती थी। खाने के बाद आश्रम में सब लोग अपने बर्तन धोते थे। वह लड़की भाईजी के बर्तन उनसे छीनकर धोने के लिए ले जाती थी। धीरे-धीरे भाईजी के मन में उसके प्रति आकर्षण पैदा हुआ। लड़की से कुछ कहे बिना उन्होंने बापूजी को अपनी मन की बात बताई। माताजी को पत्र लिखा– ''वह गरीब घर की है मगर संस्कारी परिवार की है। उनकी मट्टी का हमारी मट्टी में खमीर मिले तो अच्छा ही होगा।'' माताजी बेचारी तो तरस रही थीं कि बेटे का ब्याह हो। घर छोड़ने से पहले भाईजी के लिए अनेक बड़े घरों की लड़कियों के रिश्ते आते थे मगर भाईजी ने किसी से बात भी नहीं करने दी। घर से निकले उन्हें दस वर्ष हो चुके थे। माताजी के मन में था कि पहले चाची की भांजी के साथ वाला रिश्ता मान लिया होता तो शायद बेटा घर से जाता ही नहीं। अब वह जातिवाद से ऊपर उठ चुकी थीं। जिसे बेटा स्वीकार करे उसे वह बहू रूप में स्वीकार करने को तैयार थीं। मगर जातिवाद ने पीछा नहीं छोड़ा। लड़की वाले ब्राह्मण थे। हम लोग श्रत्रिय परिवार के थे। उन्हें यह रिश्ता स्वीकार नहीं था। बापू भी उन्हें समझा नहीं सके। भाईजी उस लड़की से कितने प्रभावित थे उसका अंदाजा इस बात से होता है कि किसी ग्रुप फोटोग्राफ में से उस लड़की का फोटो निकलवाने के लिए उन्होंने देश-विदेश में कई मित्रों की मदद ली। मगनवाड़ी से जब बापू सेवाग्राम रहने गए तो भाईजी भी उनके साथ थे। वह लड़की वर्धा के महिलाश्रम में शायद पढ़ती थी। सब लड़कियां सुबह की प्रार्थना

के बाद अपना नाम बोलकर हाजरी लगवाती थीं। भाईजी सेवाग्राम से चार–पांच किलोमीटर चलकर रोज प्रातः सड़क पर खड़े रहते थे ताकि हाजरी लगवाते समय उसकी आवाज सुन सकें। यह उन्होंने मुझे स्वयं बताया था। बापूजी ने भाईजी को धीरज से इंतजार करने को कहा था। मगर उस लड़की के घरवालों ने भाईजी के साथ उसका संबंध करने से इंकार कर दिया। भाईजी के बारे में कुछ उलटी सीधी बातें भी बापूजी को लिखीं और उसकी शादी कहीं और कर दी।

भाईजी बहुत अस्वस्थ हुए। उड़ीसा के पिछड़े से पिछड़े इलाके में जाकर गोप बाबू चौधरी के मार्गदर्शन में जन–सेवा में लग गए। यह ऐसा इलाका था जहां एक घर से दूसरे घर में नौका से जाया जाता था। लंबे लकडी के स्तंभों पर पानी से ऊपर झोपड़ियां बांधी जाती थी। वहां का पानी पीना हैजे को बुलावा देना था। सो भाईजी हफ्ते भर नौका में घूमते थे और अपने प्रवास के लिए खीरे अपने साथ रख लेते थे और उससे ही खाने और पानी का काम लेते थे। शायद चावल की मूढ़ी (मुरमुरा) भी रखते थे।

कलकत्ते में सतीश बाबू के पास भी उन दिनों उन्होंने काम किया। सतीश बाबू एक अस्पताल भी चला रहे थे। बीमारों की किस लगन से भाईजी सेवा करते थे, डॉक्टर भी वे और नर्स भी वे, यह सब जब वे मुझे सुनाते थे तो रोमांच होता था। 15 से 20 मील का रोज का चलना, दिन रात काम करना और नाम–मात्र को शरीर को टिकाए रखने जितना खाना, यह थी उनकी दिनचर्या। माता–पिता से अच्छे स्वस्थ शरीर की काठी उन्हें मिली थी। उसके साथ उन्होंने खूब अत्याचार किया। तो भी उसने 80 साल तक उनका अच्छा साथ दिया। आखिरी एक–दो वर्षों में ही उनका स्वास्थ्य कुछ गिरा। अंत तक वे अक्सर अपने घर से दफ्तर पैदल चले जाते थे।

बापूजी भाईजी को बार–बार वापस बुला रहे थे। मैं डॉक्टरी पढ़ रही थी। मुझे भाईजी ने लिखा था कि मैं पढ़ाई छोड़ दूं और बापूजी के पास चली जाऊं। मगर मेरी माताजी ने मुझे ऐसा न करने की कड़ी चेतावनी दी। उस जमाने में लड़कियों को पढ़ने की सुविधा मिलना आसान बात नहीं थी। लड़कियां लड़कों से ज्यादा अच्छी पढ़ाई में सिद्ध हो तभी उन्हें पढ़ने का मौका मिलता था। सो मैंने पढ़ाई नहीं छोड़ी। भाईजी बापू के पास वापस आ गए। उन्हें बवासीर हो गई थी। मुझे पत्र लिखा कि खून की धार बह रही है। मैं घबरा गई। दौड़ी–दौड़ी वर्धा आई। वे वहां से ऑपरेशन के लिए बंबई जा चुके थे। महादेवभाई ने मुझे उनकी मानसिक अस्वस्थ की बात का और कोई कारण बताया। मेरे मन में कुछ गुस्सा भी आया, कि मेरी परीक्षा के इतने पास, क्यों भाई को मुझे तरह का चिंतित करने वाला पत्र लिखना चाहिए था? बवासीर तो मामूली बीमारी है। बीमारी का नाम ही लिख दिया होता बजाय ऐसे वर्णन के जिससे मैं परेशान होकर दौड़ी–दौड़ी आई। मेरी प्रिंसीपल ने मेरे छुट्टी मांगने के समय मुझे कहा भी था कि बवासीर होगी। मगर मैंने उनकी नहीं सुनी और वर्धा भागी गई। भाईजी महान तपस्वी थे, महान सेवक थे, महान बुद्धिजीवी लेखक थे। मगर दूसरे की चमड़ी के नीचे जाने की, दूसरे की मनस्थिति समझने की उनकी शक्ति बहुत कम थी, ऐसा मुझे लगा।

फैजपुर कांग्रेस 1935 की क्रिसमस की छुट्टियों में हुई थी। मेरी चचेरी बड़ी बहन प्रकाश नैय्यर और मैं फैजपुर कांग्रेस देखने पहुंच गए। दोनों डॉक्टरी पढ़ रहे थे। भाईजी ने हमें बापूजी के कैंप में रखा। मगर खाना खाने के लिए एक दो फर्लांग की दूरी पर सब लोगों के साथ खाने जाना होता था। खाने के स्थान पर धूल और मिट्टी ही मिट्टी होती थी। खाने का समय शाम को छह बजे के करीब था। हमें उस समय भूख भी नहीं लगती थी। एक दिन दोनों ने कहा, "कोई बात

नहीं।'' रात को करीब दस बजे हम सो गए। भूख तो लगी थी मगर कुछ बोले नहीं। प्रकाश बहन जी भूखी सो नहीं सकती करीब 11 या 12 बजे उन्होंने भाईजी को जगाया और कहा, ''भाईजी भूख लगी है, नींद नहीं आती।'' भाईजी अभी काम से उठकर लेटे ही थे। वे उठे कहींसे डबल रोटी लाए। टमाटर लाए और पुदीने की सूखी चटनी कहीं पड़ी थी वह हमें दी। उस रात में उस खाने से अधिक स्वादिष्ट भोजन हमने शायद ही कभी खाया होगा।

बापूजी 1937 के अंत में कलकत्ते में कांग्रेस अधिवेशन या तो वर्किंग कमेटी की मीटिंग के लिए आए थे। मैं डॉक्टर बन गई थी और 'ऑल इंडिया इंस्टीट्यूट ऑफ हाईजीन एंड पब्लिक हेल्थ' में 'डीएमडीडब्ल्यू' के कोर्स में भर्ती हुई थी। बापूजी शरतचंद्र बोस के घर पर ठहरे थे। मैं क्लास पूरी होने पर हॉस्टल में अपनी किताबें रखकर सीधी बापूजी के वहां पहुंच जाती थी। जिस दिन बापूजी को वर्धा के लिए ट्रेन लेना था मैं पहले ही वहां पहुंच गई थी। उस दिन जब बापू मीटिंग से वापस आए तो इतना थक गए थे कि आंखे बंद करके लेट गए। मौसम्मी के रस का ग्लास उन्हें दिया गया तो उनके हाथ कांप रहे थे। उन्होंने उसे रख दिया और फिर लेट गए। मैंने तुरंत डॉ. विधानचंद्र राय को फोन करके बताया और ब्लड प्रेशन मशीन लाने को कहा। उन्होंने तुरंत आकर ब्लड-प्रेशर लिया तो वह बहुत ऊंचा था। सामान सब स्टेशन पर जा चुका था। बापू और भाईजी के सिवाय शायद और सभी लोग स्टेशन जा चुके थे। मैंने भाईजी से कहा— बापूजी को इतने रक्तचाप में मुसाफिरी नहीं करनी चाहिए। मैंने सुन रखा था और भाईजी स्वयं जानते थे कि हमारे पिताजी ने खूब ऊंचे रक्तचाप में डॉक्टरों की राय न मानकर लाहौर जाने का आग्रह रखा था और वहां पहुंचते ही उनके दिमाग की नस फट गई थी, जिससे उनकी मृत्यु हुई थी। डॉ. विधानचंद्र

राय और शरत बाबू इत्यादि सबने मेरी बात मान ली और आग्रह करके बापूजी का उस दिन का जाना रद्द करवा दिया। स्टेशन से बापूजी की पार्टी और सामान वापस आ गए।

करीब सप्ताह भर बाद फिर वर्धा जाने की तारीख तय हुई तो डॉ. विधानचंद्र राय ने कहा, ''सुशीला को बापू के साथ जाना चाहिए। वहां से मुझे रोज समाचार भेजा करे।'' मैंने एक महीने की छुट्टी ली और बापूजी के साथ सेवाग्राम पहुंच गई। सेवाग्राम में दिसंबर में खूब सर्दी होती है। ठंड से बापूजी का ब्लड प्रेशर बढ़ जाता था सो बापूजी को जुहू ले जाया गया। श्रीमती सरोजनी नायडू आकर चौकीदार बनकर बैठ गई। मुलाकातियों को रोकने का, प्रेस से बातचीत करने का काम उन्होंने संभाल लिया। महीने भर की छुट्टी पूरी होने पर मैंने और छुट्टी मांगी तो वह मिली नहीं और मैंने कलकत्ते का वह कोर्स छोड़ दिया। सेवाग्राम के देहातों में कैसे स्वास्थ्य सेवाएं पहुंचे, इसकी तालीम मेरे लिए शुरू हो गई।

* * *

बापूजी एक दिन मुझे बताने लगे कि कैसे टाइफाइड के मरीजों को वे मौसम्मी का रख देते हैं, एनिमा देते हैं और उनके पेट पर मट्टी का पट्टा रखते है, और इस इलाज से उनके सब टायफाइड के बीमार अच्छे हो जाते हैं। मैंने कहा, ''मगर मैं तो यह जानना चाहती हूं कि आपके यहां एक के बाद एक टायफाइड के मरीज होते क्यों हैं? टायफाइड तो छूत की बीमारी है।'' बापूजी बोले, ''तो तू पता करके मुझे बता।'' अब तो यह मेरे लिए एक चुनौती हो गई। मैं टाइफायड के मरीज के कमरे में गई और मरीज के सेवकों से पता किया कि मरीज का मल—मूत्र कहां

डाला जाता है। पता चला कि बीमारी के जंतुओं को मारनेवाली कोई दवाई डाले बिना मरीज का मल–मूत्र कुएं से थोड़ी दूर पर एक गड्डे में दबाया जा रहा था। मैंने कुएं के पानी को एक शीशी में भरकर उसे नागपुर पब्लिक हेल्थ लेबोरेटी में भेजा। दो दिनों में रिपोर्ट आई कि भारी मात्रा में कोर्लोफार्म जंतु पानी में पाए गए थे। मैंने बापूजी को रिपोर्ट बताई। मेरे कहने से बापूजी ने कुएं का पानी उबालकर पिया जाए, ऐसा आदेश दिया। मरीज के मल–मूत्र में ब्लीचिंग पाउडर डलवाकर उसे कुएं से दूर गाड़ने की व्यवस्था मैंने करवा दी। टाइफाइड का चेन टूट गया। और किसी को टायफाइड नहीं हुआ।

भाई जी को उबले पानी में धुंए का स्वाद आता था। मुझे उन्होंने गोद में खिलाया था। मेरी बात को इतना महत्व देने की आवश्यकता उन्हें नहीं लगती थी। अपनी स्वास्थ्य–शक्ति पर उन्हें पूरा भरोसा था सो उन्होंने बिना उबाले ही पानी पीना तय किया। मीरा बहन एक छोटा सा डायनेमो ले आई। पानी में से बिजली के स्पार्क जाने से पानी शुद्ध हो जाएगा, ऐसा वे मानती थीं। मैंने कहा ऐसा नहीं होगा। स्पार्क के बाद पानी को टेस्ट कराया तो मेरी बात सही निकली। मगर भाईजी नहीं माने। अपने बरामदे में उन्होंने पानी का एक मटका रखा। उस पर गत्ते का बोर्ड लगाया, 'अन ब्वायल्ड एंड अनस्पायल्ड। गारंडी अनस्पार्कड।' सब लोग उसे देखकर हंसते थे। मगर दस–पंद्रह दिनों के बाद भाईजी टाइफायड से बीमार पड़ गए।

भाईजी के बीमार पड़ने के दो चार दिन बाद खबर मिली कि सेवाग्राम में हैजा फूट निकला है। बापूजी ने मुझे बुलाया और बोले, "प्यारेलाल की सेवा को मैं दूसरा प्रबंध कर लूंगा, तुम्हें गांव में जाकर हैजे के बीमारों को देखना है। मैं गांव में गई। पांच–सात रोगी थे। मैंने बापूजी से कहा, "आश्रम के सड़क के किनारे वाले दो चार कमरे मुझे मिल

जाएं तो मैं बीमारों को वहां ले आऊं।'' बापू बोले–''नहीं, गांव तुम्हारा अस्पताल है। गांव की हर एक झोपड़ी एक वार्ड है, वहीं जो करना हो सो करो।'' मगर मैं अकेले यह सब कैसे करू? मैंने पूछा? बापू बोले–''हां यह ठीक है। मैं प्रार्थना में पूछूंगा जो तेरी मदद करने को तैयार हों उन्हें तेरी मदद में भेज दूंगा।'' मैंने आश्रम और गांव में सबको हैजे का टीका देने की भी बात की। बापू तो मान गए मगर बा अड़ गई। कहने लगीं कि वह टीका हरगिज नहीं लेंगी। इस पर आश्रम के अन्य लोग भी टीके के लिए तैयार नहीं हुए।

शाम को प्रार्थना के बाद पांच–छह सहायक बापूजी ने मेरे पास भेजे। मैंने रातों–रात उनके लिए ओवरऑल बनवाए। क्या करना और क्या नहीं करना, ऐसे दस एक नियम हिंदी में लिख दिए जिनकी मराठी करके उन्हें अगले दिन पर्चे के रूप में छपा लिया गया। हर एक स्वयं–सेवक के हाथ में यह पर्चे और एक बाल्टी–ब्लीचिंग पाउडर की दे दी गई। जहां बीमार का दस्ता या कै हो वहां ब्लीचिंग पाउडर डालना, मरीज के गंदे कपड़ों को ब्लीचिंग पाउडर वाले पानी से भिगोना और गांव के हर एक कुएं में हर रात ब्लीचिंग पाउडर डालना, यह उनका काम था। मैं ज्यादा गंभीर मरीजों की नस में सेलाइन और ग्लूकोज का पानी घर–घर जाकर चढ़ाती थी। उल्टी ज्यादा न हो ऐसे मरीजों को सल्फागुआनीडीन की गोली देती थी। जो बीमार नहीं थे ऐसे सारे गांव वालों को हैजे का टीका भी लगा दिया और बीमारी के बारे में उन्हें समझा दिया। क्यों बाहर खाना नहीं, पानी पीना नहीं, यह सब पर्वे में भी लिखा था, वह उन्हें समझा दिया। बहुत से बीमार अच्छे हो गए और थोड़े दिनों में महामारी समाप्त हो गई।

भाईजी का भी बुखार उतर गया। मगर कमजोरी अभी बहुत थी। मैंने अपनी प्रिंसीपल को मुझे मेरे पुराने कॉलेज में काम देने को लिखा

था। माताजी भी चाहती थीं कि मैं देहली वापस जाऊं। प्रिंसीपल ने पैथालाजी में असिस्टेंट प्रोफेसर की नौकरी दी। बापूजी को दिखाकर उसके लिए मैंने अपनी स्वीकृति भेज दी। इस बीच भाईजी को पता चला कि आश्रम के कुछ लोग बेकार मेरी टीका कर रहे थे। मैं सबसे छोटी थी। आश्रम में मेरा महत्व बापूजी के पास इतना बढ़ गया, यह उन्हें चुभता था। एक दिन शाम को प्रार्थना से पहले बापूजी के साथ घूमते समय बारीक—बारीक बूंदे आने लगी और बापूजी को इतनी ठंड लगने लगी कि वे दौड़ने लगे। ठंड से उनका ब्लड प्रेशर बढ़ता है यह मैं जानती थी। मैंने अपनी साड़ी निकाल कर डबल करके उन्हें ओढ़ा दी और पेटीकोट में उनके साथ वापस आ गई। आश्रम में कई लड़कियां का पहनावा ही चुनिया और ब्लाउज थी। चुनिया पेटीकोट के समान ही होता है। मगर मेरे पेटीकोट में आने को टीकाकारों ने खूब उछाला। बापूजी को लंबे पत्र लिखे; सुशीला को वापस भेज देना चाहिए, ऐसी मांग भी की।

भाईजी ने जब यह सुना तो वे बहुत अस्वस्थ हुए। मुझे देहली जाने देने की उनकी तैयारी थी। मगर ऐसे वातावरण में नहीं जाना चाहिए, ऐसा उनका मत था। डाक उन दिनों वर्धा भेजी जाती थी और उसमें मेरी स्वीकृति मेरी प्रिंसीपल के नाम भेजी जा चुकी थी। भाईजी बीमारी से उठे ही थे। बहुत कमजोर थे। मगर बिना किसी से कुछ कहे वे बिस्तर से उठकर चुपचाप पैदल वर्धा चले गए और वहां से मेरी स्वीकृति पत्र वापस ले आए।

आश्रम में जमनालालजी ने अपने लिए जो घर बनाया था और जो खाली पड़ा था, उसके एक आठ फुट चौड़े और दस फुट या तो उससे भी कम माप के कमरे में भाईजी रहते थे, मेरा भी सामान वहीं रखा था। दिन भर हम लोग अपने काम में रहते थे। रात को आकाश के

नीचे बापूजी के एक तरफ बहनें और एक तरफ भाई सोते थे। साड़ी पहनने के लिए ही मैं उस कमरे में आती थी। कभी–कभी भाईजी मुझे अपने हस्तलिखित लेख की साफ नकल करने के लिए वहां बिठा लेते थे। उनके पास पैट्रोमेक्स था, क्योंकि उनको रोशनी ज्यादा चाहिए थी। बाकी सब लोग हरीकेन लालटेन से काम चलाते थे। कई बार वह तीन–तीन चार–चार बार अपना लेख लिखते थे। जब तक उन्हें स्वयं पूरा संतोष न हो जाए, उसे बापूजी के सामने नहीं रखते थे। नकल करते–करते मेरे हाथ थक जाते थे। बापू भाईजी को कई बार कवि की उपाधि देते थे। भाईजी इस विशेषण से बहुत चिढ़ते थे। महादेव भाई वर्धा में थे। सुबह मगनवाड़ी से चलकर आते थे, शाम को डाक लेकर वापस चले जाते थे। उनके आने से पहले और जाने के बाद की मुलाकातों वगैरह को देखना, आवश्यक हो तो 'हरिजन' के लिए उनको लिखना इत्यादि भाईजी का ही काम रहता था। राजकुमारी अमृतकौर भी उनकी मदद किया करती थीं।

राजकुमारी अमृतकौर राजघराने की थीं। वह उस समय मेरे टीकाकारों में थीं। भाईजी को लगता था कि वह हम सबको अपने से हल्का समझती हैं। मगर एक बार बापूजी से सारी बातें खुलकर हो जाने के बाद वह भाईजी पर बहुत स्नेह रखने लगी। सचमुव वह स्वयं स्नेह की भूखी थीं। मीरा बहन, देवदास भाई, महादेव भाई सभी लोग भाईजी पर बहुत स्नेह रखते थे। देवदास भाई और भाईजी तो ट्वीन्स (जुड़वा भाई) कहलाते थे। देवदास भाई जब 1933 या 1934 में बीमार पड़े तो उनको भाईजी का ही साथ चाहिए था। उन्हें शिमले भी लेकर गए। फिर उनके साथ देहली में बिड़ला हाउस में रहे। मेरी गर्मी की छुट्टियां थी। मुझे भाईजी कई बार सुबह हनुमान रोड से बिड़ला हाउस तक चलाकर ले जाते थे और वापस लाते थे। मैं बहुत थक जाती थी। उन्हें कल्पना भी

नहीं थी कि मुझे थकान होती होगी। देवदास भाई के अच्छा होने पर वे वापस बापूजी के पास चले गए। शायद तीन–चार महीने वे उनके साथ रहे थे।

माताजी मेरे आश्रम जाने से दुखी थीं। उन्होंने देवदास भाई से भी बातें की थीं और देवदास भाई ने बापूजी और भाईजी को मुझे देहली वापस भेजने के लिए बहुत समझाया था। आखिर तो मैं वापस गई क्योंकि मेरे अपने मन में मेरी पढ़ाई पूरी करने की इच्छा थी। मगर उसमें जितनी देर हुई, जिस हद तक भाईजी ने इस सलाह का विरोध किया, उस हद तक भाईजी का अपने इन निकटतम साथियों से मतभेद हुआ। भाईजी की बापूजी पर अनन्य श्रद्धा थी और वे मानते थे कि बापूजी के पास रहना ही मेरे लिए श्रेयस्कर होगा। बापू को मेरी डॉक्टरी सेवा मिले, यह भी उन्हें अच्छा लगता था।

* * *

1939 में राजकोट के सत्याग्रह में बापूजी ने पहले कस्तूरबा को भेजा। बाद में बापूजी स्वयं वहां गए। उन्होंने वहां की सरकार को पत्र लिखा कि वे राजकोट जा रहे हैं और उनके साथ उनके निजी सचिव प्यारेलाल, निजी डॉक्टर सुशीला नैय्यर और टाइपिस्ट कनु गांधी होंगे। मेरी खुशी की हद नहीं रही कि बापूजी ने मुझे निजी डॉक्टर की पदवी दी है। बाद में जब उन्होंने आग्रह किया कि वे अपने लिए मेरी सेवा को प्रथम स्थान नहीं दे सकते, आश्रम और गांव वालों की सेवा के लिए ही मेरी डॉक्टरी का प्रथम उपयोग होगा और इसलिए मुझे प्रवास में साथ ले जाना भी शंकास्पद बन गया, तो में यह स्वीकार न कर सकी। मैं तो बापूजी के लिए ही अपनी पढ़ाई छोड़कर आई थी। भाईजी ने मेरा

समर्थन किया। इससे भी उनमें और देवदास भाई में मतभेद हुआ। मगर भ्रात-स्नेह तो पूर्ववत् ही दोनों में अंत तक बना रहा।

महादेव भाई कुछ अस्वस्थ रहने लगे थे। उन्हें सिर में चक्कर आ जाता था। कई डॉक्टरों ने उन्हें देखा। निदान नहीं हो सका। बापूजी ने उन्हें आराम करने को कहा। वे राजकोट बापूजी के साथ नहीं गए। मगर 'हरिजन' में लिखने का काम तोवे करते ही रहे। भाईजी भी 'हरिजन' के लिए लिख कर बराबर हर सप्ताह भेजते थे। बापूजी स्वयं भी लिखते थे। बापूजी कहीं भी हों, उन्हें लेख समय पर 'हरिजन' में छपने के लिए अहमदाबाद पहुंच जाएं, इसका वे पूरा ध्यान रखते थे।

कैसे बापूजी ने राजकोट में उपवास किया, कैसे कस्तूरबा उनके पास जेल से लाई गई, फिर रिहा हो गई, कैसे 'ग्वायर एवार्ड' बापूजी के पक्ष में आया, मगर उन्होंने उसका त्याग किया, यह सब कहानी मैं छोड़ देती हूं। बापूजी का उपवास छूटने के बाद मेरे भाई मोहनलाल जी की शादी के लिए मैं घर गई। भाईजी बापूजी की सेवा में ही रहे। वे जा भी नहीं सकते थे। उन्हें शादी में जाने में दिलचस्पी भी नहीं थी।

सेवाग्राम वापस आने के कुछ समय बाद एक रविवार को मैं अपने कमरे में साड़ी पहन रही थी कि इतने में तालीमी संघ से कोई दौड़ता हुआ आया। आशादेवी आर्यनायकम जी का लड़का बहुत बीमार था। उसे देखने को मुझे बुला रहे थे। मैं पहुंची तो उस तीन-चार साल के बच्चे को कनवलजन (अकड़ाव) आ रहे थे। मैंने उसे गर्म पानी में रखा, कुछ अकड़न कम हुई। फिर ठंडा पानी डाला। बुखार तो कुछ विशेष लग नहीं रहा था। मुझे समझ में नहीं आ रहा था कि क्यों बच्चे को इस प्रकार कनवलजन आ रहे हैं। बाद में पता चला कि वह शुगर कोटेड 'क्वीनीन' की गोलियों की पूरी शीशी खा गया था। मगर उस समय इस बात की किसी को खबर नहीं थी। पता चलता भी तो पेट धोने का

समय ही नहीं था। एकाएक मेरे हाथों में उसे एक जोरदार कनवलजन आई और वह समाप्त हो गया। मैं उस बच्चे को बहुत प्यार करती थी। मुझे बहुत धक्का लगा, मुझे लगा कि देहात में अकेले काम करने लायक डॉक्टरी ज्ञान मेरे पास नहीं है। मैं क्यों इस बच्चे को नहीं बचा पाई? मुझे और ज्ञान प्राप्त करना चाहिए।

मैंने फिर अपनी प्रिंसीपल को पत्र लिखा। मुझे रजिस्ट्रार की नौकरी मिल गई और मैंने 'मेडिसन' में 'एम.डी' करने के लिए अपना नाम दर्ज करवा दिया। एक विशेष विषय लेने की आवश्यकता थी। उस सूची में कार्डियालाजी, न्यूरोलाजी इत्यादि के साथ बालरोग विज्ञान (पीडियाट्रिक्स) भी था। सो मैंने बालरोग विज्ञान चुन लिया। इस समय भाईजी ने मुझे जाने दिया। बापूजी का भी आशीर्वाद मिला। मैं 1940 में देहली जाकर पढ़ने लगी। आश्रम में जो कोई बहुत बीमार होता था, उसे बापूजी मेरे पास देहली भेज देते थे। कंचन बहन को भेजा। उन्हें इतना सख्त एनीमिया (रक्त की कमी) थी कि मुझे उन्हें कुछ समय के लिए अस्पताल में भर्ती करवाना पड़ा। तारा बहन मशरूवाला बीमार थी। उन्हें बापूजी ने मेरे पास भेज दिया। उनकी सेवा के लिए उनके साथ सुशीला ताई भी आई थीं। मेरी माताजी और मोहनलाल भाई के पास हमारे हनुमान रोड वाले घर में वे दोनों दो–तीन महीने रहीं और अच्छी होकर वापस गई। भाईजी को बहुत अच्छा लगता था कि आश्रम के बीमार मेरे पास इलाज के लिए आना पसंद करते थे।

मैं पहले माताजी के पास घर में ही रहती थी। सुबह कॉलेज जाती और शाम को आठ बजे के करीब मेडिकल जनरलों का ढेर उठाकर घर आती। खाना खाकर उन्हें पढ़ाती। सुबह से अस्पताल जाकर काम करती, अपनी थीसिस के मरीजों को देखती। 'लानसेट' में एक लेख निकला था कि कॉलेस्ट्रॉल के इंजेक्शन देने से 'मैक्रोसिटिक

हाइपरक्रानिक एनीमिया' के मरीज लिवर दिए बिना अच्छे हो जाते हैं। मैं स्वयं शाकाहारी थी और मेरे शाकाहारी मरीजों को लिवर के इंजेक्शन लेने को तैयार करने में कठिनाई का अनुभव कर चुकी थी। बापूजी के परम भक्त पोलिश इंजीनियर श्री भारतानंद जी स्वयं इस प्रकार के मरीज थे। मैंने थीसिस के लिए एनीमिया का विषय चुन लिया। उसके लिए एनीमिया 51 बहुत गंभीर मरीजों का अध्ययन किया। उनमें कंचन बहन का भी केस शामिल था। उन सब रोगियों का रक्त लेना और उकी हेमोग्लोबिन मापना, लाल रक्त–कण गिनना और अन्य आवश्यक परीक्षण करना, फिर ब्लड केमिस्ट्री के लिए मरीजों का रक्त लेना और कोलेस्ट्रोल व प्रोटीन इत्यादि के लिए जांच करना, आवश्यक परीक्षण करने के लिए दवाइयों की उचित मात्रा में साल्यूशन भी स्वयं बनाना, फिर वह ठीक है अथवा नहीं यह परीक्षण करना, यह सब काम उस जमाने में मुझे अपने हाथों से करने होते थे। जो समय बचता था वह पुस्तकालय में बिताती थी। करीब 16 घंटे काम करती थी। घर से आने जाने का समय बचाने के लिए और अपनी पढ़ाई के हित में आगे चलकर मैंने कॉलेज में ही रहना ठीक समझा और वहीं कमरा ले लिया। इतने में कस्तूरबा जी सेवाग्राम में बीमार पड़ी। बापूजी से कहने लगी, ''या तो सुशीला को बुला दो या मुझे उसके पास भेज दो।'' बापूजी ने मुझे तार दिया। बा देहली आ गई। अस्पताल के मेरे कमरे में ही आकर रहीं। खाना घर से आ जाता था। माताजी, लक्ष्मी भाभी, देवदास भाई सब रोज उनके पास आते थे। और लोग भी उन्हें मिलने आते थे। मेरा कमरा शायद ठंडा ज्यादा था। बा की खांसी बढ़ गई। तब देवदास भाई और लक्ष्मी भाभी उन्हें अपने घर ले गए। मैं सुबह शाम उनके पास वहां जाती थी। बा ने किसी और डॉक्टर से दवा लेने से इंकार कर दिया था। सो इलाज मेरा ही चलता था। आखिर में वह अच्छी हो गई और

वापस सेवाग्राम चली गई। बापूजी करीब हर रोज बा को और मुझे पत्र लिखते थे। भाईजी भी बराबर लिखते थे।

भाईजी का कहना था कि मैं 1941 की परीक्षा में न बैठूं क्योंकि मेरी तैयारी पूरी नहीं हो पाई थी। बापूजी का कहना था कि मुझे परीक्षा में बैठना चाहिए। उन्हें मेरी बुद्धि और शक्ति पर भरोसा था और वे चाहते थे कि मैं शीघ्र-अतिशीघ्र एम.डी. की परीक्षा पास करके वापस सेवाग्राम पहुंचू। मैं उनको लिखती थी कि मैं आऊंगी तो उनकी सेवा के लिए ही आऊंगी। यह उन्हें स्वीकार करना होगा। वे अपनी बात मुझे समझाने का प्रयास करते थे। और फिर अंत में कह देते थे, "अच्छा यह सब तू ईश्वर पर छोड़ दे।" भाईजी का भी यही मत था कि मुझे पूरी शक्ति से अपनी पढ़ाई पूरी करनी चाहिए। परीक्षा पास करने के बाद की बात भगवान पर छोड़ देनी चाहिए। यही बात आगे चलकर सही सिद्ध हुई।

बा के देहली से जाने के थोड़े ही समय बाद मैं लाहौर चली गई। उन दिनों लेडी हार्डिंग कॉलेज पंजाब यूनिवर्सिटी के अंतर्गत आता था। परीक्षा देने भी हमें लाहौर जाना पड़ता था। एम.डी. वालों को उस जमाने में कोई पढ़ाता था ही नहीं। अपने आप पढ़ना, मरीज देखना, प्रोफेसरों के पीछे-पीछे घूम कर उनसे सीखने का प्रयास करना, जो प्रोफेसर या असिस्टेंट प्रोफेसर मान जाए, उनके साथ अपने देखे हुए मरीजों के बारे में चर्चा करना, सवाल पूछना, इस तरह हम लोग पढ़ने और सीखने का प्रयास करते थे। लाहौर में भाईजी के मित्र श्री गिरधारी पूरी के तीन छोटी भाई पढ़ने के लिए एक घर लेकर रह रहे थे। मुझे भी वहां रहने का निमंत्रण मिला और मैं उनके वहां जाकर ठहरी। वहीं से परीक्षा में बैठी और वापस आ गई। फिर देहात आकर पढ़ाई में जुट गई।

1942 के अप्रैल और मई में फिर परीक्षा थी। इस बार दो-तीन महीना पहले से ही मैं लाहौर आ गई। डॉ. के.एल. विग वहां असिस्टेंट

प्रोफेसर थे। वे एम.डी. वालों को पढ़ाने में समय दिया करते थे। वह बहुत अच्छे शिक्षक थे। मेरे साथ पंजाब से डॉ. अमरजीत सिंह और डॉ. प्राणनाथ छुट्टानी भी इस समय एम.डी. की परीक्षा में बैठे और हम तीनों पास हो गए।

परीक्षा देकर मैं वापस लेडी हार्डिंग मेडिकल कॉलेज में काम कर रही थी। मेरी रजिस्ट्रेशन की अवधि गर्मी की छुट्टियों के बाद पूरी होती थी। मुझे रिसर्च का चस्का लग गया था। मैंने इंडियन रिसर्च एसोसिएशन, जिसका आगे चलकर 'इंडियन काउंसिल ऑफ मेडिकल रिसर्च' में विकास हुआ, के पास अपना आवेदन पत्र दिया और उन्होंने मुझे रिसर्च फेलो चुन लिया और मुझे रिसर्च फेलोशिप मिल गया। मगर ईश्वर को कुछ और ही स्वीकार्य था।

मेरी गर्मी की छुट्टी पंद्रह अगस्त से शुरू होनेवाली थी। पांच अगस्त को मैं घर से कॉलेज जा रही थी। मोहनलाल जी की पत्नी शंकुतला भी मेरे साथ थीं। वह मैट्रिक की परीक्षा की तैयारी कर रही थीं। रास्ते में हमें मेरी एक सहेली मिली और उसका पति भी, जो वाइसराय के खुफिया कोड को चलाते थे (आपरेट करते थे) मिल गए। पूछने लगे, "क्या आप भी बंबई जा रही हैं?" आठ अगस्त को बंबई में अखिल-भारत-कांग्रेस कमेटी की मीटिंग होने वाली थी। मैंने उत्तर दिया, "नहीं, बंबई तो नहीं जा रही हूं, बाद में सेवाग्राम जाऊंगी।" वे बोले, "बाद में वहां क्या रखा है?" उनके बोलने के ढंग से मेरा माथ ठनका। मगर मेरे बहुत पूछने पर भी उन्होंने और कुछ नहीं बताया और चले गए। मेरी सहेली कुछ देर और खड़े-खड़े हमसे बातें करती रही। उसने बताया कि उसके पति कुछ दिनों से बहुत अस्वस्थ थे, रात को नींद में भी बड़बड़ाते थे, "उनका पता होगा न? उन्होंने अपनी तैयारी कर ली होगी ना?"

कॉलेज पहुंच कर मैं सीधे प्रिंसीपल के पास गई और उनसे मैंने समय से एक हफ्ता पहले छुट्टी देने की विनती की। मैं 15 की जगह 7 अगस्त से छुट्टी पर जाना चाहती थी। वे मान गई और 7 अगस्त की सुबह मैं फ्रंटियर मेल से बंबई के लिए रवाना हो गई। भारी वर्षा के कारण रेल की पटरी में रूकावट आ गई थी। हमारी ट्रेन को चक्कर काट कर जाना पड़ा और आठ की सुबह के बदले हम आठ अगस्त की शाम को बंबई पहुंचे। स्टेशन पर कोई नहीं था। मेरा तार ही नहीं पहुंचा था। टैक्सी लेकर मैं बिरला हाउस पहुंची। वहां से एआईसीसी पंडाल में भाईजी को फोन किया। उन्हें मेरी आवाज सुनकर आश्चर्य हुआ। उन्होंने मेरे लिए तुरंत गाड़ी भेज दी। जब मैं पंडाल में पहुंची उस समय 'भारत छोड़ो' प्रस्ताव पर मत लिए जा रहे थे। महादेव भाई मुझे देखकर भाईजी से बोले, "बताओ सुशीला को तुम कैसे शर्त हारे हो?" जब स्वयंसेवक ने आकर भाईजी से कहा कि आपकी बहन का फोन है तो महादेव भाई बोले, "सुशीला आ गई लगती है।" भाई जी बोले, "नहीं वह तो देहली में है। कोई और होगी।" महादेव भाई ने कहा, "लगाओ शर्त"। यह शर्त थी जो भाईजी हारे थे।

मैंने जब सब बातें बताई तो वे लोग मेरा मजाक उड़ाने लगे—"पैनिक में घबड़ाकर भागी आई है। यहां तो कुछ भी होने वाला नहीं।" ऐसा बोले।

"भारत छोड़ो' प्रस्ताव पारित होने के बाद बापूजी का करीब डेढ़ घंटे का भाषण हुआ। उसके बाद जब मैंने उन्हें प्रणाम किया तो वे कहने लगे "मेरे आज के भाषण के बाद तो सरकार मुझे पकड़ ही नहीं सकती। अगर पकड़ेगी तो समझना कि उसके दिन समाप्त हो गए हैं।" हम लोग दस बजे के बाद घर पहुंचे। कुछ लोग प्रार्थना के लिए राह देख रहे थे। प्रार्थना हुई। डॉ. गिल्डर ने फोन पर पूछा कि वे बापूजी को

देखने आना चाहते हैं, कब आएं? मैंने बापूजी से पूछकर उत्तर दिया, "कल शाम को चार बजे।" डॉ. गिल्डर बोले, "मगर बापूजी ने तब भी नहीं माना कि उनकी गिरफ्तारी होने वाली है।

बापूजी सो गए। मैं और भाईजी थोड़ी देर महादेवभाई के कमरे में बैठे। फिर भाईजी और मैं थोड़ा समय बगीचे में घूमे। उन्होंने मुझे यहां की सब परिस्थिति समझाई। मैंने उन्हें देहली के समाचार दिए। रात 12 बजे के बाद हम लोग सोए। महादेव भाई तो दो बजे के भी बाद सोये। उन्हें फोन आ रहे थे कि कल सुबह बापूजी पकड़े जाने वाले हैं। हमें बाद में पता चला कि रात कोदो बजे से फोन काट दिए गए थे। इसलिए महादेव भाई दो बजे के बाद सो सके थे।

दूसरे दिन 9 अगस्त को प्रातः चार बजे रोज की तरह प्रार्थना हुई। प्रार्थना के बाद बापूजी बगीचे में घूमने गए। मैं फिर सो गई। इतने में महादेव भाई दौड़ते हुए आए और बोले, "बापू, वे आ गए।" बापूजी गुसलखाने में थे। उन्हें वहां समाचार दिया गया। वहीं खड़े–खड़े उन्होंने आदेश दिया, "आजादी की लड़ाई में घायल होकर वह मृत्यु का शिकार होकर गिरने वाले हर एक सिपाही की छाती पर बिल्ला लगा होना चाहिए 'करेगे या मरेंगे' (डू आर डाई) मेरे पकड़े जाने के बाद कोई नेता नहीं होगा। हर एक स्वयं अपना नेता होगा।"

गिरफ्तारी का हुक्म बापूजी, महादेवभाई और मीरा बहन के नाम था। कस्तूरबा और भाईजी चाहें तो उनके साथ जा सकते थे। बापूजी ने दोनों को कहा, "ऐसे मेरे साथ आने की जगह कुछ करके गिरफ्तार होना ज्यादा अच्छा होगा।" दोनों ने मान लिया। बापूजी को तैयारी के लिए पुलिस अफसरों ने आधा घंटा दिया था। भाईजी को उदास खड़ा देखकर महादेव भाई उनके कंधे पर हाथ रखकर बोले, "उदास क्यों हो प्यारेलाल हम सुबह जा रहे हैं, तुम शाम को पहुंच जाओगे। हम तो बिना

कुछ किए ही पकड़े जा रहे हैं। तुम कुछ करके पकड़े जाओगे, इतना ही फर्क है।'' मगर भाईजी जानते थे कि हम सारा की लड़ाई संगीन है। कौन बचेगा और कौन जिंदा वापस आयेगा, कोई कह नहीं सकता था।

महादेव ने कल की मीटिंग में बापूजी के भाषण के नोट्स भाईजी को दिए ताकि वे उन्हें ठीक करके प्रेस को दे सकें और 'हरिजन' के लिए भेज सकें और अपना सामान लेकर तैयार खड़े हो गए। बापू और मीरा बहन पहली मोटर में बैठे, महादेव भाई दूसरी में और बापू की टुकड़ी कारावास के लिए रवाना हो गई।

बापू की गिरफ्तारी की खबर आग की तरह फैल गई। कार्यकर्ताओं के झुंड के झुंड भाईजी के पास मार्गदर्शन के लिए आने लगे। उन्हें न नहाने की फुर्सत थी न खाने की। बापूजी का भाषण प्रेस के लिए तैयार करने का समय तो कहां से मिलता? आखिर उन्होंने बापूजी के भाषण के कागज सादिक अली को सौंप दिए जो उस समय ए.आईसी.सी. के ऑफिस सेक्रेट्री थे।

बापू शाम को आम सभा को संबोधित करने वाले थे। सबने तय किया कि बापूजी की जगह कस्तूरबा उस सभा को संबोधित करें और उनके बाद भाईजी। बा का शरीर कुछ गरम लग रहा था। खुर्शिद बहन नौरोजी कहने लगी, ''बा अकेली जेल में जाएं, यह ठीक नहीं लगता। यहां सुशीला है वह डॉक्टर है। सुशीला बा के साथ रहेगी तो बा के लिए ठीक रहेगा। और हमें चिंता नहीं रहेगी।'' सो यह तय हुआ कि कस्तूरबा के बाद सभा में मैं बोलूं और मेरे बाद भाईजी बोलें। मैंने तो उस समय तक कभी भाषण दिया नहीं था, बोलना पड़ता तो क्या कहती। मगर सरकार ने किसी को बोलने का अवसर ही नहीं दिया। हम तीनों सभा में जाने के लिए निकल ही रहे थे कि तीनों को गिरफ्तार कर लिया गया और आर्थर रोड के जेलखाने में ले जाया गया। बा को बुखार और

दस्त हो रहे थे। दो दिन के बाद 11 अगस्त को मंगल की रात की ट्रेन से बा को और मुझे बापूजी के पास पूना में आगाखां महल के बंदीखाने में ले जाया गया। वहां पर चार दिन बाद शनिवार 15 अगस्त 1942 के दिन एकाएक हृदय रोग से महादेवभाई की मृत्यु हो गई। उसके एक महीना बाद भाईजी को भी आगाखां महल के बंदी खाने में लाया गया।

भाईजी के आने से पहले बापूजी और बा का सब काम मुझ पर था। अब भाईजी ने बापूजी का बहुत सा काम संभाल लिया। बापूजी के पत्र वे टाइप करने लगे। अखबार मिलते थे। उनकी कतरनें रखना शुरू किया। आगे चलकर जब बापूजी का 21 दिन का उपवास आया, श्रीमती नायडू बीमार पड़ीं, फिर कस्तूरबा की तबीयत गिरने लगी तब भाईजी का और हम सब का बोझ और बढ़ा। महादेव भाई की मृत्यु के बाद बापूजी ने मुझे रोज की डायरी रखने के लिए कहा था जो बाद में 'कारावास की कहानी' के नाम से छपी। मगर अपने उपवास के समय उन्होंने कह दिया था कि "सुशीला उपवास में डायरी या मुलाकातियों से बातचीत का नोट नहीं रखेगी। अगर ऐसा करेगी तो मैं उसकी सेवा नहीं लूंगा।" अतः उपवास के समय की डायरी रखने का काम भी भाईजी ने किया। उपवास के समय की डायरी रखने का काम भी भाईजी ने किया। उपवास के बाद टाटनहम की पुस्तिका 'कांग्रेस की जवाबदारी' (कांग्रेस रिस्पांसिबिलीटी फार द डिस्टरबैन्सेज, 1942–43) जिसमें उन्होंने कांग्रेस को और बापूजी को देश में हुए सब प्रकार की तोड़ फोड़ और हिंसक घटनाओं के लिए जिम्मेदार ठहराया था, बापूजी के हाथ में आई। उन्होंने उसका सविस्तार उत्तर लिखा। उत्तर लंबा था। बापूजी जो लिखते थे उसे देखना, चैक करना, टाइप करना इत्यादि सब काम भाईजी करते थे। बापूजी के उपवास में डॉ. गिल्डर भी हमारे कैंप में लाए गए थे और फिर वे वहीं रहे। वे भी भाईजी की टाइपिंग

में मदद करते थे।

श्रीमती नायडू हम सबके और विशेष तौर पर भाईजी के खाने–पीने का ध्यान रखती थीं। मां की तरह सामने बिठाकर खिलाती थीं। बापूजी ने उन्हें अम्माजान नाम दिया था। अम्माजान भाईजी पर विशेष स्नेह रखती थीं। हमेशा कहती थीं, "प्यारेलाल मुझे मेरे बाबा (उनका पुत्र) की याद दिलाता है। दोनों में बहुत साम्य है।" बापूजी का उपवास समाप्त होने से पहले ही अम्माजन का स्वास्थ्य गिरने लगा था। उपवास पूरा होने से पहले उन्होंने रिहा होने से इंकार किया था। उपवास समाप्त होने के बाद वे रिहा कर दी गई।

कस्तूरबा भी भाईजी पर बहत स्नेह रखती थीं और उनके खाने, पीने, सोने की विशेष चिंता रखती थीं। बापूजी स्वयं भी भाईजी के समय पर न सोने और न खाने से चिंतित रहते थे। बा की बीमारी जैसे बढ़ी, उन्होंने मनु गांधी को अपनी सेवा के लिए बुला लिया। मनु के आने के थोड़े दिनों बाद 1943 में हमने उसका सोलहवां जन्म दिन मनाया। बापूजी ने हंस कर कहा, "आज से तू मित्र हुई" और इस आशय का संस्कृत का श्लोक भी बोल गए–(प्राप्तेसु सोडसे वर्षे पुत्रं मित्रम् वदाचरेत्)। बा और बापू ने शायद मनु को भाईजी के खाने–पीने का विशेष ध्यान रखने को कहा होगा। वह उस कारावास में भाईजी के बहुत निकट आ गई। बापूजी ने हम सबके लिए पाठ्यक्रम बनाया था। बा को भी वे पढ़ाया करते थे। मेरे साथ भंडारकर की संस्कृत की पहली पुस्तक पढ़ गए थे। दूसरी पूरी नहीं हुई। 'न्यू टेस्टामेंट' भी पढ़ गए थे और अंग्रेजी भाषा पर काबू पाने के लिए उन्होंने मेरे लिए मेक्समार्डो की इंगलिश इंडियन और नेस्फील्ड की ग्रामर यह दो पुस्तकें भी मंगा दी थीं, और कहा था कि ग्रामर में वे मेरी परीक्षा लेंगे। मनु के लिए भी बापूजी ने पाठयक्रम बनाया था। कुछ समय वह मेरे पास पढ़ती थी, कुछ

समय भाईजी के पास। थोड़े समय बाद बापूजी ने हमारे लिए बैडमिंटन और टेबल-टेनिस इत्यादि खेलों का भी प्रबंध करा दिया था। मनु, मैं भाईजी और हमारे जेलर कटेली साहब अक्सर साथ खेलते थे। रात को कैरम भी खेला जाता था। उसमें डॉ. गिल्डर और कस्तूरबा विशेष रस लेते थे। मीरा बहन और कटेली अक्सर उनके साथ खेलते थे।

मेरे भाई मोहनलाल जी की पत्नी शकुंतला ने 31 अक्टूबर 1943 को सिजेरियन सेक्शन ऑपरेशन के द्वारा लड़की को जन्म दिया और छह दिन बाद शकुंतला की मृत्यु हो गई। हमें करीब महीना भर बाद यह सब पता चला। मनु बार-बार कहती थी, "बेबी को यही बुला लो।" जब सरकार ने हमें मुलाकातें देना शुरू किया तो माताजी और मोहनलाल बेबी को लेकर पूना हमें मिलने के लिए आए। बापूजी बेबी को रखने को तैयार थे। मगर उसकी इजाजत मिलना भी कठिन होता और माताजी उसकी देखभाल कर रही थीं, उसको उनसे अलग करना ठीक भी नहीं समझा गया। बापूजी ने मोहनलाल से मनु का रिश्ता करने की बात हम लोगों से की। मोहनलाल अपनी पत्नी के वियोग में उस समय बहुत अस्वस्थ थे। कहने लगे "एक को पढ़ाया, अब दूसरी को पढ़ाने की मेरी हिम्मत नहीं है।"

इस बीच बा की तबीयत और गिरने लगी और अंत में 22 फरवरी (1944) की शाम को वे बापू की गोद में अपना सिर रखकर अनंत निद्रा में सो गई। उसके बाद बापूजी ने सरकार को उन्हें किसी कम खर्चीली जेल में ले जाने को लिखा। बा की सेवा में मनु गांधी, महादेव भाई की पत्नी दुर्गा बहन, उनका बेटा नारायण देसाई और जे.पी. की पत्नी प्रभावती बहन भी हमारे नजरबंदी कैंप में लाए गए थे। वे सब वापस भेज दिए गए। मनु को भी दिन रात यह चिंता रहती थी कि कब उसे भी वहां से भेज दिया जाएगा और ऐसा न हो, इसके लिए वह रोज प्रार्थना किया करती थी।

कुछ दिनों के बाद बापूजी को मलेरिया का जोर का बुखार आया। उसका असर उसके गुर्दों पर भी हुआ। सरकार जेल में तीसरी मृत्यु के लिए तैयार नहीं थी और अंत 6 मई 1944 को हमस ब लोग आगाखां महल से रिहा कर दिए गए। पहले हम 'पर्ण कुटीर' में लेडी ठाकरसी के यहां रहे। फिर कुछ समय बापू के आराम के लिए जुहू में रखा गया। पंचगनी भी गए। फिर हम सेवाग्राम आ गए। माताजी को भी बापूजी ने सेवाग्राम बुला लिया। मनु माताजी के पास रहती थी। बेबी को बड़े प्यार से संभालती थी। बापूजी ने बा का कमरा माताजी को दे रखा था। माताजी को अपना खाना बनाने की भी इजाजत दे दी थी। माताजी चाहती थीं कि भाईजी और मैं भी उनके साथ उनका बनाया हुआ खाना खाए। हमें लगता था कि आश्रम में हमें आश्रम का ही खाना खाना चाहिए। भाईजी कभी-कभी उनके साथ खाते थे। मनु को भी माताजी अपने साथ खिलाने का आग्रह रखती थी। मनु माताजी और बेबी, भाईजी और मेरे साथ बहुत हिलमिल गई थी।

कुछ समय बाद 1945 में बापूजी पूना में दीनशा मेहता के यहां स्वास्थ्य सुधार और प्राकृतिक चिकित्सा के विकास के लिए गए। भाईजी और मैं उनके साथी थे। मनु भी साथ गई। माताजी बेबी के साथ देहली वापस चली गई थीं। इस बीच मुझे पता चला कि भाईजी मनु से आकर्षित थे। बापूजी से उनकी बात हो चुकी थी। हमें तो लगा कि दोनों की उम्र में बहुत अंतर है। मगर बापूजी को इसकी कोई चिंता नहीं थी। वह मनु से इस बारे में पूछना चाहते थे। मैंने सोचा क्यों न मैं मनु से पहले थोड़ी सी बात कर लूं। वह मेरी भूल थी, ऐसा मुझे बाद में पता चला। मैंने तो सोचा था कि बापूजी मनु से बात करें उससे पहले मैं उससे बात करूंगी तो बापूजी से बात करने की उसके मन की तैयारी होगी। एकाएक बापूजी से ऐसी बात करना उसे भारी पड़ेगा। मगर हुआ

उससे उलटा। वह घबरा गई और पूना से भाग गई। शाम की प्रार्थना में मनु गायब थी। वह शाम की ट्रेन से अपनी बहन के पास बंबई चली गई थी और वहां से वह अपने पिताजी के पास महुआ चली गई थी।

बापूजी जब 1946 में नोआखली गए तो हम सबको उन्होंने अलग अलग गांवों में पोस्ट कर दिया था। उनके पास थे निर्मल बापू और टाइपिस्ट परशुराम। हम सब को बापू की चिंता थी। उनकी आवश्यकता समझने वाला कोई भी बापूजी के साथ नहीं था। कनु गांधी, भाईजी, ठक्कर बापा, मैं, आभा हर एक को बापूजी ने अलग अलग गांवों में एक एक बंगाली कार्यकर्ता के साथ रख दिया था। मनु ने बापूजी को पत्र लिखा और उनके पास आने की इच्छा प्रकट की। बापूजी ने उसे आने की इजाजत दी। वह आ गई और बापूजी की सेवा करने लगी। मनु को भाईजी पत्रों द्वारा बहुत कुछ सिखाने का प्रयत्न करते थे। वह पत्रों द्वारा भाईजी को बापूजी की खबर पहुंचाती थी। और साथ में कुछ फल इत्यादि भी भेजा करती थी। भाईजी के मन में विश्वास था कि मनु भी उनके प्रति वैसी ही भावना रखती थी जैसी उनकी अपनी भावना उसके प्रति थी। बापूजी ने उन्हें यह सवाल समय पर छोड़ देने की सलाह दी थी। बापूजी ने उन्हें यह सवाल समय पर छोड़ देने की सलाह दी थी। बापूजी का विश्वास था कि अंतिम परिणाम अच्छा ही निकलेगा। मनु ने उस समय के अपने अनुभवों पर पुस्तकें भी लिखी। मनु का उन दिनों अच्छा विकास हुआ। एक दिन भाईजी बापूजी के गांव गए हुए थे। बगीचे में बैठे शाम को कुछ लिख रहे थे। इतने में उन्हें कुछ आवाजें सुनाई दीं। निर्मल बापू और मनु बगीचे में घूमने निकले थे। वे दोनों भाईजी के बारे में बातें कर रहे थे और उसके मनु के प्रति आकर्षण का मजाक उड़ा रहे थे। निर्मल बापू कुछ भी कह सकते थे, मगर मनु ने उनकी बातों में जो साथ दिया उसका भाईजी के मन पर गहरा असर

हुआ। निर्मल बाबू के साथ मनु की बातें सुनकर उनका मनु के प्रति तोह छूट गया।

भाईजी ने अपने गांव में विकास के द्वारा कौमी एकता का काम किया। मैंने डॉक्टरी सेवा के द्वारा वहीं काम किया। हर एक ने अपनी शक्ति के अनुसार अपनी जो विशेष योग्यता थी, उसका इस्तेमाल करके हिंदुओं में हिम्मत भरने और मुसलमानों को अल्पसंख्यकों के प्रति अपनी जिम्मेदारी समझाने का काम किया। कभी-कभी हम लोग बापूजी को मिलने उनके गांव जाते थे। दो-चार बापूजी की तबीयत अच्छी न होने के कारण मनु ने मुझे बुलाया था। मगर बापूजी उन दिनों राम नाम में ही विश्वास रखते थे। किसी डॉक्टर में नहीं। हम लोग नोआखली में पैदल ही आते-जाते थे। कभी-कभी लौटते समय रात ज्यादा हो जाने से बापूजी के कैंप में ही रात को रह जाते थे और दूसरे दिन प्रातः अपने गांव वापस आते थे।

भाईजी ने नोआखली में जो काम किया था वह अद्भुत था। नारियल का तेल निकालकर उसकी खली को गुड़ और मूढ़ी के साथ बच्चों को खिलाना, सहकारी समिति बनाकर तेल को अच्छे दामों में बिकवाने का प्रबंध करना, जमीन में कंद मूल पैदा करके चावलों की कमी को पूरा करना, तकली के द्वारा बच्चों से कताई करवा कर उनके यूनिफार्म बनवाना, बदमाश से बदमाश खूंखार गुंडों के बीच बेधड़क चले जाना और सीधी सीधी बातें करके उन पर असर डालने का प्रयास करना, और गांव की स्त्रियों और लड़कियों में इतनी हिम्मत भर देना कि रात में गांव की चौकीदारी वे स्वयं निर्भयता से करने लगी थीं। प्रार्थना, पढ़ाई, कताई, खेती इत्यादि के द्वारा उन्होंने अपने गांव में नयी जान डाल दी थी, नया आत्मविश्वास पैदा किया था। इन सब प्रवृत्तियों के कारण सूखे के बावजूद उनके गांव में किसी को भूख से परेशान नहीं होना पड़ा

था। वहां के मुसलमान इससे आश्चर्य-चकित हुए थे। कई बार भाईजी को नोआखली में मौत के मुंह से भगवान ने ही बचाया था। उनके गांव के लोग उन्हें पूजते थे।

* * *

भाईजी गांव के जिस भाई के परिवार के साथ रहते थे, उनकी एक बाल विधवा बहन थी। वह शायद स्कूल टीचर रही थी। वह पैंतीस एक वर्ष की थी। भाईजी का कमरा साफ रखना, बिस्तर बनाना, समय-असमय पर वे जब वापस आते थे, तब उनके खाने वगैरह का ध्यान रखना और भाईजी की हरएक प्रवृत्ति में उनकी मदद करना उसका काम था। भाईजी अपने काम में मस्त रहते थे। बापूजी की मृत्यु से पहले वे कलकत्ते बापूजी से कछ सलाह करने के लिए चारूदा के साथ आए थे। कुछ दिनों बाद वे देहली आए और बापूजी की मृत्यु के समय वहीं थे।

उन्होंने बापूजी की जीवनी लिखने का संकल्प किया और वापस नोआखली अपने काम को समाप्त करने के लिए गए। भाईजी उस समय लगभ्र 47 वर्ष के थे। नोआखली की वह बहन उन पर मुग्ध हो चुकी थी। उन्हें देखे बिना वह रह नहीं सकती थी, ऐसी उसकी मनोस्थिति थी। भाईजी उसे और उसके परिवार की एक और लड़की को नोआखली से लौटते समय अपने साथ लाए। मेरी चचेरी बहन डॉ. प्रकाश नैय्यर के पास बेतिया में उन्हें नर्स की ट्रेनिंग दिलाने का उनका इरादा था। मगर जब वे प्रकाश बहन के याहं पहुंचे तो उन्होंने देखा कि प्रकाश बहन टाइफायड से बीमार पड़ी हैं। भाईजी ने उसकी सेवा की और उसका बुखार उतरने पर उन बहनों को अपने साथ लेकर वह

इलाहाबाद आए और श्री आनंद हिंगोरानी के पास ठहरे। आनंद भाई उनके मित्र थे। आनंद भाई ने मुझे थोड़े दिनों पहले यह सब सुनाया। कहने लगे जब उन्होंने भाईजी से पूछा तो भाईजी ने उन्हें बताया कि ''नोआखली की यह बहन मुझसे प्रेम करती है। मैं सोच रहा हूं कि क्या करूं? अभी इसे मैं देहली ले जाऊंगा तो बहुत समस्या खड़ी हो जाएगी। इसलिए मैं पहले अकेला जाता हूं फिर उन्हें आकर ले जाऊंगा।'' आनंद भाई ने कहा ''क्या देखा है इसमें, न शक्ल है न अक्ल है?'' भाईजी क्या उत्तर देते, चुप रहे और देहली चले गए।

भाईजी पहले पुरानी देहली में किंग्सवे पर स्थित 'हरिजन सेवक संघ' की कॉलोनी में रहे। वहां पर उनकी डॉ. कृष्णा और उनकी पत्नी सुमित्रा कृष्णा से गाढ़ी मित्रता हो गई। सुमित्राजी उन्हें अपना भाई मानती थीं। हरिजन कालोनी में रहने की जगह ठीक कर भाईजी उन बहनों को इलाहाबाद से ले आए। नोआखली की बहन को देखकर माताजी को भी वैसा ही लगा जैसे आनंद भाई ने व्यक्त किया था। माता जी और मेरे भाई मोहनलाल जी दोनों ने उस नोआखली की कहन को भाईजी के लायक नहीं समझा और पसंद नहीं किया। मैं विदेश पढ़ने के लिए गई हुई थी। घर के झगड़े में शायद भाईजी ने उस समय उपवास भी किया था। डॉ. कृष्णा और सुमित्रा जी ने पारिवारिक स्तर पर शांति स्थापना करने में अच्छी भूमिका निभाई थी।

जब मैं 1950 की पहली अक्टूबर को विदेश से पढ़ाई पूरी करके लौटी और कस्तूरबा ग्राम, इंदौर के शिलान्यास समारोह में भाग लेने के बाद वापस देहली आई तब भाईजी के पास ठहरी। वे उस समय नई देहली की भंगी बस्ती के बाल्मीकि मंदिर के परिसर में रहते थे। श्री देवचंद्र झा उनके सहायक थे और वे भी वहीं रहते थे। नोआखली की बहन को सब दीदी कहते थे। भाईजी भी उसे दीदी कहते थे। दूसरी लड़की

वापस चली गई थी। मुझे उनके विशेष संबंध के बारे में उस समय कुछ पता नहीं था। दीदी का एक भाई भी उनके पास रहता था। दिसंबर 15 को सरदार पटेल की मृत्यु हुई। मुझे उस दिन बुखार था। मैं भाईजी के यहां ठहरी थी। दीदी ने कांसे की कटोरी में तेल गर्म कर मेरे पैर घिसे और गले की भी मालिश की यह मुझे आज तक याद है। दिसंबर 1950 में मैं फरीदाबाद में चीफ मेडिकल आफिसर के पद पर नियुक्त हो गई और वहां रहने लगी। कभी–कभी रविवार को देहली आती थी तो माताजी के पास हनुमान रोड पर या भाईजी के पास रह जाती थी।

हम लोगों ने भंगी बस्ती के हरिजन बच्चों में काम करना शुरू किया था। 26 जनवरी 1951 को उन्हें देवदास भाई के घर से स्वतंत्रता दिवस की झाकियां दिखाने का कार्यक्रम बनाया। दीदी से भी मैंने अपने साथ चलने को कहा। मगर उसने इंकार कर दिया। हम लोग कनाट प्लेस पैदल गए। बाद में भाईजी ने दीदी को मोटर में ले जाकर झांकियां दिखाई। भाईजी इतना समय अपने काम से निकाले यह आश्चर्य की बात थी। तब मुझे माताजी से सारी बातों का पता चला। माताजी ने अपना और मोहनभाई का दुख भी मुझे बताया। मैंने दीदी के भाई से अगले दिन कह दिया, ''अच्छा यह होगा कि आप अपनी बहन को वापस ले जाएं।'' भाईजी से बिना बात किए मेरा उनसे ऐसा कहना मेरी भूल थी। उस दिन से दीदी का व्यवहार मेरे प्रति बदल गया। उनकी माताजी भी देहली आ गई थीं। उन्होंने भाई से से कहा, ''इतने दिनों से यह तुम्हारे साथ रहती है। अब यह वापस जाएगी तो लोग क्या कहेंगे?'' भाईजी ने इस पर उनसे शादी करना मान लिया और 11 सितंबर 1951 को बाल्मीकि मंदिर के बड़े कमरे में प्रभाकर जी ने उनकी शादी कराई। मैं फरीदाबाद से शंकरन् जी और कुछ बहनों को अपने साथ लाई थी। लक्ष्मी देवदास गांधी और देवदास भाई भी शादी में आए थे। पंडितजी

(जवाहरलालजी) की ओर से इंदिराजी भी शादी में आई।

मेरे पास उन दिनों एक स्टेशन वैगन हुआ करती थी। शादी के बाद सबको उनके घर पहुंचाकर रात को दो बजे मैं फरीदाबाद वापस जाने के लिए निकली तो रास्ते में बदरपुर के पास चार–पांच लोग सड़क पर घायल पड़े थे। मैंने अपने साथियों को सड़क के किनारे बिठाया और घायलों को अपनी गाड़ी में डालकरा दिल्ली के इरविन अस्पताल पहुंचाया। फिर देवदास भाई की सलाह से पुलिस को फोन किया और पुलिस मेरे साथियों को बदरपुर से फरीदाबाद पहुंचा आई। मैं अगली सुबह फरीदाबाद पहुंची तब पता चलाकि वे घायल लोग हमारे फरीदाबाद के ही एक जर्मन इंजीनियर और उनके साथी थे। वे सब बच गए।

स्वतंत्र भारत में पहला चुनाव 1952 में होने जा रहा था। साथियों के आग्रह से और कुछ अन्य परिस्थितियों के कारण मैंने देहली स्टेट एसेंबली का चुनाव लड़ना स्वीकार किया ओर चुनाव जीतने के बाद देहली में स्वास्थ्य, पुनर्वास, यातायात और चेरिटेबल एंडोमेंटस की मंत्री नियुक्त हुई। मैं शुरू में कुछ समय भाईजी के पास भंगी कालोनी में रही। बस से रोज सुबह पुराने सेक्रेटरियेट जाती थी और शाम को वापस आती थी। दीदी अपना, अपनी मां का और भाईजी का खाना ऊपर के कमरे में ले जाती थी। मेरा और देवचंद्र भाई का नीचे टेबल पर रख जाती थी। वे तीनों सोते भी ऊपर थे। मैं नीचे बाहर खुले में सोती थी। मुझे यह सब ठीक तो नहीं लगा मगर मैंने कुछ कहा नहीं। भाईजी को सूझा ही नहीं कि बहन को नीचे अकेले नहीं छोड़ना चाहिए। वे अपने काम की धुन में ही मस्त रहते थे।

मेरे सामने कुछ शरणार्थियों ने सत्याग्रह किया। मकान मिलने वालों की सूची में हकदारों के ही नाम रखे जाना उन्हें पसंद नहीं था। वे

चाहते थे कि सभी को सरकार मकान दे। मेरी खाट के चारों तरफ आकर उनकी औरतें बैठ गई और गाना गाने लगीं। मैंने विनय की रात को मुझे सोने देना चाहिए। तब गाना तो बंद हुआ मगर वे रात भर वहीं बैठी रहीं या वहीं शायद सो गई। दो तीन रात ऐसी गई। भाईजी और दीदी ने तब भी नहीं सोचा कि मुझे उनके बीच अकेली छोड़ना ठीक नहीं। यह भाईजी की अपने काम में एकाग्रता का सूचक था।

कुछ दिनों के बाद मैं पुरानी देहली के राजपुर रोड पर सरकारी घर में रहने चली गई। माताजी भी वहीं आ गई। भाईजी अक्सर वहां मिलने आ जाते थे।

भाईजी देहली आकर बापूजी की जीवन–कथा लिखने में जी जान से लग गए थे। उन्होंने सर्व प्रथम 'दी लास्ट फेज' की दो मोटी पुस्तकें लिखी। उनमें 6 मई 1944 को बापूजी के जेल से छूटने से लेकर 30 जनवरी 1948 को बापूजी के राम में लीन हो जाने तक के महत्वपूर्ण वर्षों की कथा लिखी है। इस काम में उन्हें करीब आठ वर्ष लग गये। प्रारंभ में नवजीवन प्रकाशन ने इस काम के खर्चे की जिम्मेदारी स्वीकारी। बाद में गांधी निधि ने यह बेड़ा उठाया था। नवजीवन ने अपना खर्चा भाईजी की रायल्टी से पूरा किया। भाईजी को इससे गहरी चोट लगी। भाईजी ने बापूजी के प्रति अपनी श्रद्धा और भक्ति के प्रतीक–स्वरूप दिन में 16 घंटे काम करके, कम से कम खर्चे में अपनी गुजर और अपना काम चलाकर, बापूजी की जीवन कथा लिखी उसमें उनके साथ नवजीवन का व्यवहार सीधा, सरल नहीं रहा। यह भाई जी को बहुत चुभा।

'लास्ट फेज' का देश और विदेशों में, बापूजी के विचार और आचार संबंधित मौलिक ग्रंथ के रूप में स्वागत हुआ। विनोबाजी ने कहा 'अंतिम आहुति' (लास्ट फेज) लिख कर प्यारेलाल जी ने मानव जाति की अमूल्य सेवा की है और स्वयं व्यास पद पाया है।'

उसके बाद भाईजी ने शुरू से बापूजी की जीवन कथा लिखना शुरू किया। उसके लिए सामग्री इकट्ठी करने के लिए वे देश भर घूमे और बापूजी के शुरू के जीवन के बारे में जानकारी रखने वाले अनेक लोगों से मिलकर जितनी हो सकी सब सामग्री इकट्ठी की। उस पुस्तक का नाम उन्होंने 'दी अर्ली फेज' रखा। उसमें उन्होंने बापूजी के जन्म से लेकर उनके पहली बार दक्षिण अफ्रीका जाने तक के वर्षों की कहानी लिखी है। भारत में और अफ्रीका जाने तक के वर्षों की कहानी लिखी है। भारत में और अफ्रीका में क्या कुछ हो रहा था, क्या क्या ऐतिहासिक, धार्मिक और सामाजिक प्रवाह चल रहे थे और ऐसा वातावरण तैयार कर रहे थे जिसमें आगे चलकर काठियावाड़ में और फिर आगे चलकर उनकी आंतरिक शक्तियों का दक्षिण अफ्रीका में विकास हुआ। मैंने जब वह पुस्तक पढ़ी तो मुझे अपने अज्ञान का दर्शन हुआ। मैं समझती हूं कि वह पुस्तक पढ़े बिना हमारे हर एक विद्यार्थी का शिक्षण अधूरा है। भूतपूर्व प्रधानमंत्री श्री मोरारजी देसाई ने एक बार कहा था, ''मैं समझता था कि भारत में अंग्रेजी राज्य के बारे में और खास कर गदर के इतिहास के बारे में मैं सब कुछ पढ़ चुका हूं। मगर प्यारेलाल की 'अर्ली फेज' पढ़ने पर मुझे पता चला कि मेरा ज्ञान कितना अधूरा था।''

'अली फेज' लिखने के लिए पंडित नेहरू के समर्थन से गांधी स्मारक निधि ने पुस्तक तैयार करने के लिए भाईजी को खर्च देना स्वीकार किया। पुस्तक की आधी रायल्टी पुस्तक के खर्चे में लेना और आधी भाईजी को देना यह तय हुआ। यह पुस्तक तैयार करने में भी भाईजी को आठ-एक वर्ष लग गए। पुस्तक सुंदर थी यह मैं पहले कह चुकी हूं। मगर कुछ लोग अधीरता बताने लगे। टीका करने लगे कि प्यारेलाल जी बहुत समय लगा रहे हैं। मगर भाईजी एक तो लिखते थे गहरे अध्ययन के बाद और फिर वे अकेले हाथ काम कर रहे थे। कम से कम खर्च में वे काम करते

थे। देवचन्द्र भाई ने लास्ट फेज तैयार होने के बाद कलेक्टेड वर्कस आफ महात्मा गांधी में काम ले लिया था। उनके स्थान पर भाईजी को कोई और नहीं मिला। जो अन्य सहायक मिले, उनमें से भी दो 'अर्ली फेज' तैयार होने तक अन्य कामों में चले गए। भाईजी का तैयार किया हुआ कार्यकर्ता, कहीं भी जाए, उसका स्वागत होगा यह स्पष्ट था। मगर भाईजी को आसानी से नए सहायक नहीं मिल सकते थे। भाईजी ने इतने कम खर्च में हमेशा बापू के साथ काम करना सीखा था। पैसा उनके पास था भी बहुत कम। स्वयं कम से कम खर्च में वे कष्ट का जीवन बिताते थे। मगर औरों से तो ऐसी अपेक्षा नहीं रखी जा सकती थी। उनके साथ काम करना आसान था भी नहीं। बापूजी जिस कठोरता से अपने साथियों से काम लेते थे, भाईजी भी वहीं करते थे। वह आज के युग में चल नहीं सकता था। और फिर बापूजी कठोर मालिक (हार्ड टास्क मास्टर) थे तो उसके साथ वे वात्सल्य–मय पिता भी थे। किसी को अपने घर ले जाने से भी वे डरते थे। क्योंकि उनकी पत्नी को यह पसन्द नहीं था। किसी को बुलाना होता था तो मेरे यहां बुलाते थे।

दि अर्ली फेज छपने के बाद भाईजी ने दक्षिण अफ्रीका मे कैसे बापूजी ने सत्याग्रह की शोध की, यह लिखना शुरू किया। इस बीच 1969 में गांधी जन्म शताब्दी के समय सोचा गया था कि गांधी निधि का समाप्त कर दिया जाए। गांधी निधि से साढ़े तीन लाख रुपया गांधी शांति प्रतिष्ठान को भाई जी के काम के लिए दे दिया, जिसका रुपये 30,000/– वर्ष का सूद केवल 2500/– महीने के हिसाब से भाईजी को देने लगे। मगर महंगाई इतनी बढ़ गई थी इस रकम से भाईजी का काम चलना बहत ही कठिन हो गया। थोड़ी सी सहायता 'इंडियन काउन्सिल फॉर सोशल साईंस रिसर्च' वालों ने भी दी। सत्याग्रह का जन्म की भी भाईजी ने दो पुस्तकें लिखीं।

पहली पुस्तक द्वार पर (ऑन दी थ्रेसहोल्ड) को सर्व सेवा प्रकाशन वालों ने छापा। दूसरी पुस्तक प्रार्थना पत्रों से प्रतिरोध (फ्राम पिटीशन टु पैसिव रसिस्टेंस) की पांडुलिपि उन्होंने तैयार की थी मगर उसके छपने से पहले ही वह चले गए। उनका तीसरा सहायक भी इसी बीच अमेरिका चला गया था। जो गए उनके स्थान पर उन्हें कोई नया सहायक नहीं मिला। कई बार पिछले तीन चार वर्षों में जब उनके दफ्तर जाती थी तो देखती थी कि वे अकेले बैठे होते थे। एक चपरासी था उनके पास। वह दिन में पौने पांच बजे तक भाईजी के पास काम करता था और शाम को पढ़ने चला जाया करता था। भाईजी उसे बड़े प्रेम से काम सिखाते थे। वह थोड़ी सी टाईपिंग भी जानता था। हिसाब वगैरह का स्टेटमेंट बनाकर शांति प्रतिष्ठान वालों को हर महीने दे आता था। कभी–कभी कोई छोटा–मोटा पत्र भी टाइप कर देता था। मगर आमतौर पर इन वर्षों में भाईजी पत्र भी अपने हाथों से ही लिखते थे और जहां आवश्यक होता था उसकी नकल भी रखते थे। एक टाईपिस्ट रामकृष्ण मिशन के स्वामीजी ने मेरी प्रार्थना पर उनके पास भेजा था। वह भला आदमी था, मगर दिन भर में आठ दस पन्ने से ज्यादा टाईप नहीं कर पाता था। भाईजी हिसाब लगाते थे कि एक पन्ना टाईप करने में कितना दाम पड़ा। कई बार वह छुट्टी भी ले लेता था। भाईजी नियम के पक्के थे। जितनी छुट्टी निश्चित की थी उससे अधिक कोई छुट्टी लेता तो उसके पैसे काटते थे। उसे वह चुभता था। आखिर में वह चला गया। भाईजी फिर स्वामीजी के पास गए। मगर और कोई टाईपिस्ट स्वामीजी को नहीं मिला। एक दो लड़कियां बीच में आईं, मगर पति के ट्रांसफर के कारण चली गईं। दो चार जिन्हें मित्रों ने भेजा, कोई भी भाईजी के कारण भाईजी के काम का नहीं निकला। किसी से उनके हाथ का लिखा पढ़ा नहीं जा

सकता था, किसी की अंग्रेजी बहुत कमजोर थी तो किसी की गति बहुत धीमी थी। अतः उन्हें उनमें से कोई पसन्द नहीं आया। अकेले ही जो कर सकते थे, करते थे, करते रहे। 1981 में प्रोफेसर हंट उनके साथ चार महीने काम करने को आए। वे और उनकी पत्नी टाईप भी किया करते थे, रिसर्च भी। कभी–कभी मैं अपने सहायक सामाजी को भेज देती थी। कभी कोई और एकाध दिन के लिए आ जाता था। मगर कोई स्थायी सहायक उन्हें नहीं मिला। भाईजी कई बार कहते थे, "अब मुझे अवकाश लेना चाहिए। मेरी आंखों के सामने मेरा खड़ा किया हुआ महल गिर रहा है।" हम लोग समझाते थे, "आप किसी की नौकरी तो नहीं कर रहे हो। आपने स्वेच्छा से बापूजी की जीवनी लिखने का काम उठाया है। जो आप दे सकते हैं वह और कोई नहीं दे सकता, यह आप भी जानते हैं और हम भी। आपको तो अवकाश ईश्वर ही देगा।" वे चुप हो जाते।

अनेक देश विदेश के लोग उनसे बापूजी के बारे में प्रश्न पूछने आते थे। कई गोष्ठियों में भी बुलाया जाता था। टेलीविजन और रेडियो वाले भी बुलाते थे, विश्वविद्यालयों में भी उनके लैक्चर रखने का आग्रह रहता था। मगर वे बहुत कम निमंत्रण स्वीकार करते थे। जब कहीं जाते थे तो मौलिक विचार देकर आते थे। उनके इलाहाबाद विश्वविद्यालय के लैक्चर बहुत ही प्रेरणास्पद और विद्वतापूर्ण माने गए हैं। ऐसे और भी उनके कई लेख हैं।

भाईजी स्वतंत्रता सेनानी थे। मगर उन्होंने कभी कुछ पाने की इच्छा तक नहीं रखी। श्री गोविंद वल्लभ पंत भारत के गृह मंत्री होकर देहली आए तो उन्होंने प्यारेलालजी को बुलाया। तराई में उन्होंने प्यारेलालजी को बुलाया। तराई में उन्हें जमीन देना चाहते थे। भाईजी नाराज हो गए, "क्या मुझे देश सेवा का मुआवजा देना चाहते हैं ?"

ताम्रपत्र देने के लिए दिल्ली के चीफ एकजीक्यूटिव ऑफिसर उनके घर आयेंगे ऐसा उनका फोन आया। भाईजी उनके आने से पहले बाहर चले गए। वे लोग आए और उनकी पत्नी को ताम्रपत्र दे गए। वे आर्थिक संकट में रहते थे, मगर कभी स्वतंत्रता सेनानी की पेंशन उन्होंने अपने जीवन में नहीं ली।

भाईजी 1948 से लेकर 1982 तक लगभग 35 वर्ष बापूजी की जीवन कथा लिखने के लिए क्षेत्र सन्यास लेकर बैठे। गांधीजी ने क्या लिखा, क्या कहा, गांधीजी के बारे में और लोगों ने क्या लिखा, क्या कहा, इसकी जितनी जानकारी उनको थी और किसी को नहीं थी। बापूजी ने किस परिस्थिति में क्या कहा होगा, यह वे जितना समझते थे, और कोई नहीं समझता था। एक बार किसी विद्यार्थी ने गांधी विचार पर अपना डाक्टरेट का थीसिस लिखा, जिसमें उसने कई पुस्तकों से सामग्री बटोर कर यह बताना चाहा कि पहले विश्व-युद्ध के समय गांधीजी ब्रिटिश साम्राज्य के इतने समर्थक थे कि उनकी मदद में शस्त्र तक उठाने को तैयार हो गए थे। भाईजी ने जब देखा तो वह बोले, "यह हो नहीं सकता, उनकी अहिंसा उनको कभी शस्त्र उठाने की इजाजत नहीं दे सकती थी।" और फिर उन्होंने पूरी खोज करके बापूजी का वाक्य ढूंढ निकाला जिसमें उन्होंने साफ कहा था कि ब्रिटिश साम्राज्य का समर्थन वे नैतिक बल से कर रहे थे शस्त्र बल से नहीं।

भाईजी जानवरों से बहुत प्यार करते थे। उन्होंने एक बिल्ली पाल रखी थी। धीरे-धीरे उसके 17 बच्चे हो गए थे। किसी बच्चे को भाईजी किसी को देने नहीं देते थे। जो ले जाएगा वह उसका पूरा ध्यान रखेगा या नहीं, इसका उन्हें विश्वास नहीं था। पर भाभीजी ने चुपचाप एक एक करके उनके बच्चों को निकाल दिया, शायद किसी को दे दिया। भाईजी अपने काम में इतने मस्त रहते थे कि उन्हें शायद पता नहीं

चला, या पता चला होगा तो उनकी पत्नी ने उन्हें कोई संतोषजनक कारण समझा दिया होगा।

एक दिन भाईजी एक घायल बिल्ली को घर उठा लाए, उसका अस्पताल ले जाकर इलाज करवाया। वह अच्छी हो गई। एक कुतिया कहीं भूखी मर रही थी। उसे उठा लाए। बड़े प्यार से उसे घर में रखा। वह बीमार पड़ी तो उसे एस. पी. सी. ए. के अस्पताल में भर्ती करवाया। वहां रातभर भाईजी और कल्याणी उसके पास रहे। माताजी इस पर बहुत नाराज हुईं। भाईजी हमेशा कहा करते थे कि वह मोर के बच्चे को प्यार करना चाहते थे। उन्हें विश्वास था कि उनकी मां उनके प्यार को समझ सकेगी और अपने बच्चे को उन्हें गोद में उठाने देगी।

एक बार हम दोनों भाई–बहन हरिद्वार गए। लक्ष्मण झूले पर हम चने लेकर खड़े थे। बन्दर आए। एक बन्दर ने खड़े होकर अपने आप से उनका हाथ नीचा किया और फिर उनके हाथ से सब चने खाने लगे। भाईजी बहुत प्रसन्न हुए। उन्हें अफसोस यह रहा कि उस दृश्य की फोटो नहीं ली जा सकी।

भाईजी को फोटोग्राफी का बहुत शौक था। एक लाईका कैमरा उनके पास था। उससे उन्होंने कुत्ते, बिल्लियों और घर के लोगों के बहुत सुन्दर चित्र खींचे थे।

हमारी माताजी को नवम्बर 1960 में हृदयरोग से मिनटों में मृत्यु हो गई। भाईजी उसी शाम माताजी को मिलने आये थे। हम लोग उस समय नं. कर्जन लेन मे रहते थे, जिसका नाम आगे चलकर बलवंत राय मेहता लेन रखा गया। भाईजी कनाट प्लेस में रहते थे। जब वे माताजी को मिलकर जाने लगे तो माताजी ने कहा, “मां के पास बैठने को तेरा मन नहीं होता क्या ?” भाईजी बोले, “होता तो हैं माताजी, मगर बुरी तरह फंसा हूं। फिर आऊंगा।” और वे चले गए।

उसी रात करीब दस बजे उनका फोन आया कि माताजी की तबियत ठीक नहीं है। मैं किसी डिनर मीटिंग पर गई हुई थी। माताजी ने कहा, "मुझे सांस नही आती।" डाक्टर घर में थी। वह इंजेक्शन ले आई तो माताजी बोलीं, "मेरा समय आ गया है मुझे जमीन पर रख दो।" किसी ने उन्हें जमीन पर नहीं उतारा तो वे 'हरि ओम तत्सत' बोलने लगीं। भाईजी पांच–सात मिनटों में पहुंचे तो उनके होंठ हिल रहे थे। आवाज बंद हो गई थी। मैं आई तो सब समाप्त हो चुका था। करीब सवा साल बाद मार्च 1962 में मेरे भाई मोहनलालजी एक सड़क दुर्घटना के शिकार हो गए थे। सिर पर चोट लगी थी। उसी रात उनका ऑपरेशन हुआ था। दूसरी सुबह उनकी भी मृत्यु हो गई। मेरे लिए यह दोनों मृत्यु बहुत कड़ा आघात थी। भाईजी कुछ और अधिक समय और ध्यान मोहनभाई के बच्चों की ओर हम लोगों की ओर दें, ऐसी आकांक्षा रखते हुए भी उनसे ऐसी आशा रखना फिजूल था। भाईजी के स्वभाव में ही ऐसी चीजें नहीं थीं। अत्यंत कोमल हृदय होते हुए भी वे अपने विचारों में और अपने काम में इतने मग्न रहते थे कि दूसरों की मनोस्थिति को समझना उनके लिए कठिन था।

मोहनभाई की मृत्यु के थोड़े दिन बाद पंडित नेहरु ने मुझे अपने मंत्री–मंडल में स्वास्थ्य मंत्री के पद पर नियुक्त किया। नेहरुजी की मृत्यु के बाद श्री लालबहादुर शास्त्रीजी के और उनकी मृत्यु के बाद श्रीमती इंदिरा गांधी के मंत्री मंडल में मैं उसी पद पर 1962 से 1967 तक रही। भाईजी इन दिनों मुझे बहुत कम लिखते थे। इस बीच 1966 से ही गांधी जन्म–शताब्दी मनाने की तैयारियां होने लगीं थीं। हम दोनों भाई–बहन उस कमेटी में थे। लालबहादुर शास्त्री जी ने मुझे देहातों में मेडिकल कॉलेज खोलने की प्रेरणा दी थी। मैंने सेवाग्राम के कस्तूरबा अस्पताल को आधार बनाकर पहला मैडिकल कॉलेज देहात में खोलने की योजना

बनाई और गांधी जन्म भाताब्दी कार्यक्रम में हमारा वह योगदान रहेगा ऐसा हम लोगों ने संकल्प किया। कॉलेज खुला और गांधी जन्म शताब्दी वर्श 1969 के अगस्त महीने में पहले विद्यार्थी दाखिल किए गए। भाईजी जब सेवाग्राम आए तो मेडिकल कॉलेज को देखकर बहुत प्रसन्न हुए। अभी तक के सभी कामों में उन्होंने सेवाग्राम के मेडिकल कॉलेज को श्रेष्ठतम की उपाधि दी। मैंने उन्हें विद्यार्थियों को गांधी विचार पर संबोधित करने के लिए कई बार कहा। वे हमेशा कहते थे, “यह तो मुझे करना ही है।” मगर करने नहीं आए। नवम्बर 1982 में 15 अगस्त दिन के लिए सेवाग्राम आने की बात उन्होंने पक्की की थी। मगर 27 अक्टूबर को उनकी जीवन–यात्रा समाप्त हो गई।

कई बार वे कहा करते थे, “टालस्टाय की तरह मेरा मन भाग जाने को होता है। किसी गांव में बैठकर बापू के रास्ते से उसका विकास करके मैं दिखाना चाहता हूं कि गांधी विचार वालों को हताश होकर बैठने की कोई आवश्यकता नहीं हैं।” 1981–82 में उन्होंने श्री छगनलाल जोशी को दो–तीन पत्र इस आशय के लिखे थे कि कैसे गांधीयन कार्यकर्ता गांव की छोटी–छोटी सपंत्ति का सदुपयोग करके गांव वालों को राहत पहुंचा सकते हैं, कैसे नमक बनाकर अनेक गांवों के लोग अपनी गरीबी दूर कर सकते हैं। नेताजी स्वयं यह काम करें, ऐसा उन्होंने लिखा था।

उन्होंने नोआखली में जो काम किया था उससे यह स्पष्ट है कि वे यदि निर्माण कार्य को लेकर बैठ सकते तो उसको भी अपने मौलिक ढंग से वे सफल बनाते। मगर ईश्वर ने यह अवसर उन्हें नहीं दिया।

अपने अंतिम दिनों में वे अपने कुत्ते और बिल्लियों नीमा और सोमा की कहानी लिख रहे थे। 40 हस्तलिखित पन्नों की पाण्डुलिपियां छोड़ गए हैं। उसे उनके मित्र, जानवरों के प्रेमी मित्र, जानवरों के प्रेमी डॉ. शर्माजी छापने की बात कर रहे हैं।

सत्याग्रह की शोध की दूसरी पुस्तक 'प्रार्थना पत्रों से प्रतिरोध' की पाण्डुलिपि को छापने के लिए तैयार करने का काम भी चल रहा है। प्रोफेसर जेम्स हंट जो 1981 में अमेरिका से भाईजी के साथ चार एक महीना काम करने ही आए थे, और प्रोफेसर स्वामीनाथन, जो कलेक्टेड वर्क्स ऑफ महात्मा गांधी पूरा कर रहे हैं, की सहायता से यह काम पूरा करने की आशा है।

मद्रास के प्रोफेसर जगदीशन ने भाईजी की मृत्यु पर मुझे लिखा, "प्यारेलालजी के बाद बापूजी की जीवनी पूरी करने का कार्य आपको उठाना चाहिए। आप ही बापू के निकटवर्ती लोगों में से अब बची हो जो यह काम कर सकते हैं। यह काम करना आपका धर्म हैं।" कुछ और लोगों ने भी ऐसी ही भावना व्यक्त की। मगर कुछ और साथियों ने कहा, "आप डॉक्टर हो, यह आपका काम नहीं है।" मैं सोच में पड़ गई। बापूजी के पास हम सबको सभी प्रकार का काम करना पड़ता था, यह सही है। मगर मैं जानती हूं कि मैं भाईजी की तरह विद्वान नहीं हूं। परंतु भाईजी और बापूजी को नजदीक से जानने का अवसर मुझे जरूर मिला है और दोनों के प्रति मन में श्रद्धा है, भक्ति है, सम्मान है, स्नेह है। और मेरी कस्तूरबा और बापू की कारावास–कहानी पुस्तकों का भी विद्वानों ने स्वागत किया था। मगर वे पुस्तक दूसरी प्रकार की हैं। वे मेरे निजी अनुभवों पर आधारित हैं। रिसर्च और अनुसंधान पर नहीं। बापू की कारावास–कहानी पढ़ने के बाद विनोबाजी ने एक दिन मुझसे कहा था, "प्यारेलालजी ने विद्वतापूर्ण लंबे लंबे ग्रंथ लिख हैं, वे आज बहुत महत्व रखते हैं। मगर मैं चाहता हूं आप पांच सौ पन्ने की बापू की ऐसी कथा लिखो जो आज से पांच सौ साल बाद भी पढ़ी जाए।" सोचती हूं मेरा क्या धर्म है, मेरी क्या भाक्ति है ?

गांधी भाांति प्रतिष्ठान वाले चाहते हैं कि भाईजी के सब कागजात उन्हें दे दिए जाएं, वे बापूजी के जीवन–कथा किसी जाने माने विद्वान से पूरी करवायेंगे। दूसरे लोग कहते हैं उन्हें वह कागज हरगिज नहीं देना। इतना पैसा और साधन होते हुए भी भाांति प्रतिष्ठान वालों ने कौन सा मौलिक काम किया है ? आज तक भाईजी भी हमेशा कहते थे कि "गांधी निधि, शांति प्रतिष्ठान और नवजीवन वाले मेरे कागज मांगते तो हैं, मगर उनकी ताकत नहीं उन्हें न्याय देने की, उन्हें संभालने की। नेशनल आरकाईब्स ऑफ इंडिया और नेहरु म्यूजियम यह दो ही ऐसी संस्थाएं हैं जो उनकी देखभाल कर सकती हैं।" उनका झुकाव नेहरु म्यूजियम की ओर था सो हमने नेहरु म्यूजियम को वे कागज सौंपने का सोचा है। शांति प्रतिष्ठान वाले नाराज हो गए हैं और जो पैसा भाईजी के काम के लिए उन्हें दिया गया था उसमें से एक भी पैसा भाईजी के काम के लिए देने को तैयार नहीं हैं। 'सत्याग्रह का जन्म' की दूसरी पुस्तक 'प्रार्थना पत्रों के प्रतिरोध' की छपाई के लिए तैयार करने का खर्च भी वे दे नहीं रहे हैं। जो पैसा इस काम के लिए भाईजी को आई. सी. एस. आर. से मिलना तय हुआ था, वह भी शांति प्रतिष्ठान वालों ने पुराने खर्चे के सामने वसूल कर लिया है। मगर मुझे चिंता नहीं। बापूजी कहा करते थेः अच्छा काम पैसे के अभाव में कभी नहीं रूकता। हमने भाईजी का काम आगे चलाने के लिए एक ट्रस्ट की स्थापना की है। 'सत्याग्रह की भाोध' और बापूजी के कुछ साथियों के रेखा–चित्र जिसको भाईजी ने नाम दिया था 'गांधीजी के आईने में' छपने–छपाने का विचार किया है।

भाईजी अगली पुस्तक लिखना चाहते थे 'दक्षिण अफ्रीका का सत्याग्रह' और उसके बाद 1915 से 1942 तक को दो या तीन पुस्तकों में लिखने का सोच रहे थे। फिर 1942 से 44 तक मेरी बापू की कारावास–कहानी

और उसके बाद दी लास्ट फेज आ जाती है, ऐसा कहा करते थे। बापू की कारावास-कहानी का अंग्रेजी अनुवाद मैंने किया है। यह छपवाने का विचार है।

बपूजी ने दक्षिण अफ्रीका के सत्याग्रह का इतिहास तो स्वयं लिखा है। मगर वह उन्होंने लिखा था अपनी स्मृति से। भाईजी ने जिस प्रकार अनुसंधान करके 'सत्याग्रह का जन्म' की दो पुस्तकें लिखीं हैं, उसी तरह से दक्षिण अफ्रीका के सत्याग्रह पर पुस्तक तैयार करने का उनका इरादा था। मैं अगर कुछ हद तक भी वह कर सकी, तो मुझे आगे बढ़ने की हिम्मत आएगी। बापूजी और भाईजी के प्रति ऋण यह काम करके यत्किंचित भी मैं उतार सकूं तो अपने को धन्य मानूंगी।

'जो काम भाईजी ने अकेले हाथों किया, अब विद्वानों की टोली बैठकर भी उस खूबी से उसे कर नहीं सकेगी', ऐसा कुछ गांधी विचारकों ने भाईजी की मृत्यु पर मुझे लिखा था। इस संदर्भ में मेरे लिए भाईजी का अधूरा काम पूरा करने का स्वप्न देखना क्या कोई कोरी मूर्खता नहीं हैं? हो सकता हैं कि मूर्खता ही हो। मगर मैं मैं मानती हूं, ईश्वर को कोई काम किसी से लेना होता है तो पहले उसको प्रेरणा देता है। फिर उसके लिए साधन, सुविधा और शक्ति भी देता है। भाईजी बापूजी की जीवन कथा पूरी नहीं कर सके, मगर उसे लिखते हुए भाईजी ने अपने जीवन में जिस निष्ठा का परिचय दिया है और जितना उन्होंने लिखा है उससे आगे आने वाली पीढ़ियों को मार्ग दर्शन मिलता रहेगा, ऐसा मेरा विश्वास है। और फिर बापू जीवन विचार और कार्य पर रिसर्च करने वाले आज सारे विश्व में तैयार हो रहे हैं। भाईजी की इकट्ठी की हुई सामग्री में से भी उन्हें बहुत कुछ मिल सकेगा, ऐसा मैं मानती हूं।

**

Appendix
Remembering Dr. Sushila Nayar

In her tribute to Pyarelal, the then Prime Minister of India, Indira Gandhi, stated that she had "glanced through the monumental series of his biography of Bapu" which "he was not able to compete" and it was "hard to imagine any one else completing these books with same grand grasp and attention to minute detail."

This had been the recurring theme in many of the other tributes paid, some of which are part of this volume.

In his tribute in a national daily, under the heading "a most ignored man of our time," Gopalkrishna Gandhi, then an administrator and later also a diplomat and Governor, recorded that "time overtook Pyarelal in 1982 at last freezing his career at that milestone". He wondered, "if his work stop there too or will some individual/organizations try to complete the unwritten volumes into which his Gandhi papers must conflex."

Pyarelal's sister Sushila Nayar, in a brief biography of her brother, had recorded that many friends pressed on her to complete the remaining volumes of the biography of the Mahatma, only four volumes of which had by then been completed and published by Pyarelal during his lifetime, and one volume had been left behind by him in the final draft for publication. They argued that from among the surviving associates of the Mahatma, she alone could take over and discharge this responsibility of completing the series. Some friends however expressed their misgivings, on the ground that she was a medical professional; this was not her job.

Through Kasturba Health Society, which she had promoted many years earlier, and of which she had been the President, Sushila Nayar had established Mahatma Gandhi Institute of Medical Sciences and had been successfully running it for many years in Sevagram as the founding Honorary Director, as her full time responsibility. She did however accept the challenge of completing the unfinished task, created Pyarelal Foundation to oversee the work and got the remaining five volumes written, edited and published over the next fifteen years. This resulted in her being able to spare time only to write a brief biography of her brother, which forms part of this volume. By the time all the volumes of multi-volume biography of Mahatma Gandhi were published, she was herself exhausted and was left with not much time or energy, leading to heart problem. Even so the efforts she made during that period to get the memorial volumes published have been recorded in the Preface.

After passing away of Sushila Nayar in early 2001, Pyarelal Foundation distributed the funds left with it to the two institutions that had been established by her and with both of which she remained closely associated till the end.

To Kasturba Health Society (of which Dr. Manmohan Singh, had been a member for a period during Dr. Sushila Nayar's lifetime) the fund was made available to spend it to commemorate the services of Sushila Nayar to the Nation.

Enquiries made about utilization of funds "to commemorate the services of Dr. Nayar for the nation" revealed that the efforts made to get an authentic biography of Dr. Sushila Nayar compiled and published did not meet with success.

January 2014

Mahatma Gandhi
The Congress and the Partition of India

By
D. C. Jha

In Praise of
Mahatma Gandhi The Congress and The Partition of India

You have strung together authentic accounts and made an irrefutable presentation. I wish many people read it. I am sure it will help in removing many misunderstandings, at least in those who are willing to see.

Ravindra Varma
Chairman
Gandhi Peace Foundation, New Delhi

D. C. Jha lets incontestable documents tell the story. He should be commended for uniting several threads into a pattern of irony, tragedy and heroism that does justice to history. A valuable book.

Prof. Rajmohan Gandhi
Gandhi Marg, New Delhi

The book is a treat. The assiduous assembly of facts and informed comments on the events leading to partition are admirable. This journey through a crucial period of our history should be of immense help to the present generation as also for future generations.

L. C. Jain
Member of Planning Commission
Government of India

There are many aspects of partition, covered in the book, about which I was not fully aware. I found the book immensely readable and illuminating.

Prof. N. C. Nigam
Vice Chancellor
Roorkee University (U.P.)

The book is a scholarly presentation of the events of that time. It will prove to be an asset for both the general reader and the serious students of freedom struggle.

The Tribune
Chandigarh (Punjab)

It is a very interesting study of the struggle over Partition. D.C. Jha has done a service to offer vigorous defense of Gandhi's vision and of the departure of the Congress leaders from the vision upon their accession to political power. It is a powerful and tragic tale.

Prof. James Hunt
Gandhian Scholar, North Carolina, USA

Fourth Edition, Published by

KW
KNOWLEDGE WORLD

KW Publishers Pvt. Ltd.
4676/21, First Floor, Ansari Road
Daryaganj, New Delhi -110002